寒風集

陳公博

回憶錄

陳公博 原著／蔡登山 編

【導讀】陳公博及其回憶錄《寒風集》／蔡登山

陳公博和周佛海是汪偽政權中的兩大台柱，他們的地位僅次於汪精衛。陳公博聰明絕頂，一生以權變著稱，但結果聰明反被聰明誤，終遭國法的懲處，不得善終。

陳公博（一八九二至一九四六），廣東省乳源縣人，光緒三十三年，年十六，加入同盟會。早歲曾任廣東乳源縣議會議長及民軍參謀，後入廣東法政專門學校，三年畢業。民國六年考入北京大學哲學系，得識陳獨秀、李大釗等風雲人物。他在自述中云：「我可以說未至北京之時，苦於求思想；既至北京之後，苦於多思想，就以唯心、唯物兩論而說，終日在腦內思維，終無是處。」民國九年，北大畢業後南返，與譚平山、譚植棠在廣州辦《群報》，介紹新文化運動。並兼廣東法政專門學校教授及教育會評議員，又與陳獨秀等組織「社會主義青年團」，負責建立和發展工會組織。同年十二月，陳獨秀應陳炯明之聘南來，任廣東教育委員會委員長，並任命陳公博為宣講所所長，進行煽動及組織工作，而《群報》就成為廣州共產小組的機關報。

民國十年一月，陳公博佐陳獨秀在廣東成立中國共產黨支部；同年七月，中共在上海舉行第一次代表大會，陳獨秀指派陳公博為廣州共產小組代表赴上海參加，與各地代表周佛海、李鶴鳴、李漢俊、張國燾、包惠僧等為「一全大會」十二代表之一。民國十一年六月，以陳炯明叛變事，與陳獨秀及中共決裂，脫離共產黨。十一月搭日本客輪赴日，在日本逗留約三個月，於次年二月十二日才由橫濱赴美，入紐約哥倫比亞大學研究經濟，並作馬克斯學理的研究。民國十三年二月以《共產主義運動在中國》（The Communist Movement In China）碩士論文，獲得碩士學位。民國十四年二月，陳公博已修完博士必修課程，沒有繼續寫博士論文，因他自知沒有錢可印博士論文，他曾自嘲是「四分之一博士」。是時，廣東大學聘他回粵任教，並匯寄他經歐洲東歸的旅費。四月中旬返抵廣東，七月，任廣東省農工廳長兼軍事委員會政治部主任；十二月廣州國民政府免去鄒魯廣東大學校長職務，由顧孟餘繼任，顧未到前，由陳公博兼任。

民國十五年一月，任國民黨二屆「一中全會」中央常務委員；二月，任國府教育行政委員會委員；七月，國民革命軍誓師北伐，陳公博改任國民革命軍總部政務局長，於七月二十二日由廣州隨軍出發，赴武漢任湖北省財委會主任，兼任江西省政務委員會主任。民國十六年三月，當選二屆「三中全會」中央常務委員兼工人部長；九月，繼鄧演達再任總政治部主任；十一月，因不滿南京特別委員會的言行，於是南下廣州，旋因牽涉參預廣州暴動，遭免職查辦，被迫逃亡香港。後轉上海，民國十七年五月七日創刊《革命評論》週報，許德珩、施存統和陳公博等國民黨左派是主要撰稿人。在汪精衛支持下，主張改組國民黨政策，又組織「改組同志會」，世稱「改組派」。是年九月三日《革命評論》以言論過於激烈，被迫停刊。

民國十八年一月二十四日離滬往法國，謁汪精衛，在國外約三個月，是年五月八日由法國回國。民國十九年七月，汪精衛、閻錫山與西山會議派在北平召開「國民黨擴大會議」，陳公博也參加，公開反對南京政府。民國二十一年一月十六日，蔣、汪在杭州會晤商討「蔣、汪合作」，協議由蔣氏主持軍事，汪出掌行政院。陳公博於汪精衛任行政院長時，擔任實業部長，期間統一全國度量衡制度及編纂《中國經濟年鑑》。民國二十四年十一月，汪精衛在中央黨部被刺，卸任行政院長就醫，陳公博亦辭實業部長，著有《四年從政錄》。

民國二十六年十一月，國民政府宣布移設重慶，繼續抗戰。陳公博出任四川省黨部主任委員。曾奉政府之命赴義大利及倫敦，向兩國當局說明中國抗戰的決心，在倫敦謁見首相張伯倫。並與我駐法大使顧維鈞、駐英大使郭泰祺、駐德大使程天放、駐比大使錢泰及李石曾、蔣百里、張彭春等會於巴黎。

汪精衛早在武漢時即秘密主和，與日本聯絡。民國二十七年冬，汪精衛離開重慶飛昆明轉河內。據陳公博自白：汪精衛在民國二十七年十一月才告知他：對日和平已有端緒。陳公博最初反對汪「主和」、「離渝」的主張，他認為「一、方今國家多難，國民黨不容再分裂。二、對外和戰，首在全國一致，他黨意見或不相同。國民黨內萬不可有兩種主張，否則易為他黨所乘。三、日本絕無誠意，對中國要求至何限度，無法確實知悉。」兩人曾為此辯論甚久，但並無結果。陳公博對汪精衛「獨行其是」的行為，曾婉言勸阻，惜汪不聽，經過一段不算短的時期，直到民國二十九年三月初，陳璧君來香港再三勸駕，他始勉強赴上海，三月十四日抵達上海，聞「還都」一切都已準備妥當，三月三十日還都南京。

汪偽政府成立於南京，陳公博出任立法院長、軍事委員會副委員長、政治訓練部部長兼上海警備司令。同年十月，上海市長傅筱庵被殺，乃由陳公博兼上海市長。民國三十一年，率代表團訪問日本。民國三十三年十一月十日，汪精衛病逝於日本名古屋，十二月二十七日，由陳公博出任偽行政院長兼代國民政府主席，以迄日本投降為止。

民國三十四年八月十四日，日本向中、美、英、蘇四國無條件投降。十六日南京偽政權下令解散。二十五日，陳公博帶著妻子李勵莊、女秘書兼陳妾莫國康與周隆庠、陳君慧，及偽宣傳部長林柏生、偽軍事委員會經理總監何炳賢等，分乘轎車來到明故宮飛機場，登上了等候多時的一架日本MC座機，飛往日本京都，以圖苟生。但何應欽總司令到南京受降後，即向日本要求遣返陳公博等一干人，十月三日陳公博等人押解回南京，初押於寧海軍統看守所。民國三十五年年三月，與陳璧君、褚民誼轉押於蘇州高等法院看守所。四月五日，高院審訊陳公博，以十大罪狀起訴。陳公博應訊時，自知必死，不請律師辯護，只由他自己對十大罪狀逐款答覆，最後他說：「我於自白書中曾幾次說：我對汪先生的心事是了了」。並言不再上訴。四月十二日，蘇州高等法院宣判：「陳公博通謀敵國，圖謀反抗本國，處死刑」。六月三日奉命執行，當命令抵達之時，他正為典獄長書寫楹聯：「大海有真能容之量，明月以不常滿為心。」猶不知其已到臨行之頃，及獄卒持命令到，乃草草收拾一過，持平時所用一茶壺，直趨陳璧君室，鞠躬行禮說道：「夫人！恕我先行，此去應有面目見汪先生於地下，幸自珍衛。」陳璧君為之痛哭流淚，握手勿釋，陳公博僅略一蹙額說：「人生總有一死，幸夫人抑悲。」乃脫手叩首辭，復和獄友一一握別，到庭時已近午，直與庭上推檢人員揮手為禮，隨行刑者趨刑場，彈從後腦入，右面頰骨下出，以兩彈畢命。

陳公博的著作有：《寒風集》、《四年從政錄》、《八年來的回憶》、《陳公博先生文集》、《苦笑錄》等。其中《寒風集》是一九四四年十月由上海申報社所印的。此書分為甲篇、乙篇兩部分。甲篇是陳公博寫的自傳性回憶文章：〈少年時代的回憶〉（寫於一九三五年）；〈我的生平一角〉（寫於一九三三年）；〈軍中瑣記〉（關於一九二六年北伐的，寫於一九三六年）；〈我與共產黨〉（寫於一九四三年）；〈改組派史實〉（寫於一九四四年）；〈補記丁未一件事〉（寫於一九四四年）。乙篇則是陳公博的文學作品，收入〈我的詩〉、〈偏見〉、〈了解〉、〈貧賤交與富貴交〉、〈不可為的官〉、〈上海的市長〉、〈海異〉。書中他敘述他的少年、讀書、參加共產黨（他是中共第一次大會十二個代表之一）、參加國民政府北伐，直到擔任汪精衛政府上海市長的故事，娓娓道來，引人入勝，極具史料價值。

寒風集序

這一本薄薄的散文集，終於在朋友們熱烈的期待和慫恿之下編成了。朋友們希望我編這本散文集的理由，以爲我素來付刋的都是政論，何妨除了出版所謂載道之文，來編一些抒情之作，因爲有許多人看了我的嚴肅外表之後，還想探討我的眞正內心。這個提議倒觸動了我許久蘊藏的情緒，心想也罷，趁餘暇的時間來清理以往的寫作，未嘗不是一件興趣的事，至於是否可以由幾篇散文使朋友們窺見我的內心，那是另一回事。

而且十年以來，就有許多朋友們希望我能夠寫一本自傳，最初是「良友」，繼而是「宇宙風」最近還有許多雜誌中的朋友們依然作如是想。在我一生的歷程，或者人們以爲太不平凡，不平凡就有自傳和被人寫傳的價值。可是在我自已看來，我半生的生活，就算不平凡罷，也不是有意的，許多是無意的，甚至爲着一個朋友，爲着一時事實，不期然而然做成的。這樣，人家認爲不平凡，而我自認却不止太平凡，並且是了無足述。我不願而且不能寫自傳的理由，已一再在兩篇散文內聲明，有了這本散文集，也大概可窺一斑，在我可以不必再寫自傳，而朋友們也可稍償心願了。

這本散文集編成之後，似乎應該替它命名，但命名又似乎不是一件容易的事，散文中大部份是紀事，小部份是抒意，前者是史實的回憶，後者是經驗的描寫，無論取什麼名目，都似不能籠罩，不大恰當。恰恰我要了一重未完的心事，補記丁未一件事，寫至中間有首詩：「四馬渡韶水，寒風吹峽門……」，我想就拿「寒風」兩個字作我的集名罷。這一首詩實在是我一生中的一個大紀念，後來寫作都從丁未開其端。沒有丁未那次事，我不會在年齡和思想未成熟前在報館工作，迫着勉強寫文章，沒有丁未那次事，或者我更不會後來形成許多奇峯突兀的理想和生活，更展開了許多意想不到的事業。

我開始試寫散文是在戊申，而最多產品要算民國九年底以至十一年的羣報時代，不過，那些文稿現在都找不到了。戊申至辛亥所寫的雜刋在靑年報，而民九以至十一年所寫的則全刋在羣報。當時的寫作，自己以爲不堪卒讀，不祇沒有留稿，所存的報紙也或經世變，或因逃亡，早已湮沒不存，淡然已忘了。現在所編的，除了幾篇未刋稿之外，僅僅由民國二十四年以至今日登在雜誌中的文稿，在這個時期，我也曾寫過些散文，刋在中央日報、南京朝報、中華月刋，現在歲月變遷，也無從搜集了。

我對於這本散文的寫作也曾試加一次檢討，我可以自己下一句評語：「文如其人」，那就是說，「平淡可讀，技巧不足」，而且還有一個大缺點，就是專以自己爲中心，我也知道，大凡一個寫作家的初期，必定先寫自己，似乎是一個一定不易之例。其原因第一自描較易，不必有深刻的觀察，第二也爲着閱世未深，可以避免裁翦材料的困難。因此我認爲我的寫作還脫不了一個初期作家的窠臼，實在還須長期的磨練。不過我既然不是以作家自居，同時讀者也不會以作家待我，祇求辭達，不再刻意求工了。

朋友們不是要探討我內心麼？在這本寒風集內，已可彷彿得之，不祇可以窺見我的內心，而且也可以略知我的小史。至於自傳，我是決定不寫了，將來祇好讓它「身後是非誰管得，沿村聽唱蔡中郎」。

末了，外國的寫作家每一次成書，往往喜歡獻給一個人作爲紀念，我在少年時，艱難交困，痛苦備嘗，每復回憶，宛然在目，這本散文如果要拿來紀念某一個人的話，我就獻給幻想裏天涯海澨間伶仃無語的孤兒罷！

民國三十三年七月陳公博序於南京。

目次

〔乙篇〕

〔甲篇〕

少年時代的回憶

前言

良友圖書雜誌約我寫一篇「少年時代奮鬬的回憶」，我很高興便答應了。因爲我原來已打算寫一篇自傳，並且已定名爲「四十年回憶錄」，祇因種種原因，一擱三年。我不能寫自傳的原因也很簡單：第一，大凡寫自傳的，無論他怎樣客觀，下筆時自己總難免夾雜些強烈的主觀和偏狹的情感，有了主觀和情感，自傳便減了他本身的價值；第二，我自參加實際政治以後，依一身的經歷，與政治上的秘密發生不少關聯，不老實寫出來，這自傳等於騙自己和騙人，若果老實寫出來，一定對於政局多少掀動無聊的議論；第三，我個人自問確沒有像盧騷寫懺悔錄這樣勇氣，其理由或者我根本不是一個文學家。一本自傳先擺出嚴肅的骨骼，而埋沒了戀愛的歷程，不如不寫，還可以保存些「不自欺」的面目。因着這些原因，不獨四十年回憶錄不能下筆，恐怕五十年回憶錄也都只存夢想。

良友給我的題目，我斗膽把「奮鬬」兩個字删去，因爲奮鬬是有目的的，我坦白的說，我在少年時候實在沒有什麼目的，如果勉強說有的話，那就是英雄思想，然而這種思想實在與教育的目的相背馳，這「不可以爲訓」的思想，實在不應作一般少年的示範，以下便是我的正文。

㈠ 癸卯的突變

在癸卯時我是十二歲，這個時期是我一生思想和行動的一個大轉捩。我生於一個暖衣足食的家庭。在六歲時我父親才從廣西解了提督的職務回到廣州。大概因爲晚子的關係，父親很疼愛我，秉着身體很孱弱，每月都病咳喘，雖然從六歲時候便開始讀了什麼薛仁貴征東、征西、水滸、封神等小說，和唐詩三百首，直到九歲才正式請了一位專家先生教我讀四書。每天除了讀書以外，家內還有兩位拳師，早晚也玩些棍棒。不過我身體雖然弱，却是淘氣不過。我的母親是續配，因爲父親鍾愛而放縱我的原故，所以她管教我特別嚴，世上嚴父慈母的成例，我的家庭倒變了慈父嚴母。不幸得很，我的住居適在廣州的北門，這北門以內差不多是旗滿駐防官兵住宅的特別區，這些旗滿子弟，飽食終日，只有跑馬射箭，風氣所趨，一班孩子也好搬瓦弄石。一天我們街上建了一個盂蘭會，母親知道旗滿孩子是不好惹的，禁止我出門。可是小孩子看熱鬧的心事很切，到夜裏九點鐘便偷出去了。到了盂蘭盛會，這班旗滿孩子以為我孤另可欺，聚了十幾二十個孩子，圍迫上來嚷着叫打。當時我也許急極，也許要試試身手，一碰上便打傷了四個孩子。這場禍是闖大了，打出重圍回家之後，門首已聚了不少旗滿人，父親出來賠了許多好話，並且答應養傷，才告無事。父親於是申斥了那兩位拳師，以後連玩些棍棒的權利也根本剝奪。沒有事不許出門，就是有事出門也派一個跟人帶着，從此以後我便深深種下了反對旗滿的思想。

我是關住了，可是父親倒要實行造反。當時父親也不管什麼是革命，只知道是造反。我現在回憶起來，父親為什麼由提督而跳到造反一條路，不出幾個原因：一是父親是一個熱情愛國者，自庚子亂後，他天天罵洋人，罵李鴻章，罵皇太后。若今日拿很時髦的名詞翻出來，他是反帝國主義，反漢奸，反君主制度，然而當日複雜的狀況，父親絕不願加以理解的；二是父親從洪楊打出來的人物，眼見着旗營的腐敗，而他本身又是武官，總有些可取而代之意；三是父親早歲從軍，結交許多會黨，這會黨中的教條會規很使他不能輕易擺脫。當日介紹父親和香港黨人結納的，我還記得是一位叫傅佐高先生，這位先生是一個不第秀才而信奉耶教的，而且是我們的老同鄉乳源人（我原籍福建上杭，後遷乳源，我祖父才從乳源遷廣州）。父親自從往返香港幾次以後，似乎有點特異的動作。到了那年十二日我的母親生日，外間搬進了不少的禮物，牛肉乾餅乾幾十箱，啣帽（卽便帽）二十多箱，還有十幾箱東西擱在床下，似乎很神秘，我偷偷打開看，原來都是簇新的剪刀。我知道內中必有許多文章，可是我一開口，父親都反常的疾言厲色止住我不准發問。此事一直到了迫近事發的時候，才知道餅乾和牛肉乾是起事時的乾糧，便帽是起事時的符號，剪刀是起事時，在雙門底用來剪人的辮髮。（雙門底現已改爲永漢南路，是廣州當時的上海南京路，每至大除夕買花過年的無慮幾千人，當時計劃就在這裏舉事）。

可是事情大變了，不知是自己團體告密，或是有人發覺，在臘月二十九下午六點鐘，傅先生忿怒跑到我家裏，說二十八下午四點鐘時候，我們有四個人在雙門底被人跟蹤抓了去，現在總督（彷彿是德壽）已令駐守沙面西橋的楊副將，往搜芳村的教堂。楊副將是信教的，傅先生也信教的，所以知道消息很早。

然而父親還是很鎭靜，因爲運到我家內的東西是傅先生一人經手，只有傅不被拿，消息不會宣洩，而且傅有教會作護符，當時教民很有力量，被拿也可以由教士隨便保釋。其次父親是退職的提督，沒有特別理由，是可以頂着這個招牌勉強擋一下，癡心還希望第二天除夕可以迅雷不及掩耳的大舉。夜裏傅先生又來，說抓去的人僅是一小部份，機關還不會全都破獲，可是芳村教堂所存儲的糧械全行搜去，香港和四鄉來的弟兄已都退却，明天除夕的舉動算是流產了。

家內所藏的東西怎樣打發呢？牛肉餅乾是食不了的，便帽是沒有用的，尤其是剪刀須想方法安置。從第二天起傅先生已逃往香港，父親只把十幾箱剪刀推在井中，其餘各物想不出安置辦法，也只好大膽的留在家內。這次事情很平淡的消散，只把捉住的幾個人砍頭了事，我家內更草木無驚，我當時所影響於思想的，只知道造反是可以幹的，這次不成，還有第二次。心內憧憬着水滸傳內梁山泊的大聚義，大名城的刧法場，至於革命，還是未懂。

(二) 丁未的失敗

到了丙午，漸漸有了洋學堂，然而我還在私塾念書，五經雖然讀完，新知識除了周老師敎過的代數幾何，其餘科學非常隔膜。廣州的西村，有了高等學堂了，虎門也有陸軍小學和水師學堂了。追求新知識本是少年的天性，何況在青年時個個都自負不凡，尤其當日很迷信范仲淹「以天下爲己任」的偉大志向。我天天嚷着入學堂，可是父親有他特別的理解，他當時通訊對外還有傅佐高，而對內地會黨就無法委託別人。他是一個頂樂觀而又主見特別倔強的人，他對我說「成功就只在一兩年了，有了辦法再入學堂罷」。到了丙午這年，各方面似乎有點騷動，北江各地都有信來，不說這裏有三五百人，就說那裏有一二千人，當時各地民智尙還樸實，不至如辛亥時候的民軍，起碼都吹着人數往往過萬的。那位傅佐高先生更是辦法多而樂觀，今天說槍枝已在途，明天說炸藥已運到。卒於四月十七日父親和我，另外有兩個姓陳的會黨就離開廣州到清遠了。果然在琶江口有三十多人等着我們，住了幾天便往英德，由此而乳源，而宜章，而橫過贛州，週遊了三省邊境，十月才回乳源，爲時父親爲什麼要選擇乳源這個地方，因爲乳源是我們的祖居，以鄉紳資格住居僻縣，可以爲所欲爲，多少有點掩護。而且乳源是湘粵的交界，萬一有事，也易於行動。無如當日的情況，我看了之後，並不像在廣州所想的樂觀，其一，毗連三省各縣一枝快槍也找不出，英德和清遠的所謂弟兄，有快槍的絕不肯來，傅先生的槍彈更如海上神山，可望而不可卽；其二，一班人的思想神氣，倒不像會黨，而有點像義和團，雖然口號是打倒滿清，但是同時也要打洋人，甚至乎竟有些朋友主張只殺貪官污吏而不敢說要殺皇上。父親和我都知形勢已非，然而勢同騎虎，已沒方法可以收拾。在這六個月的期間，帶來的幾千塊錢都在「賚大饈飯」（這是廣東拜會黨的隱語）內賚完了，擔任傳遞消息的傅先生也消息漸疏了。父親急得沒有法子，只有派人回廣州把兩三間舊屋變賣了，佛山有一兩間綢緞莊也頂給合股夥計了。

乳源雖然是僻遠，而風聲中總得慢慢的往外揚，第一個注意的是乳源縣程知縣（他的名字我已忘記），第二個注意的是南韶連總兵雷鎭數。這還不要緊，這班毫無知識而又血脈僨張的弟兄們，在殺貪官污吏的口號之下，找不到貪官污吏，便先把礦山上幾名保護煤礦的兵士先開刀了。當時各地還算是承平，一件尋常命案，已轟動全省，何況殺的又是官兵？總督張人駿一面發電北京參革父親，一面電雷鎭數令朱福全帶了四營官兵，去鎭壓暴動，這都是後來我逃回廣州所得的消息。這位朱福全入民國以後，還做過一任南韶連鎮守使，滇軍入粵，才由李烈鈞先生把他解決。

大概是三月罷，風聲已經緊急，所有殺貪官汚吏的弟兄們因風聲緊急而又無把握都慢慢散去，是湖南的從徑口逃走，是英淸的連樂昌都不敢經過而繞道走連山。部下的所謂效死弗去的只有六百多人，而手內所拿的不是梭標，就是鳥槍。我還記得一夜我們在大草坪集合時候，一位龍頭叫做「拗頭」的，攘臂大呼，不要害怕，他懂得神打，他可以立刻敎習各弟兄，使槍炮不會打入。父親是出身行伍的，而且又知道庚子的失敗，知道大勢已沒有挽救了。當日的夜裏，他喚我說：「你走罷，此地不可再留，我喚老家人鄧錫英跟你回廣州，並給你一匹馬，到韶州以後，便可換船回省，再聽消息。」我說：「父親不走，我怎可以走？」父親說：「你先脫險，我個人可以過湖南，兩個人亡命是不容易的，你走以後，我更放心而從容的逃走了。」父親平時對我極慈愛，可是當夜顏色很有點嚴峻難近，不容我置詞。那裏知道父親的說話只是騙我先逃，而他反挺身犯險呢？微明的時候，我和老鄧騎馬渡過十三瀧，過了樂昌卽奔韶關，過西河壩時，有一個駐守姓陳的把總看見我的馬肥偉可愛，硬搶了去。還幸身上尙餘二十多塊錢。我們兩人由韶關一直徒步到英德，才乘木排回廣州，這一段失敗史，就這樣結束了。

三　民國的前夜

父親終於我走後被捕了，他被捕的原因，不是不能逃而是不肯逃。他後來告訴我，失敗很明白，大不了丢了個人性命，如果一逃，令乳源的人民都會草木不留，故寧願犯險，不願累人。所以我走後，他把六百多人也遣散了，及朱福全到後，父親還公然找他，自請解省，他承認四個官兵都是他殺的，至於造反他是不懂。朱福全既得了主名，也無話可說，父親便這樣鎖着解省，後來英乳各縣的確沒有辦清鄉的手續，倒草木無驚的過去，父親這樣勇敢和犧牲，是最值得我追憶而願引為模範的。

父親在我走後，便跟着派人到廣州促我逃香港，這人大概是他附船而我是附木排的關係，倒比我先到。父親信內還有兩句話「與其駢死斬嗣，毋寧倖存再圖」，加以母親的焦急惶懼，我遂單獨避居香港。可是在港怎樣生活呢？還是虧得傅先生介紹到一家報館當校對，這家報館自然是和革命黨有關，但我不願丑表功，索性連名字我此刻都懶得說。薪水是每月十二元，工作是由下午三時起至夜裏一時止。當時報館裏因為太窮，許多編輯和記者都當義務，有時短評沒有人做，也不得不大膽執一下筆。可憐十多歲的孩子，腦內那裏來的許多材料，有時竟連題目都找不到，於焦悶煩憂之中，便學會抽烟捲了。時髦的烟捲，自然沒有資格抽，我所抽的只是江門的生切烟，這種烟癮，後來愈抽愈大，至今還沒有方法可以戒脫，這是我爲什麼抽上捲烟惡習慣的歷史。

在這個報館工作當中，後來我發覺傅先生何以不能接濟我們，因爲第一，香港的機關始終沒有統一，傅先生所接洽的僅是沒有力量的一個。第二，當時大家還沒有一定的計劃，並不是有成算的舉事，而是無計劃的搗亂，只借失敗爲宣傳。第三，當日還是玩民軍的把戲，成則張大，敗則不提，何況當日我們舉動又是一個腹內胎死，誰也不願再管。我抱着「好漢打落門牙和血吞」的硬態度，隻字不提，埋頭工作。

父親終於解到廣州，任奔走營救的只有一個老朋友孝廉公梁鼎臣，傅先生自然也是着急的一份子，可是造反大事，營救是談不上的。張人駿以「嘯聚莠民，圖謀不軌」的罪名，奏斬父親，後來還靠一位父執直隸人華承澐向陸軍部尙書（當日的官制如此）鐵良關說，才改爲永遠監禁。這個辦法父親是始料所不及，雖非喜出，而已是望外，我也於一年內回到廣州了。父親雖監禁在南海縣監獄，還寄語我不許回。但我呢，一因回省可以常看父親；二以母親沒人照料，很感不便；三我的學業前途也很困難，在港長夜工作，絕無時間可以補習，所以於翌年暑假便回廣州居住。

回省以後，眞是城郭猶是，人民已非，六親斷絕，故舊走避，除了每星期到監獄探望父親兩次以外，生活和學業這兩問題，竟直無法解決。傅先生是沒有能力，絕不可靠，無已，還是找朋友。這幾年中，眞是一言難盡，因爲學堂是萬無能力可以進去，旁的不必說，單是冬夏兩身制服，已經無力自籌。我只好投考河南一間育才書社，學習英文，每月除學費兩元以外，也沒有什麼膳宿，也沒有什麼制服，在這個學校足足捱了三年，等到辛亥革命成功，才算畢業脫離這間培養貧窮子弟的育才書社。

在此三年之間，負債纍纍，債主幸而有限，第一個是父親的朋友華承澐，他那時跟閩浙總督松壽在福建當老夫子，每三個月寄我十五元。第二個是我同學梁樸珩的母親。這位老人家三年以內借給我三百多元。第三個是數到同學劉祖英，他雖沒有錢，時常借衣服給我當。這個時期母親和我商量應該設法生點利，商量的結果，在家內養幾隻小猪，另外做些手工替人穿牙刷，我們實在不懂養猪的，沒到一年來已瘟了幾隻，終於不敢再嘗試了。穿牙刷每百枝僅得工錢一分二厘，這也不能算生利，只好窮日夜之力工作，稍以彌補。每日雖然照例還有兩餐，而每餐的飯菜以不過五分錢爲限，這是四年困苦生活的經過。到了末後兩年我的英文算已有點眉目，夜間幫忙人教書，說起來很是慚愧，眞是誤人子弟不少，但爲生存起見，又有何法？父親在監獄裏也習慣了，禁卒因爲他是提督，有點另眼相看。重犯因爲他是會黨，特別尊敬。革命黨因爲他參加造反，所以也相當推崇。當日他也準備在獄以終餘年，萬不料後來居然可以重見天日，更有點奇怪的，母親向來有吐血的毛病，我更瘦骨支離，然在此困苦顚連之中，母親舊病不獨不復發，日見健康了，我也一天一天的強壯，也不咳嗽，也不哮喘了。是豈憂能傷人，抑是苦可尅病呢？

㈣ 辛亥的後奏

廣州革命黨三月二十九之役，清廷搖動了，湖北武昌十月十日起義，清廷終於推倒了。父親在舊曆九月十九日廣東獨立的時候，大搖大擺出了監獄，父親和母親相見時悲喜交集的情況，我現在時時回憶，還覺得悽愴。

父親當選了省議會議員，又兼了都督府軍事顧問，而我呢一時也很荒唐的活躍。這時傅佐高先生又復出現，當選了乳源縣議會議長，我也是一個掛名縣議員，他老先生畢竟懷賢若渴，趕來見我父親，要讓位於我。同時和我父親同獄的湖南人黎先生，自任爲民軍領袖，大招兵馬，也要請我當參謀。我那時已二十歲，似乎也以革命黨自待，大有拔劍擊柱的態度。父親畢竟老成，畢竟有見地。一天他在司令部把我找回來，痛罵一頓，說：「你有多大年紀？有多大學問？要當議長，當參謀。你如果要做事，先去當大兵。民國安定以後，得要讀書求學。否則這議長和參謀根本害了你一世。」我聽了父親訓斥以後，便遵從他老人家吩咐，辭了議長，撤了參謀，去當學生軍。入伍之後半個月，升了一個班長，一個月後又升了司務長，到元年二月南北統一，不及出發便解散了。在解散時，本來已預備送南京作入伍生，然而父親也不許。這個理由我至今還不明白，大約父親自己是學武的，故要我習文，但這是揣測，到底父親什麼意思，當時並沒有告訴我。

民國元年九月父親逝世了，在父親未逝世之前，我已感念着父親的教訓，和知道自己學識的膚淺，卽下決心，擺脫一切，把政治的朋友也謝了往來，預備入一所專門學校。但入學是要錢的，所以回到母校育才書社充當助敎，希冀積儲點讀書之資。在育才整整兩年半，知道這個希望靠不住，又決心拋棄了而入法政專門學校。是時兼了一個香港報館通訊，月薪三十元。一面養親，一面求學。猶幸三年之中，都考試九十分以上，免繳幾十元學費。悠悠忽忽，這幾年無善足陳。民六畢業再入北京大學，當時一面靠報館的通訊，更一面靠我的朋友范志彬幫助，在民九時候又在北大文科算是畢業。當在北大時期，我的思想又生一轉變，當時校長蔡元培，敎授陳獨秀，胡適、蔣夢麟、李石曾、章士釗各位先生都曾予我一些思想上的影響。可是五四運動，我沒有努力的參加，因爲當時我已另有強固的主見，對於「新潮」運動，認爲不澈底，更感覺到光是請願，尤其是儒弱可憐。我一次參加新華門請願，站兩個鐘頭便走了，在香廠新世界散過一次傳單便以後再沒有去了。

民九回到廣州，其時剛剛粵軍回粵，孫先生在粵軍佔領廣州之後到了，汪精衞先生和廖仲愷先生也同時回粵了。汪先生所擔任的是廣東敎育會會長，我當時在敎育會當一個評議，廖先生雖然是財政廳廳長也兼了評議，大家都孶孶矻矻的討論敎育，研究敎育，全國敎育會議那年也在廣州舉行。到了民十一時。我漸漸感覺知識上的恐慌，我除了辦報以外，更在法政專門學校當教授，和任了宣講員養成所所長，無論碰到什麼問題，都與經濟學有關，我既根本不懂經濟，所以遇着什麼問題，都沒有方法可以解答。自己的學識的確太膚淺了，還是到外國再研究去罷。承教育委員會的許可，決定辭職渡美，那時孫先生剛由桂林回粵，廣東學校的校長和陳烱明有關係的一時全部退却，法政學校也碰了這個難題。汪先生那時奉命往浙江和盧永祥接洽，臨下船的一天還找我去，勸我不要往美國，他和廖先生都希望我接法政校長。我的頭腦確空虛而感知識荒，汪廖兩先生的盛意是可感，可是爲着知識的前途，只好硬着頭皮敬謝，迨後葉舉和洪兆麟竟炮擊總統府，那更不能一朝居了。秋天到日本原想就此留下，但覺得人地不甚相宜，翌年二月遂離橫濱去美國。在日本的時候，遇着廖先生也和俄使越飛來東京，我們在東京見一次，在熱海見一次，廖先生還三番四次的勸我回國擔任法政校長，但我的學問做教授還不夠，如何再可以當校長？我坦懷告訴廖先生我的志願以後，便不辭而行。我記得二月十二日動身，十四日還在船上接廖先生勸我回國的電報，但舟行海中，怎樣可以回頭呢！我留美直到民十四年二月才繞道歐洲回國，在美也靠夜裏教育華僑子弟來維持生活和學費，回國之時也靠汪廖兩先生在廣東大學滙我一筆川資，至歸國以後的事，大家也許知道，這是我少年至中年的一段簡單故事。

後語

良友本來約我寫五千字以內的回憶，誰知一口氣竟寫過了格。因爲字數的關係，少年時詳細的環境，還沒有寫出。民九民十共產黨成立的經過，我比較知得很多，也沒有寫出，這只好俟諸將來了。綜合我的半生，在學問方面起始習法律，繼而習哲學，卒之習經濟，樣樣都懂，樣樣不精，而事業方面，當過學生、當過教授、當過校對、當過通訊、當過編輯，更當過大兵、當過下級軍官。事業這樣駁雜，所以養成了伉爽的脾胃，而同時也流於斫弛的惡習。而且少年時候沒有一個讀書系統，以故沒有國學的根底。沒有進過正式中小學，以故很缺科學的常識。我寫這篇自述，不過供讀者茶餘酒後的談資，並不希望一般青年拿他作範本。

民國二十四年稿

我的生平一角

一

宇宙風因為紀念創刊兩年，打算編一個「自傳之一章」的特輯，約我寫一篇小傳。我接到這封信，不禁又引起我數年來想寫而未寫的自傳興趣，同時又惹起我難於下筆的感覺。從前我應「良友」之約，寫過一篇「少年時代的回憶」，曾在「前言」裏說過這麼一段話：

「我不能寫自傳的原因也很簡單：第一，大凡寫自傳的，無論他怎樣客觀，下筆時難免夾雜些強烈的主觀，和偏狹的情感，有了主觀和情感，自傳便減少他本身的價值；第二，我自參加實際政治以後，依一身的經歷，與政治上的秘密發生不少關聯，不老實寫出來，這自傳等於騙自己和騙人，若果老實寫出來，一定對於政局多少掀動無聊的議論；第三，我個人自問確沒有像盧騷寫懺悔錄這樣勇氣，其理由或者我根本不是一個文學家，一本自傳光擺出嚴肅的骨骼，而埋沒了戀愛的歷程，不如不寫，還可以保存些不自欺的面目。」

還幸我當時所要寫的僅是一個少年時代，我所說的三種困難算是廻避過去了。現在如果再要寫的話，應該繼續寫中年時代，我想了一些時候，終覺跳不出這三道難關，心內有點猶疑，也有一點偈促。幸而宇宙風第二次催稿的信來了，宇宙風要我寫的是治學、立身、處世，和爲國之道，這一封信雖然像考學生似的，有點指定範圍，然而眞是令我舒了一口氣，不啻戲劇上當一個忠臣義士綁上法場時候，突然神仙下降，把大袖一拂，平地起陣大風，便飛到了雲端。好罷，我就照着宇宙風的範圍寫去，可是最後所謂「爲國之道」我是不敢寫的，過去十幾二十年的「爲國」，到底爲功爲罪，自己也不敢斷言，只有等到將來，靜待史家的批判。

過去我憑着一枝筆，也曾闖過了滔天大禍，因此屢次逃亡、流浪、奔命，還帶累着許多朋友們遭受了比我更慘苦的命運。我知道和我同樣犯過天條的一般人，目前已有不少在懺悔，有些想天下人往後再不要如此搗亂了，所以拼命提倡讀經，有些想自己往後再不要如此闖禍了，所以拼命提倡唸佛，但話雖如此，已往的究竟難於挽回了。我至今還是扛起大旗反對讀經和唸佛的一個人，但我同時却對他們表示深摯的同情，因爲我覺得這或者也是懺悔和反省之一道。

前好些我最被一幅外國諷刺畫感動，那時法國的外長白里安和德國的外長斯特拉斯曼正在熱戀，德國正被拉入參加國聯。那漫畫繪着一個武士，那是代表德國人，另外繪着一個女子，是代表法國人，兩個人很親熱的摟着，而遠處樹（豎）着無數的十字架，擁出很多的骷髏頭在那裏向着兩人張望。男的很親愛對女的說：「親愛的，以前是我錯了」，女的也很嬌媚對男的說：「親愛的，以前是我錯了」，那十字架下的骷髏頭遠遠喊着：「你們都沒有錯，錯的只有我們」。我看了這幅漫畫以後，至今在腦內還刻着不能磨滅的印象，不久以前我在「軍中璅記」的結語，也把這一段寫上。

以前所謂「爲國」，我恐怕就是「以前我錯了」的一個人，然而我今日還有機會喊着「以前我錯了」，但有許多朋友們可憐喊我錯了的機會老早已消失了。固然今日法德兩國的一對男女又再反目，各人爭着從前沒有錯，而在中國還有一班人們，一面正在喊錯，一面還是做錯。可是我呢，既不願喊，也不願做，只是等候歷史上的裁判。

我雖然不能寫自傳，去年零零碎碎也寫不少札記體的文章，我打算編輯起來，取牠一個題目喚做「苦笑」。可是我承認那本苦笑錄，只能供自己的反省，不願牠出版，以致掀起平地的風波，我也不要牠藏之名山，傳之其人，只是想在心平氣和之時，聊備翻閱，以當修省，楔子既已說過，以下便按着治學、立身、處世的次序，隨筆寫去，也當嚮取我平生的一角，來應宇宙風的邀約。

二

說起治學，我覺得有點慚愧，如果我要批評自己，可以總括一句話，就是「駁雜不純」，在舊學方面，曾一度雜亂的研究過理學，並且中間漫無系統的讀過些佛經。在社會科學裏面，始而習法律，繼而學哲學，卒之習經濟。所以我常說，我似乎樣樣都懂，實在樣樣不精。不過社會科學是比較有系統的，我不去談，且說說我少年讀書時候「好學有心，治學無法」的經過。

我在少年很早時候便輟學，而當日也沒有幾個良好的教師。我因爲身體多病，九歲才正式上學念書，到了十五歲時便因事停讀，前後僅僅六年，那就是我一生學習漢學的機會。這六年之中，說也可憐，教師把四書五經全灌入我的腦子了，每年趕到散館，都一一抽背，熟是爛熟，可是對於解釋，我一點也不懂，就有疑問，當着從前老師的威嚴，也不敢問，有時恭而敬之的請教，每每得不到滿意的答覆。還有更苦的，九歲的下半年，就得背廣東出版的古賦首選，這本選賦寥寥只有兩篇，一篇是屈原的離騷，一篇是庾信的哀江南賦。背是背得出，就等於和尚念經，只求字句不錯，至於內容，莫明其妙。

小心房裏全塞滿苦悶，老師最後把他治學的方法拿出來，他說：「讀書只要熟，熟便能生巧，讀熟唐詩三百首，不會吟時也會偷。」老師既叫學生去偷，那我們就不能不往書上做小竊。而且後來讀至陶淵明的五柳先生傳，有一句「好讀書，不求甚解，每有會意，便欣然忘食」，心想管牠罷，陶先生這樣說，老師那樣敎，一定不會錯的，自是每週作文，都盡力往書內東扯西拉。結果好些文章都得了無數的密圈，很好的評語，但我的文章用句，假使一一抽出來考我的話，我連蘇東坡的「想當然耳」也想不出。

大概後來我對於經史能夠得到多少知識，還是給小說引起了我研究的興味。孩童時代誰都喜歡聽故事，我在上文不曾說過因爲身體多病，九歲才正式念書嗎？在七八歲的時候，每天下午都央求我的父母，准許跟一個半保姆半使喚的老僕到露天書場聽「講古」，那時廣州禺山關帝廟前的空地，設有兩三個書場，不是這裏講三國演義，就是那邊講說岳全傳。我記得那時講古的入座費是拿燒香計算的，每燒完一枝香，每人就要拿出五個銅錢，或一個銅板。講古先生爲着收入起見，惟恐故事之不長，又拖着喉嚨唯恐他講得太快。小孩子都是心急的，太不能等了，也太難忍耐了，於是便央求父親給我買小說。所以我在九歲以前，便開始讀薛仁貴征東征西，楊文廣平南平北，慢慢更進一步讀三國演義，東周列國。字有許多認不得，太煩難的便請教人，可以以意爲之的便自己亂讀，當時實在不懂得查康熙字典，而且字典那種「切聲」也不容易明。少時不習小學，沒有很好的先生指導，至今還有許多僻字或者太熟的字，我還只知其意義而往往錯誤了音讀，這也是我失學的毛病，而急求知識的壞處。

就學的六年，日間把四書五經讀完了，夜裏把在廣州能夠得到的小說也讀完了，稍爲大部的水滸、西遊、封神、紅樓夢等，固然看得爛熟，連當日目爲壞書的金瓶梅，品花寶鑑等，也全瀏覽遍。我的父親對我看小說是不大管的，有時更來考問我，三國演義內用兩個字作人名的有多少人，諸葛孔明在演義內騎過幾次馬。這更獎勵我在小說上用苦功，有時爲了這些問題，還很細心的代這班小說上的人物辦統計，父親對於我看好的小說固然不管，就是看壞的小說也不理會，有時他瞥見我看小說，本來想問我看什麼書，倘若他疑似我看壞書的話，就借故揚長地走開，裝作不見。父親本來就不是太古板的人，他又迷信着開卷有益，他以爲小孩子不妨使他多知點東西，俾在成熟之前多得借鏡和反省機會。這是他老人家的主張，我後來對於社會一切事物不至於過於隔膜，對於任何事物都不至於流於放縱，也未始不是由於我的父親相當放任之效。不過這是不是一個教子的良好方法，我只有讓別人去批評，可是對於我的本身，的確是曾實受其益的。

我爲什麼十五歲就停學？因爲父親那時已參加當時所謂造反，一切會黨來往的消息，都交給我答復和保存。這些消息都不是準時的，而且需要立即裁答的，因此不停學也沒有辦法。這樣每天只在私人學校補習兩小時英文，有時事急，也還是或作或輟。消息是不時來的，沒有消息的時候，便閒得慌人。而那時候十五歲至十六歲的兩年，能夠找到的小說都看盡了，甚至能夠找得到的筆記也看盡了，看書的習慣就這樣養成，如果一天沒有機會看書，便惶惶然若有所失，尤其每夜臨睡前的枕上，每日不可少的厠上，手上不拿着一本書，總是覺得不舒服。

當時所能找到的小說就那麼多了，慢慢又懷疑小說上的事實不會那樣活躍，因要證明小說的事實，不能不翻綱鑑，在那幾年以內，把通鑑輯覽和易知錄從頭至尾翻了三四回。綱鑑紀事太簡單，我又覺不能滿足，由是便去翻二十四史。我還記得，我讀廿四史不是有系統的，史記原是在書塾讀過，不是當史讀，而是當文看。我開頭讀廿四史還是讀三國志起，其原因就是要印證三國演義。又其次是讀前後漢書、唐書、宋史，至於南北史、元明史，還是擺在最後來讀。我這樣雜亂顛倒的原故，並非是故意，而是惟興味是趨，因爲前後漢演義，隋唐演義，說岳全傳，我得的印象較先，所以也依着這個次序去讀廿四史。歷史和地理是最有關係的，因爲要找歷史事跡的位置，往往翻地圖，簡明的歷史地圖難得使我滿足，又隨興之所之去翻郡國利病論，祗可惜那本巨著我沒有像廿四史翻完，只有得其大意，還談不上有深刻的印象。

歷史又和經是有關係的，每讀史內的列傳，每有奏疏，多引經書，我爲進一步求眞起見，重新把經書的註疏翻了幾遍。不過我坦白的自承，對於四書，我最歡喜大學和孟子，對於趙普所謂以半部論語治天下，我慚愧沒有領悟到。至於五經，我最歡喜春秋，這或者因爲有關歷史的緣故，其餘詩、書、易、禮，我不敢說有什麼見解，或者牠識我的程度，比我識牠的程度高得多，我不敢以不知爲知。這是我少年讀線裝書，或者說是治學的經過。

自是十六歲便因父親失敗，我度着流浪的生活，一直失學到辛亥，至革命以後才當英文教員，每月積點月薪，等到民國三年才去學法律。我的性格最和法律不相容，祗因當時政治經濟班不開，才選了這個性格柄鑿的科目。我的脾氣是疏闊的，而法律需要心思細密的，見那一條一條的條文，最令人感到頭痛而不發生興趣。不過我有一種脾氣，卽是無論何事，不幹則已，一幹便要幹到底。法律我是最怕的，但讀了三年畢業之後，學校居然倒欠了我的學費。事實是這樣，照學校的定章，年考九十分以上，下年便可免繳學費，這是用來獎勵勤苦的學生的。我三年考試都超過九十多分，第二三年的學費都免繳，然而最後一年既已畢業，學費欲免繳而無從了。我或者是爲太窮，或者是異想天開，以爲既然第四年無費可免，於是請求學校發回我第一年入學的學費。可是校長查無先例，學校只有免費的規定，而沒有可以發回的章程，只得說句「算學校欠你的罷」。

三年學習法律眞使我的頭腦麻木了，腦裏所裝的無非是「章」、「節」、「項」、「目」等條文，我想這樣呆板，一定使我整個腦袋痲痺死，因爲我想溶解一下頭腦，便跑到北京大學習哲學了。後來我的頭腦雖然靈活一點，不過至今我還受法律的影響很深，讀者不看見我常作的文章嗎？無論長短，都喜歡分開第一第二，或者其一其二，這可以證明我一點文學的氣息都洗得乾乾淨淨，祇存留下些章節項目。我少年時最大的奢望，祇想做一個文學家，焉知這三年法律工夫，使我鍛鍊成一個四方頭腦，後來雖然習哲學，習經濟，畢竟這些法規條例的格局改不過來。今日弄成一個四不相，我還有點埋怨當日學錯法律。

民九由北大回到廣東，足足做了兩年記者和教授，慢慢又感到知識荒，末後到美國學了三年經濟，頭腦才算有點變動，然而始終不能跳出法律的格子。今日從前所學的線裝書都丟荒了，法律和哲學也生疏了，賸下來的只有些經濟知識，我的藏書十分之九也是經濟學，今日我想已到不惑之年，縱使要惑，也怕惑不動，我倒已安心不再改行，讓牠下去罷了。

治學最要緊是先得淵博明達的良師，若單靠自己鑽研，沒有法門，必定事倍功半。過去我對於治學，第一苦無導師，第二苦早失學。然而據我經驗，未懂「治」前，首先要養成讀書的習慣，有了讀的習慣，跟着便有了寫的習慣。現在我無論如何忙碌，每天總要讀四五十篇書，每月總要寫一二萬字的著述。如果一日沒有書讀，一月不寫東西，便似坐立不安，手心發癢。祇是養成讀書習慣之後，同時也會生出一種毛病，那毛病卽是懶於應酬，總以爲赴宴會，見賓客，倒不如多看點書，還更得益，還更自樂。目前南京就有許多朋友說我瞧不起人，其實我並無這種高傲態度，祇是迷於讀閱，而懶於交際，這又變了治學有心，應世無術了。

三

身怎樣才能立？我看多半關於思想問題，這種思想，雅言之叫做修養，淺言之直可叫做反省。我的智力開始發展，約在九歲之末，十歲之初。九歲時候開始讀大學「物有本末，事有終始，知所先後，則近道矣」那一章，便覺得奇怪，怎麼顚來倒去都要「格物」。約摸是那年九月罷，先生便開始講書，舊時所謂講書，即是對於書本的解釋。先生講書照例先講「學而」，我問先生爲什麼不先講「大學」。

「大學道理太深了，你們不會懂，我先把論語孟子都講了，才倒轉講大學。」先生說。

「大學裏說『大學孔氏之遺書而初學者入德之門也』，既然是初學者之門，似乎應該先講。」我好奇的問。

這一問倒使先生有點駭然，他問我這話是誰教的，我說是自己覺得如此的，他問我對於大學懂不懂，我說惟其不懂故要請講，我最不懂得便是格物那一段，爲什麼平天下，治國、齊家、正心、修身、誠意，最終是格物，最始也是格物，顛來倒去都拿物作中心，我以爲聖人之道如日月經天，江河行地，仰之彌高，鑽之彌堅，瞻之在前，忽然在後，是高深不可測的，怎麼這樣平常的致知在格物？我那問話當時並沒有高深的感覺，只是一種好奇，一半是小孩子的幼稚，一半是求知的初啓。

那位梁老師倒很虛衷和不憚煩，搬出朱子的解釋說：「格，至也。物，猶事也。窮至事物之理，欲其極處無不到也」。他又搬出王陽明的「正心者，正其物之心也，誠意者，誠其物之意也，致知者，致其物之知也」。朱子是我知道的，因爲先生告訴過我，朱子是宋朝的大賢人，可是王陽明先生的名字，我打從那時才第一次聽見。朱子所講窮至事物之理，我還明白，王陽明的正其物之心也，誠其物之意也，我無論怎樣思索，也弄不清楚。後來先生說你年紀還輕，等到大時便慢慢懂了。我想我眞還是小孩子，自己不明白，先生講也是不明白，自此再不敢請求先生講大學，只是隨班聽論語罷了。可是我那一問，倒問出一點小麻煩，解館以後，先生特自跑來我家找我父親，說我將來一定要中舉中翰林，希望父親和他做親戚，把他的小姐許配我，大約父親當時另有見解罷，婉詞推謝，後來馬馬虎虎便算拖過去了。

自此之後，無論什麼事情，我都記得致知在格物，旣然物猶事也，那麼一個人的思想和行動，也都是物。這種思想眞影響我立身之道不小，以爲旣然對於世界的事要去格，難道對於自己的事反不去格？我也知道什麼「君子不重則不威」，「正其衣冠，尊其瞻視，儼然人望而畏之」，不過我想與其扭扭揑揑去做人，不如坦坦白白來做人，所以我從來就不修飾我的行動，不隱蔽我的思想，我爲什麼反對宗教呢？人的信仰，本有自由，原沒有什麼可以反對的道理，可是我最厭惡的，就是本來沒有上帝，而偏幻想出一個上帝，幻想出來還不算，還拿着去騙人，甚至乎拿着去壓迫人。同樣的，我爲什麼反對僞人？因爲人類生存於社會，本就有他的規律，這是自然的，無可反對的，獨是有些人偏幻想出許多道德的名詞，內容不充實和定義不確實的名詞，拿着去騙人，甚至乎假借來壓迫人，我生平最恨這些人類的幻覺，僞君子的態度，人生不過幾十寒暑，何苦欺人和自欺，因之「率天之謂性」似乎我可以做到，至於「修道之謂敎」這是我病並不能的。

古人有句話說「死有輕於鴻毛，有重於泰山」我是最不佩服的，什麼是鴻毛？什麼是泰山？那界限最不容易畫分。我總以爲人類不過爲生存而生存，對於社會有他的責任，對於自己有他的適性，但求責任盡了，對於一己之性不妨稍適，對於一己之命不妨隨時丟掉。因此我絕不贊成創作許多無聊的事情，譬如在國難當前，連電影都禁止觀看這一類事，我總覺得這是桎梏性靈的幻覺動作。中國最大的毛病，就是人人都當死有重於泰山，歷史上的兩度亡國，現社會上的無是非，皆坐於這一句話。而形成這話變爲人人金科玉律的，就在幻覺上的桎梏性靈，人是要適性的，性不能適，必思保全生命而希望有日來適，由是張邦昌劉豫繼續在歷史出現。我一生總不覺生命可貴，時時都是鴻毛，唯其人人生命等於鴻毛，國家生命便會變泰山了，我以爲把這些觀念變成了社會信條，也未嘗不是替個人立身，和助民族復興之道。

我的脾氣何以如此，除了思想之外，自然更和環境有關，自少過了一些時馳馬擊劍的生活，倒養成小說上「好俠仗義，慕朱家郭解爲人」的一個人物。我素來就提倡重然諾，輕生死，這或爲着我非出於書香門弟，而起家武功，又或者少年中於舊式小說的流毒，太欽慕上馬殺賊，下馬作露布的豪傑。我還記得以前幾度冒險，有些是不必需要的，有些是大可以免除的，然爲着朋友的感情之故，畢竟也冒了。有一次我爲陪同朋友赴急，曾作了一首留別家內詩：「險阻艱辛不肯辭，輕生重諾寸心知，拚將肝膽酧朋友，珍重東城判袂時。」除此以外，我對於立身是不懂了，所以我寫了一世文章，只是以責任教人，從不敢以道德鳴世，這是我自己做人的見解，大人先生或者說「這是不可爲訓的」。

四

現在談談我的處世了，「落落寡合」是替人作傳或自己作傳中一種其詞若有憾然，其實心乃喜之的恭維說話，但是我呢，以爲這不是一句得體的名詞，因人類旣要處世，爲什麼要寡合？我平生不是落落的，但可惜是寡合。過去幾年也曾當過一面之局，很少成就，都坐於寡合之故。大凡一個人要任國家的大事，只要事情辦得通，不應當硬硼硼的死執一己的脾氣。我在所著「四年從政錄」裏，曾慨嘆我不能做胡林翼，捨得當日我肯曲意交歡，何至於成就不大，這一點我現在想起來，太以骨頭爲重，國家爲輕，不但缺乏處世之道，而且自己感覺也太渺小了。

處世兩個字說得太廣漠了，不如說是處朋友罷，我對朋友是抱着一個最可笑而又偏狹的原則。即是一個朋友第一次對我不住，我總不以爲意，以爲朋友誤會了我，或者是他一時之錯，誤會固然應該原諒，就是一時之錯也得應該原諒。如果那個朋友第二次對我不住，我更自己反省，以爲我自己必定有些不滿人意的地方，或者是我先對不起人，然後才惹人家的反感，以後我對於那位朋友更要小心，而我自己更要謙抑。可是那位朋友第三次對我不住，那我再不會和他做朋友，縱使他解釋，認過，我也是敬而遠之。因我覺得如果他是出於無心，這位先生最少是馬虎，馬虎是一種脾氣，永遠難得改的，和這些馬虎先生做朋友，必至永遠誤會，沒有已時。如果他是出於有心，我已經原諒了兩次，再原諒下去，也必至兇終隙末。我這原則的確是可笑的，也是很偏狹的，但自處世以來三十年都如此，已變了我的脾氣，明知或者過於固執，但是江山易改，品性難移了。

此外還有幾點可供敍述的，卽是我處世第一不肆口謾罵，第二不揭發陰私，第三不虛妄造謠，第四不欺負孤弱。因爲：

第一，我以爲肆口謾罵是沒有用的，因爲謾罵就是暴露自己的弱點，而且有時喪失了自己的人格。過去有些人以爲我在文章擅於煽動，必定愛罵人，其實我並沒有試過肆口謾罵，卽以當日名震一時的革命評論而論，我始終檢查，祇是說理，而沒有詆譭。我不止不罵人，卽人家罵我，我也很容易的寬恕，因爲不知道我的爲人而罵我的，那是無知，無知是可以原諒的，若知我爲人而罵我的，那是故意，故意是無從辯論的。我也不是笑罵由他笑罵，好官我自爲之，不過祇是覺得破口對罵，祇是一個弱者的表示，男子漢應當尊重自己的身分，應當拿出別的有効(效)辦法。

第二，陰私不是都壞的，人誰沒有陰私，例如揭發人壞的陰私，固然朋友之道所不許，就是好的陰私，既然人家不願宣佈，還應當替人守秘密。我最服膺論語的「己所不欲，勿施於人」，甚至僚屬縱使有了過失，我也只有規勸，而沒有當面指斥。然話雖如此，這也是我一個弱點，有許多朋友們知我不會面斥其非的，於是來了無厭之求，在我以爲厚道的，而結果增了人的惡德。

第三，造謠我是最厭惡的，固然政爭中的有效戰術，大半在造謠，但我在政治上苦鬪了多少年，寧可戰敗，也不願故意揑造人家的謠諑。爲什麼？我以爲造謠最是可恥的一件事，因爲旣名謠言，當然不是事實，和人鬪爭，豈能專靠製造謠言，而且謠言僅能欺騙羣衆於一時，終不能欺騙羣衆於永久，如單靠謠言來中傷人家，敗固可憐，勝亦不武。不過我雖不造謠言，人家造我謠言，我反引爲一種自娛之具。例如過去上海有幾家小報是專心和我開玩笑，造我謠言的，但這些我總當迹近遊戲，無傷大雅，有時我讀了之後，反覺得酣然一笑，舒散我一日工作的疲勞不少。

第四，我平生絕不作打落水狗的英雄，如果人家失敗了，我斷不會跟着打一拳，踢一脚。我最恨近來有些文人，如果一個人有權有勢在臺上，他們決不敢瞌一下牙，反而大吹大擂的揄揚鴻業，藻飾豐功。及至那人下了臺，馬上搖身一變，面孔一抹，聲色俱厲的聲罪致討。固然這些都是紙上不傷皮膚的文章，但我旣厠於文人之列，實在感覺汗流浹背，羞慚無地。本來一個人不敢打虎而專打狗，已經儒弱的可憐了，甚至連狗都不敢打，而專打落水狗，旣爲男子，那又何必！

以上所說的幾點，到底還是處世的長處呢？還是處世的短處呢？我也不敢判定，如果雅一點說要自潔其身的話，那可以算是長處，如果俗一點說要發達的話，那可以算做短處。過去反對我的朋友們，有些批評我是毫無忌憚的小人，有些批評我是封建道德的餘孽，更有些批評我是溫情主義的代言人。那三種批評自然都多少含有惡意的，但我可以坦白的承認，這三種批評都是對的。有時爲着理智爭鬭，我的確是天不怕地不怕毫無忌憚的小人；有時爲着感情涵濡，我又是一個充滿了舊道德思想的封建道德餘孽；有時爲着客觀批評事物，我眞純粹是一個明理密察的溫情先生。這樣處世，我不是太矛盾了嗎?唯唯否否，我又覺得那是我自己的「吾道一以貫之」。縱使眞是矛盾罷，人生本來就是矛盾的，就讓牠矛盾下去，完成我自己「自以爲是」的處世之道罷了。

民國二十六年稿

軍中瑣記

前言

軍中瑣記完全是我個人從軍生活的一段回憶，我自民國十四年歸國之後，便從事於軍隊的政治訓練，自是三年中間，雖然一度在湖北綜理外交和財務，一度在江西綜理政務，可是依然還參加軍事的工作。現在脫離軍隊生活已經十年，但在十年之中，回憶起來，當時在軍隊苦鬪的情形，在政治掙扎的經過，還像依稀歷歷在目。

國民革命軍的北伐，在中國近代史是一件大事，也是國民黨開國的一件大事，我以為凡親與其役的人們，都應該就他們一身所經，有點敍述。我由訓練軍隊政治起，以至北伐佔領長江止，雖然不是日日在前線，可算得重要的事，幾乎每役必與，所以很想就憶想所及，寫點出來，作些野聞軼事補。

我這篇瑣記分為四個時期，第一個是北伐途中的戰役，第二個是武漢佔領的回想，第三個是南昌三月的漫寫，第四個是廣州共黨的暴動。至於在北伐之前，我雖然綜理軍隊全部的政治訓練工作，可是在那個時期，爲着職務的關係，爲着後方的重要，對於敉平東江和統一南路，我都沒有親與行役，所以略而不敍。至於我這篇記載爲什麼名之爲「瑣記」？我有兩個理由：

其一、我不是修國史和黨史，關於政治離合的大事，尤不願談。本來世界的功罪難以論定的，個人的是非尤其難以辨正的，每個人參與一件大事，有時惟其見理愈清，守理愈固，愈容易做一個時代的犧牲者。一談政治，免不了重翻舊案，更免不了攔入極有成見的主觀，這樣縱不至有自己洗刷之嫌，也難逃故入人罪之過。所以關於政治大事的記載，只好留給後人，我所記的僅爲政治以外的瑣事，縱使有時因敍事行文之便，不得不說一兩句，也極力摹仿稗官輕輕帶過的筆調。

其二、我這篇敍述，雖然分開四段，但決不是依次敍述的紀年，記憶所及，或者有時很有系統的，筆力不逮，或者便絕無系統的。這篇瑣記，不但不能算作正史觀，更不能算作小說讀，正史是有體裁的，小說也須有起伏的，我這篇記載，不但根本沒有想到什麼體裁，並且始終也沒有意爲起伏，所以除了「瑣記」兩個字，更無從命名。

人生是否有留戀的價值，這是哲學上的問題，但人生某一段生活，有時的確值得回憶。人生本來還不全是一個夢，而尋常我們的夢境，就有許多往後思量很可回味的，並且更想重溫的，何況那三年從軍生活是一件不可磨滅的記憶，爲什麼不寫點出來，等自己以後翻翻來尋味？

已往我那一段從軍生活，時常都像一片煙霧浮在眼前，有時囘想，時而疑濃，時而疑淡，趁着這片煙霧還在凝住，何妨把他攝下，等到煙霧眞個消失的時候，還留着一張怪有意味的底片。

廿五年多草於南京。

㈠　北伐途中的戰役

民國十五年七月二十二日是政治部和政務局規定在廣州出發的日期，那個時候，正是舊曆的六月，天氣昏熱得悶人，可是廣州北伐的情緒很緊張，軍隊已絡繹出發，民衆無日不遊行開會。前方的情報，唐生智先生已退到衡州，於是革命的情緒更加緊張，大家彷彿不只是北伐是我們的唯一出路，而且早一日出發倒可以在炎暑壓迫之下舒一口氣。

我那時正病着，熱度高至一百零四度，我的病大概一方面中暑，而一方面沒得休息的緣故，別人在那個時候只準備出發，而我呢更還準備兩方面交代。沒有北伐之前我原秉有兩個職務，一個是軍事委員會的政治訓練部，一個是廣東省政府的農工廳。因爲總司令部成立，政治訓練部便改隸了總部，而更名爲政治部，我把職務交給鄧演達。另外農工廳一時找不到替人，恰好劉紀文先生由歐洲囘國，等到差不多出發，才徵求古應芬先生和他的同意接任。我把兩個職務交代之後，才開始組織總部的政務局，到了那時離出發之期不過十天，一面交代，一面預備出發，我剛剛草完那篇北伐第一期的政治大綱便病倒了。

個人因病原本可以緩一點出發的，不過因政務局是一種新組織，他的任務也很大，一班僚屬還是一種新的嘗試，暫時代理實在找不到人。而個人雖在病中，聽見前方緊迫的消息，又眼見出發人們的興高彩烈，很像廣州已不可一日再留，而且出發或可以在途中換換空氣把病捱好，於是決定仍舊在規定日期出發。

廣州西村車站是我們出發的初點，我於七時至站，人已擠得有點像萬波盪漾的大海，送行的、慰勞的、出發的、演講的、歡呼的、離站幾百步，就聽得沸騰像隱雷。我和送行人們一一握手之後便上車，頭目雖然有點微眩，但看見各人緊張和熱烈的情緒，倒把精神提起了不少。

粵漢車路那時辦得並不好，加以兩月以來運輸也太忙，我們到了昏黑才抵韶關車站。那時管理韶關兵站的是原日軍委會步兵監的馮先生，他到車站接我，並告訴已租好幾艘「河西船」作我一日的暫駐所，原因是城內所有的公共處所和祠廟都駐滿待發的士兵了。

韶關就是粵漢南段的終點，由那裏去樂昌，也可以起陸，也可以坐船，無論起陸和坐船，到樂昌都需要兩日。馮先生看見我病，主張我坐船，因爲政務局人數連士兵夫役也不過二百多人，找船還不至於太費事。我住了韶關一日，也在昏眩中過去。只是第二軍的師長張耀瓚先生見過一面，連二十年久別的風度樓都不能去一看。到了第二天換船時候，只在矮篷低窗裏，見一見薄霧籠罩的芙蓉山，我不到韶關二十年，而芙蓉山依舊這樣秀麗不老，依舊這樣逸豫幽閑，想想在二十年前失敗逃亡的情景，又加上一些感喟。

船行了兩日，才抵樂昌，在船內兩天，病不經治療，倒慢慢痊可。白天在船上憑着矮窗，看看連亙不斷的巒山，洶湧亂流的急水，倒也惹起一些舊夢和詩意。可是一到日落，心裏便有點煩燥，因爲船太矮了，又點上閃爍不光的煤油燈。書是沒有得看的，總部的命令，官長所携行李不得超過六十斤，書如何可帶呢？就是有書，在這種螢火樣的燈光，也不堪細讀，我夜裏有看書習慣的，至此眞是煩燥欲絕。

樂昌是到了，然而倒像下了防疫令，我記得我們是中午到的，兵站裏來了一個警告人，說樂昌城內的虎列拉（漢京按：即霍亂）很猖狂，城內每天總有一兩百傳染病死亡者。大概廣東每年暑天不乾淨的地方總有虎列拉，這次接連不絕幾萬大軍過境，所以傳染病更速。我們決定當夜就在船住宿，明早登陸向九峯進行。這半日在船耳裏聽見不斷送殯喪笛的哀音，知道這裏虎列拉流行很嚴重，而且更推想往後一路上都須對虎列拉預防，因爲樂昌不過是一個起點，虎疫隨着軍隊蔓延，不知到什麼時候和什麼地方才是止境。

樂昌城是不可以入，而樂昌城外倒值得留戀與回憶，我十六歲和我父親往湘南、轉贛南，來回都在樂昌經過。祇是去時同父親一起，而回時奔命結件只有老家人老鄧和一匹驪黃馬。那天泊船的地方，恰恰是我二十年前夜裏偷渡的地方。那夜恰又微雲擁月，星斗不光，看那河中的急流，岸傍的短樹，村落的疏籬燈火，渡頭的短櫓帆檣，心內起了無窮的感觸，想起了我的父親，想起了當年的奔命，一陣夜風掠來，吹起我一首詩。

「獵獵悲風掠莽原，疏星連樹認前村，當年單騎窮投止，月黑衡寒渡峽門。」

在岸上細沙中棖觸了半夜，前村燈光漸漸暗了，樂昌城內稀疏的更鼓偶然因風送到孤寂的征人，我憬然於明早便要行軍，很無聊賴的回到船上。

△　△　△

行軍的路線也在出發時候預先指定的，我們的行軍路線是由樂昌登陸，經九峯、嶠嶺、入湖南的良田、郴州、以至衡陽。那朝上午五時出發，在十時左右便轉入九峯山徑，到達九峯已在下午的五時。那夜下雨很大，走不起落伍的人們衣裳行李無不濕透。在第二天早上我們便碰到第一個難關，因爲隨軍夫役十之八九是香港罷工的工友們，他們爲北伐的情緒所驅，加之在廣州也無事可做，所以熱烈加入爲輸送夫役。由廣州至韶關，以至樂昌，實在無所謂輸送，只有上下車和上下船舉手投足之勞，及至起陸入九峯，那情形便大異了。固然大行軍每日不過走六十里至八十里，行走不慣的人，就是徒手，也覺得疲倦，何況他們肩頭扛着六十斤的行李（這是規定），而香港的罷工工友，又不全當過碼頭夫。那天長途行軍只是開始的一天，這班工人已發現他們耐勞的能力實在和他們的熱情不相副（符）。我在九峯一個山館裏宿營，早上三點鐘，伙夫正在那裏預備燒早飯，突然有許多叫囂的聲音，送到我的行軍床，我立刻起身打聽，誰知政治部有許多輸送夫不肯前進，嚷着回廣州。國民革命軍是以「不拉夫」「不住民房」來作口號和標語的，實際在統一廣東的兩度戰事，都已實行過的。他們不肯走，是無從強迫，而且他們實在也走不動，有些肩頭起了兩個大疙瘩，不能再扛，有些兩足盡起了水泡，確也難於行走。我們固然不願意拉夫，而在九峯的山窩裏，要拉也無從拉起。政治部出了重價雇夫，但圍繞着看熱鬧的十幾個農民，只在旁邊袖手笑，沒有一個人開口表示願意擔負這種責任。這班農民的不願意，我也很原諒他們，因爲那時正在農忙，而長途夫役，委實不知到那個地方才有替代，他們絕不願每天得四五角錢，而負荷至不知目的，和何處是目的的地點。結果政治部便在九峯丟下六十多件行李，這六十多件行李，自然宣傳品的標語和傳單占了大半數。

但是一波未平，一波又起，政務局也有四個挑夫走不動了，我傳集那四個挑夫，詢問他們過去的職業，有一個是香港做裁縫的，有一個是在飯店當茶房的，有兩個是在香港外國人家內作侍役的。我知道這樣情形，無論怎樣獎勵和勸導，都沒有用處，只有在四擔行李內把重要文件挪出，歸併到別幾擔，而把過賸的油墨紙張，交給九峯的團局，讓他們隨後設法送到衡州。但後來這些東西，始終沒有送來，大約是我們送給團局當爲一宿的代價了，至於政治部六十多件行李，自然也沒有下文，同樣的留給他們作禮物。

以一日行軍的經驗，我很覺得我們不但幼稚得可笑，而且根本就沒有什麼事前考慮。最低兩件事，我覺得有點懊悔，第一、總部規定，將官每人可以有馬一匹，或轎一乘，我那時以爲既然名爲行軍，怎麼可以坐轎？我們既不是諸葛亮的綸巾羽扇，也不是羊叔子的緩帶輕裘，加之少年時候喜歡馳馬試劍，以爲很有把握，所以決定要馬。那知當時中國的交通狀況，長途行軍是不大需要馬的，無論陡峻的山不能乘馬，就是斜峭的坡也不能乘馬，那天剛入九峯，還沒有上嶇嶺，我走路時候，倒比乘馬時占了十分之九。在都市的人們固然驕養慣，就是馬也驕養慣，平時都市的馬，每天最多跑一兩小時，走着平滑的馬路，而料理又有細心的馬夫。至長途行軍，路是這樣崎嶇不平，而行程又這樣日暮途遠。我那匹棗騮馬本是昂首撕鬃，顧盼不凡，走了一天山路，第二朝頭也抬不起，所以以後在嶇嶺走了三天，我還是走路時多，乘馬時少，深恐騎死了或騎病了那匹馬，連裝裝樣子的標本也沒有。第二、我們前方僅有軍報，而缺乏情報，以爲湖南在戰爭時候，連紙張筆墨都缺如，不獨政治部和政務局的油墨紙張在廣州大量購備，甚至標語傳單也在廣州印好，有人計算政治部的標語用這些工人肩力運到湖南，每張成本最低要五角，這雖是一種刻薄的譏諷，當時我們的確有這樣不經濟的「邊際經濟」。

離開九峯不遠，我見政治部的李合林，坐在路邊一棵樹下，一面拭汗，一面發愁，他遠遠見着我，便揚手招呼。

「公博先生，我的行李都丢了。我們這樣組織怎樣可以打勝吳佩孚！除非敵人的組織比我們更壞，否則準要打敗仗。」他說。

我說：「是行軍床嗎？那不要緊，將來我們或者連睡行軍床的機會都沒有。今夜如果你找不着行李，我可以替你想想別的方法。」

那夜我碰不着李合林，他是否已找到行李，我沒有知道，不過當時我知道的，丢了行李，不止李合林一人，現在回想，那時行軍組織，的確並不完密。

嵎嶺眞太高了，不但高，而且灣和陡，我們繞了三天，還是在山中。人馬在山道上盤繞，望見前面已沒有山，以爲身已到了最高峯，剛剛盤過了山谷，迎頭又見還有一座更高的山。這三日的山程，愉快的心情，和失望的心情，起伏不定。走了半日以爲到了嵎嶺，心便愉快，過了一個高山，發見前面還有高山，心便失望。嵎嶺從前也是湖南通廣東的一條要道，廣東挑過去的是鹽，湖南挑過來的是米和布，那時湘南還是廣東的引岸，不過那條要道爲着海運的影響，已見衰微。山上的居民，本來不多，爲着現在嵎嶺已變了不重要的道路，所以人口更見減少。沿着山路，樹木也很稀疏，偶然在驕陽底下，遠見幾家草屋，也顯出一種窮愁的苦態。

我們軍隊最先出發的是第四軍的葉挺獨立團，繼着是陳銘樞和張發奎的十一和十二兩師。走在我們前一日的是朱培德的第三軍，和我們在路上同走的是程潛的第六軍。第四軍的任務是急援衡陽，第三第六兩軍是擔任對於江西方面孫傳芳軍隊的警戒。至於魯滌平的第二軍是從韶關直赴贛南，何應欽的第一軍是由潮汕直搗福建，還有李宗仁的第七軍是由全州應援湘南，那都不是和我們同路。我們這條路上雖然大軍絡繹，眞可算得七鬯無驚。沿途的農民知道革命軍不拉夫，也有扶老携幼的來看行軍的，也有趁着機會來賣茶賣粥的。我在路上見着一個賣茶的老人家，我問他過去軍隊情形，他說：「你們的軍隊眞不錯，他吃一碗茶，就給一個銅板，其實我這碗茶怎能值一個銅板，可惜我沒零錢可以找罷了。」我說：「像你老人家做這一筆買賣，可以賺多少呢？」他笑着答：「靠着這筆買賣，我就不再作工，也可以吃至明年的今日。」革命軍這樣好的風紀，可見政治訓練的確不能不說有點收功，我這樣想。不過這樣風紀，是不是可以永遠維持下去呢？我又這樣自問。

沿途所見帶病的，和在路邊倒斃的兵士，實在不少，大概因虎列拉蔓延，而又在溽暑行軍的緣故。這次出發，醫生實在太少，就是我們隨身所帶，除簡便藥囊所藏挨士匹靈和金鷄納之外，防疫針都來不及預備。既沒有很好的藥，那不能不借助於土製的濟衆水和十字油。這兩種藥又輕便，又便宜，但他的效果，誰也沒有經驗，不過據我所知，輕微的病兵，倒爲這藥拯救不少。

嵎嶺的第一峯終在起陸的第三天越過了，到了山頭，見了一條橫額，才知道這是「慰嶺」，而不是嵎嶺，不過嵎嶺現在已變爲通稱，大概慰嵎同音，後來嵎字流行，而慰字倒爲所掩。嵎嶺雖然要盤繞三天才能越過，但下嶺不過走半天便見着平原，再過便是湖南的宜章縣境。我們走下嶺後，回首一看，嵎嶺眞是層峯揷雲，我笑着對同行的人說：「我們辛辛苦苦，總算渡過嵎嶺了，這次北伐在我們想起已是第三次，我們千萬不要再來第四次北伐，我們看看這個嵎嶺，我眞不願再由湖南爬回廣東。」

下了嵎嶺，兩天便到了郴州。郴州本來是我舊遊之地，但沒有重遊也有二十多年。依我舊有旅行經驗，長江一帶各省的州縣，都差不多有佛塔，塔大的是府治，塔小的是縣治，離十多里看見浮屠的尖端，已可判斷是州或是縣。那天在殘照微茫中已看見郴州浮屠的尖端，我指給幕僚看，這是從前的郴州，從那個塔的姿勢，就可以判斷這是從前的一個府治。

剛進城門，郴州便給我以一個不良印象，許多人在鑼鼓和鐃鈸聲裏，擁出一條像火龍。那條龍是用稻草扎成，滿身揷滿香火，這無疑的是居民一種驅除疫神的遊行，我陡然大悟到郴州也在鬧虎疫，恐怕這裏虎疫還較樂昌厲害。在路上我的幕僚已病倒了兩人，再走是無法可找醫生，所以決心在這裏停留一日。進城不久，又碰到在樂昌和我分手的鄧演達，在樂昌時候，我們已接到前方軍報，說衡州我軍反攻得利，第四軍和第八軍準備攻長沙，所以鄧演達讓他的僚屬在後頭，和俄國顧問鐵羅尼先走。我們兩馬相碰，他很興奮說：「公博，我又要走了，聽說我們軍隊已入了長沙，你能立刻和我們動身嗎？」我說：「我已決定在這裏停一天，我的僚屬病倒了。反正汨羅解決還要再定計畫，你先行罷。爲什麼你單身走了兩日，現在還在此地？」我們一面說話，一面揚着鞭，兩馬便交互走過了。

在郴州停了一日，眞是飲食均含戒心，我宿營在一個破廟的偏殿，那正殿便有病兵一兩百。郴州的兵站有人來打招呼，說此地依着耒水，也可坐船至衡陽，路程水陸都是一樣，不過此地已沒有船，要船還須電達前站永興縣代僱。我想着這樣也好，於是翌早便往永興，自入湖南省境以後，道路也比較平坦了，村落也比較稠密了，最令我詫異的，沿路各村的小姑娘十之八九都剪了髮，我心想湖南民智這樣開通，假以時日，恐怕我們廣東都趕不上。在湖南境內行軍，已較樂昌境內大舒服，不過我對於虎列拉的戒心，還沒有解除。我命令僚屬，在路上不得飲冷水和食冷物，每天早起各人的水壺還要滿貯熱水。又恐怕熱水不夠，每天還是派人打前站，約在三四十里的半程，先找村莊燒點稀粥和熱水，來補充飲料的不足。

到了永興，縣政府派人來見，說船已預備，我們在永興食了中飯便上船，不過船太小了，馬匹是不能運的，我囑咐政務局科長彭國鈞的勤務兵，把三匹坐馬從陸趕衡州，因爲彭國鈞是湖南人，那勤務兵也是湖南人，在湖南趕陸，不會走錯路，部署稍定，又從水路出發。

耒水是湘江的支流，水淺沒膝，沙清見底，因爲水太淺了，所以船不得不輕，比由韶關至樂昌的船又小兩三倍。在船艙的裏面，人是立不起的，人要進艙，也得彎腰才鑽得進去。船夫都裸着上身，下面僅穿一條短褲，他們遇着水淺連船都過不去的時候，隨時預備下水扛船，所以除了我們所知「搖船」、「撐船」之外，還須加上「扛船」纔能完成他們的任務。據我的經驗，這裏船夫還穿一條褲，至於樂昌到坪石的船夫，就是在嚴冬之時，連褲也不穿，因爲那裏的水比耒水更淺，灘比耒水更多，若遇下水扛船而碰到急流，有了短褲也可以助長水力，連人沖掉。我走樂昌至坪石那條路已在二十多年前，這次雖然不走坪石而走九峯，想不到倒在永興再重溫我的舊經驗。我睡在船內，眼見船夫扛船，兩岸跟着人行的步伐，一步一步往後退，不覺又惹起「粵漢鐵路何日纔能完成」的幻想了。

在船上整整過了兩夜才至衡州，早上我聽見船頭衞兵一陣歡呼，我以爲他們是在歡迎衡州，那裏知道他們因見着兩艘小汽船而大歡躍。我出船頭一看，兩艘小汽船，正泊在江心，煙囱內悠悠的放煙，心內也覺得愉快。大概我們在廣州見慣了汽船，縱使不在江邊散步，也時聞其聲。自出發以後十多日，不見河流，只見高嶺，忽而見了兩艘小汽船，彷彿如在他鄉，遇着故人。這種歡呼是一種愉快的心情，是驚喜的表示，眞是「南人乘船，北人乘馬，信之有也」。我這樣默默的想。

我們剛剛抵岸，第八軍政治部主任劉文島先生已由長沙派人來迎，說他們已入長沙，希望我馬上到長沙相見。我草草食點早飯，即坐一小汽船直達株州換火車。那時朱培德的司令部設在株州，準備沿株萍鐵路入贛，我們不見二十多日，倒像久別相逢，我不敢久停，即換火車望長沙進發。我在株州停留不過兩小時，連株州的面目還沒有認眞，實在談不到印象。不過有兩件小事最惹我注意的，其一、我遠見株州沿路那豎着木籠，很像警察的崗位，可是崗位斷沒有這樣密布，走近一看，才知都是糞缸。我以爲株州是一個大城，在民國以前是一個府治，當時又爲粵漢北段和株萍鐵路的交點，不應有這種現象，其後我在長沙和湖南的朋友談及，我力勸他們必得設法除去。其二、我一上火車，便看見乘客十分之九是軍人，有兩個穿着排長服裝的，盤膝趺坐低聲念佛，以前我在廣州已聽見第八軍幾乎全部佛化，但想不到軍官在火車上也這樣的虔誠。不過我當日對於這種狀況不便批評，祇是在我的心裏總是留下這麼一個不能磨滅的印象，以爲這是一個問題，值得考慮。

我剛抵車站，劉文島便來接我去晤唐生智，這是我們第一次見面，我們剛在談話，衡州的電報已到，說蔣先生第二天早上可以抵衡，我隨即和唐生智、李宗仁、鄧演達又上火車趕回株州，並約朱培德換船重復回到衡州相接。這三天之內三過衡山，但僅遠見山光，實在無緣晉接，不過遠睹衡岳葱鬱之氣，總有點神怡，我在船上寫了一首詩：

「三過衡山不許登，汨羅前敵未休兵，層巒挾雨破空至，倒影湘江入鬢青。」

△　△　△

蔣先生到了長沙，第一期軍事計畫便開始，以前衡州之戰，僅是把敵方壓迫湘南的隊伍打退，還不能說到北伐的軍事計畫。這個時候，敵方軍隊退至平江和汨羅一線，夾着平江對峙。那時我們的計畫是分三路進攻，一路是李宗仁的第七軍，一路是唐生智的第八軍，一路是陳可鈺的第四軍，而以唐生智爲前敵總指揮。這三路軍進攻的目的是奪取武昌，若果得手，那麼軍隊到了咸寧，卽由第八軍分兵由嘉魚渡江，襲取漢陽和漢口，鄧演達因爲和第四軍很熟，決定和四軍同行，蔣先生叫我和唐生智出發，實際差不多是一個臨時黨代表。

八月二十那天軍事發動，很容易便佔領平江過汨羅，我共同出發的第八軍是沿鐵路線作戰，長岳鐵路還沒有毀壞，我們便由長沙直駛岳州。我記得我們到達岳州時候，夕陽剛在欲下未下，斜暉正射在岳陽樓，洞庭湖的煙水更是微茫，君山遠看像一葉孤舟藏在煙波裏。可是我們決不能在岳州住宿，因爲前方軍隊就要奪取汀泗橋，我們原定計畫之內，已算到汀泗橋和賀勝橋都會有一場惡戰，不止如此，我們還算到在紙坊還有一場血戰才可以到武昌，至到後來敵人不守紙坊而專守武昌城，也足令我們出乎意料之外而驚訝的。

我們到達岳州，守將葉開鑫已早退去，那時葉開鑫先生還沒有來歸。車站雖然零亂，士兵們還能整肅，城內守軍的告示，也給我們兵士撕了來報告，中間有一張告示說，唐軍內有個顧和尚，善用妖法，要民間預備供給猪狗血，來破這種妖術。我看了之後，一面禁不住失笑，而一面又禁不住悲哀，因爲時代到了現在，還有人迷信有妖術，更且還相信猪狗血可以破敵，雖然他們還是敵人，但知識低到和從前葉名琛守廣州時一樣，難保中國不再演一套義和團的把戲。

夕陽也從岳陽樓頂消失了，時光不早，要出發就要馬上動身。岳州以北，因爲敵軍要掩護退却，許多鐵軌和橋樑都被毀壞，不能通車。我草草的吩咐由廣州帶來罷工會選來的鐵路工人，幫忙長岳路原有路工趕緊修築，即上馬和唐生智劉文島兩位出發。我那時又發覺我的乘馬不濟了，馬不但在峭壁斜坡不能騎，連在鐵路上也不能騎，因爲路軌的枕木本不甚寬，而底下都是碎石，馬的前蹄或者可以一步一步踏上枕木走，後蹄那就馬不自見，沒有把握。馬的鐵蹄踏上碎石，而碎石又那樣鬆浮，有時碎石蹴着馬蹄，馬便嘶鳴不大肯前進。夜色更是蒼茫籠罩了原野，我們前進單靠着兩三盞馬燈，馬跛着步式一蹴一蹴的前行，我眼見着他們坐着轎子如飛的往前跑，心內也有點羨慕，也有點焦急。本來在嶼嶺行軍，對於馬我已有些經驗，爲什麼在長沙時不懂得換轎子哩？其實我在長沙也對於這個問題自己打算過，終以爲我不坐轎子也可到長沙，難道我終不能乘馬至武漢嗎？這點倔強之氣不除，以後吃虧之事層出，但是我決不後悔，橫豎馬和轎子也可以一樣到達的。那夜走到兩點鐘，就在一個村落宿營，我們知道第二天早上便奪取汀泗橋，而且也料不到敵軍這樣脆弱，以爲第二天早上趕上前去，還可以指揮作戰。這個村落的方向和他的名字，因爲忽忽睡了兩三個鐘頭，我都不知，第二天四時便起來，還是急向前方進發。

在路上得到探報，說我們軍隊已佔領汀泗橋，已經向前面追逐敵軍，這樣，我們更不能不急行。汀泗橋地方並不大，却是很險要，以前湘軍兩次攻鄂，都在汀泗橋失敗，捲甲回湘。我們都有這樣觀念，以爲如果汀泗橋佔領，那麼佔領武昌已不成問題，此後只有賀勝橋和紙坊可守，武昌是守不住的。這個佔領汀泗橋的消息實在給予我們軍隊一劑興奮劑，不啻給予我們軍事勝算一個保證。

我們到達汀泗橋，天已昏黑，一點戰蹟（跡）都看不見，只餘一些留在後方守橋的士兵，守着些繳來敵人的軍械。我們當夜必得要趕到咸寧，但那裏再有工夫燒夜飯哩？我遙望橋邊左首有個小市鎮還燈光火着，問問才知是汀泗橋邊一個市鎮。我沿着南岸去找這個村鎮，大概也有兩三里的距離。那邊有一條小市街，沿街各店舖都在那裏張着燈火做夜市。各食物館子全堆塞着士兵，大概當時因買賣太好的關係，就是普通店舖，也臨時改爲飯館。我很詫異爲什麼上午還肉搏打仗，到夜裏便這樣恢復舊觀而且很繁榮，不是我們人民對於戰爭見慣不驚，就是賦有豪膽。我在街市買了幾個饅頭，一邊食着，一邊出市。

在馬燈閃鑠之下，我們雖然看不見汀泗橋的形勢，但那道橋的險要也足駭人。橋大約有二十來丈長，上面鋪着單軌的鐵路，兩岸比橋低下兩三丈，橋又不像其他的鐵橋有扶欄，如果橋頭安置幾挺機關鎗，任你有多少隊伍，都難得飛越。到這時候，我的馬又發生問題，因爲這橋是一道鐵路橋，枕木是架在鐵軌上，疏疏的枕木，底下便是急流，流水映着兩盞馬燈，反射起來，像有很多的金蛇在那裏跳盪。這匹驕慣的馬兒，對於夜行的經驗太少了，對於這樣一個奇夜，更沒有經驗了。走至橋頭，無論怎樣也不肯過去，我沒有辦法，只好喚着四個衞兵，前拖後擁，半威迫、半哄誘，才算慢慢走過去，在拖馬渡橋的時候，我騰出工夫和守兵閒談，從他們的口裏，知道早上一些戰況。攻擊是從侵（清）晨二時起的，敵軍也很頑強，相持差不多到天明，等天亮是再無法攻擊了，第四軍的團長黃琪翔帶了他那團兵從側面強襲渡河，包抄敵人的後方，才把敵軍解決。守兵更神氣的說：「主任，你看這道長橋怎樣過的？敵人也有犀利的機關槍。我們的弟兄傷亡了很多，後來敵人見我們前仆後繼，才手軟把機關槍抬走的，更有手軟的連機關槍都抬不動，只好放棄了。」這些守兵叫我主任，大約從我的衞兵探聽出來，其實我那時已解除政治部主任的職務，他們叫順了口，一時沒有改。

馬四過得河時，工夫就擱不少，天開始下雨，唐生智和劉文島兩位已等不及，先走了。在河南這邊，雖然沒有什麼遺留的戰跡，在河北那邊就遺留不少屍骸，夜黑燈昏，也不知有多少，只是馬燈微光所及之地，都屍骸遍布，有些是倒臥在路旁，有些是橫躺在枕木。前行的衞兵手挽着馬燈，凡見有橫臥的死屍，都繞一個小彎，或者喊一聲「注意」。我們跟着後頭，凡看見前面燈光轉一個彎，或聽到一聲「注意」，便知有屍骸當道。這樣彎曲的燈光和注意的微喊，一直走了十多里路，才恢復原狀。這時雨下得更大，同行的人們，都是衣履盡濕，我的乘馬雨淋得像入了洗馬池，我的雨衣也被雨淋直濕透到底衣袴。這是八月下旬，雖然日間還熱，夜間已有涼意，加以雨的狂襲，各人肌膚都有點戰慄。我看雨越下越大，於是叫衞兵順着大路找宿處。我們無論怎樣，非得要找到唐總指揮，每過一個村莊都問有沒有唐總指揮在那裏，一直走到兩點鐘，雨還是不停，我看各人瑟縮的情形，知道今夜沒有趕到咸寧的希望了。

離着鐵路一里多，看見有座房屋射出些燈光，這所房屋是祠宇、是村莊，在黑夜重雨之下，沒有方法辨別。「不管怎樣，我們總得暫停」，我這樣想。我招呼着衞兵，此刻便向這所房屋暫駐，又恐怕裏面或有敵人的散兵，命令各衞兵先行搜索。巧遇得很，衞兵回報，那邊是一個廟宇，唐總指揮也因雨大不能前進，在那裏停留。我們進那廟時，唐生智和劉文島都睡了，我覺睡覺還不要緊，因爲二十個鐘頭內只食兩塊饅頭，各人實在餓得慌，而且雨淋一夜，也應找點食物驅寒氣。我叫伙夫趕快燒稀飯，明早一起便即趕咸寧。及至稀飯弄好，已將天明，我們就在偏殿一個石磨盤旁邊糊亂睡下，因爲行軍床都濕透，縱然撐得起，也是沒有方法可睡的。

迨至醒來，唐劉兩人早已先去，留下一個短簡，說咸寧離此不遠，他們已先行，希望我們早點起上，在咸寧相見。我知道今日沒有戰事，而天氣又還早，叫伙夫們燒飯食飽再進。我乘間看看這個廟宇，破敗不堪，連門頭的匾額也不知去向，至於我們昨夜所睡的偏殿，還是想像之詞，其實是厨房磨穀的地方，米穀是顆粒不存，只賸一個破石磨。出廟後，見門前一眼舊塘，水污到生碧綠，滿滿鋪了荇藻。汚濁的水面還積無數霉黃的浮泡，一個鄉下的老太太，正蹲在塘邊洗衣服。我陡然憶起昨夜的稀飯，問伙夫昨夜煮稀飯的水從那裏來的，他說是從這口塘來的，我聽之後，打個嘔心，想這次我要中虎列拉了，從此胃裏便像壓了一塊頑石，直至後來到了武昌城邊才消化。

咸寧終於中午到了，那時江水正發漲，從金口倒灌入城濠，環城的城濠早變了一條小河，城邊浮了一個小車站，彷彿飄搖在水裏。城牆低到可以爬得過，車站離城門不過五六十步，往返也要靠一隻小船。許多兵士正在架浮橋，工程像剛剛開始。我到城裏，和唐劉兩位住在一個破衙門，在這裏打聽，知道了不少熟朋友，第四軍全部將領差不多都在此地，夜裏找些破工夫看看他們，回到住處又開始我的工作。湖北已經到了，武昌也差不多到了，已佔各縣的縣長人選，財務整理，都得考慮，打了一個電報給長沙留守人員，整裝待命，又翻開軍用地圖，看看我們軍事的佈置，和賀勝橋的形勢才就枕。

第二天大家都休息，準備翌晨大戰，下午蔣先生已坐火車由長沙趕到咸寧，我們在火車上重開一個會議，決定明晨的軍事。我們從車上回到城裏，看城邊的浮橋都架好了，我在車站徘徊了一陣，看見第四軍的兵士在斜陽裏開始一隊一隊的過橋。那夜我們五時食了飯，七時便睡覺，準備早上兩點鐘起床到陣地。

早上剛剛兩點鐘，已聽見前方陣地的機關槍聲和炮聲，那夜本來就難得合眼，一聽這片聲音，更不容你不起床。我們一起身，便守着幾架通到前方陣地的軍用電話，那是傳達軍情的總命脈，也是決定軍事的總命脈。我們守着幾架電話，除了唐生智之外，還有他的參謀長龔浩先生，和參謀處長晏勳甫先生。電話的聲浪很微，時斷時續，幾乎爲炮聲槍聲所掩，聽得十分清楚。炮聲不多發，只是間三分五分的響一聲，可是機關槍便像新年元夜的鞭炮，從不曾間歇，一陣槍聲，時而很遠，時而很近，電話裏也接不到什麼報告。唐生智和我都是著名抽煙捲的，這個時候，大家都很靜默，緊張、看地圖和抽煙捲。陣地上決不會有壞消息，如果是壞，總有一個報告，而且電話也會立刻不通，可是好消息也不來，戰況若果延長下去，再來第二個攻擊，那就非常的費事。大家守着幾架軍用電話，由兩點鐘守到七點鐘，太陽從紙糊的破窗裏，射入我們沉默的面孔，疲乏無色，大家有點不耐煩。我們先食早飯罷，我淘些稀飯，便和唐生智出城到陣地，臨行囑咐參謀人員守着電話，都乘馬出城。一到車站便見幾個擔架兵抬着一張帆布床沿着鐵路自北而來，我的衞兵便低聲說，有高級將領帶花了。我走上前，看見一個軍官臥着，我的幕僚有認得的，說這是四軍的營長馬少屏。「他是廣東人」，大家一齊叫，「勇氣、勇氣」大家繼續用廣東話來勉勵傷人，馬營長微微一笑便由擔架兵抬入城了。我走了不遠，看見作總預備隊的第一師，正在待命，士兵都沿着鐵路的鐵軌坐，師長劉峙先生立在隊伍的盡頭。「前邊有消息嗎？」我問，「我還不知道，我們正在這裏待命。」他答。我點點頭，帶馬上右方的土山，只見前面陣地煙塵陡起，機關槍響得像連珠炮，有時嗤嗤幾聲從耳邊響，那是敵人的子彈。我們正在勒馬下山，一個勤務兵從後面趕來，說是指揮部請我們回去。我們這時不及往前，倒要後退，到了城內，前方報告從電話裏傳來已經得手，我們立刻把牆上的地圖扯下來，又囑衞兵把行李打好，並通知僚屬趕快集合前進。

前面的槍聲已大半停止了，但炮聲還時發時續，我很奇怪，敵人步兵都走了，那裏還有炮兵還在守陣地？我們前進後才發現敵人不止有陸軍的砲兵，還有幾艘兵艦在金口附近助威，後來知道賀勝橋失守，幾艘兵艦才向長江方面退却。

我們在馬上搜集俘虜的報告，知道這次戰爭是吳佩孚親自督戰，參與戰爭的有從上游調來的師長劉玉春，有湖北的督辦陳家謨。賀勝橋形勢眞險峻，有不高不低的山作屏幛，有很長的鐵橋作咽喉，橋南橋北，滿佈屍骸，賀勝橋底也浮着千多具屍，河水靜咽不流，和堆疊的屍骸一樣靜寂，我想想晉書所說「河水爲之不流」，眞有這樣事。橋上的屍重疊得像小邱（丘），我那匹馬大約看見異樣，人立而嘶，却不前進。實在說，當時那道橋的確馬是不可通的，若要過去，非踏屍前進不可，我吩咐衛兵牽着馬後來，我只得揀屍首稀少處一步一步跳過去。我檢查許多屍首，多半是槍斃的，也有些被大刀砍的，還有許多將死未死的喘着氣，後來我才知道吳佩孚帶着大刀隊督戰，被刀砍的都是後退的士兵被自己的大刀隊所殺。橋頭大葉柳底還懸着三顆頭顱，用鐵線穿着下頷在柳底下搖盪，據說這都是旅長，因作戰不力被吳佩孚陣前斬首的。

過橋以後，看見車站的後壁，堆下幾百桿步槍，這無疑是繳敵人的，旁邊還有幾十個俘虜在一邊瑟縮。據俘虜的供詞，說吳佩孚在督戰專車倒退之時，還開機關槍殺了許多逃兵。一刻間又接報告，說陳家謨在兵敗時候，不肯退後，在地下亂滾，後來他的副官硬背他走，所以丢下了他那乘湖北軍務督辦的綠呢大轎。那時秋風初起，吹人有點微寒，太陽映着死屍，入眼都像和着人血的腥氣，這一幅戰場慘圖，不待後人憑弔，大家都有點惻然。

車站全是空的，站長和員工走了還不知道何時回，但站上滿堆着糧食，大約麵粉總有四五百袋。我們沿着鐵路趕去，不知食宿當在何處，又在何時，只有叫衛兵先在這裏燒些飯再走。車站是無隙地的，室內全是屍體，室外也滿臥着屍骸，我想與其在室內對着新死人食飯，倒不如在室外還有點新鮮空氣，我和唐生智他們都席地而坐，食飯時候，旁邊就有幾具屍，當中一具肚上還插了一把刺刀，挺直橫在那裏。

前進罷，我雖然坐在馬上往前趕，心內不由得又惹起了別的遐思。我想革命是正當的，人類相殺是殘酷的，革命與戰爭相連着是沒有問題，不過我最奇怪的，我平素雖然說不上具有仁人之心，可是殺鷄都不忍看，爲什麼今天見了許多屍首，倒似無動於衷？我已變了嗎？我已變了一個殘酷者嗎？呵！我懂得了，我又這樣想，大概所謂不忍人之心，就是同情。人類能具有同情心，必得他自己能有同情的時間，和有同情的能力，若自身難保的時候，必定提不起同情。我今日似乎無動於衷，因爲第一，死的屍首太多了，實在同情不了誰。第二、我自己也難保證每一秒間不和他們同一遭遇，我正在被同情的時候，所以自己生不出同情。或者更有一個解釋，就是預知一件事的結果，必然減了突然的惋惜和懊悔，戰爭必定要死人，這是一個預知結果，所以總有一點「又何怨」的心理。

這兩天拼命前進，加急行軍，在什麼時候食飯，在什麼地方宿營，我全忘記了，因爲事情飛也似的過去，記憶上實粘不上一些遺痕。我只知道敵人在我們預想之外，不更守紙坊，只知道我們軍隊已追到武昌城下，已在圍城，我們一直追到紙坊，才站住脚。

紙坊離武昌城只兩站路，離鮎魚套只一站路，山勢雄峻，火車路是破山而過，這個地方雖然不能和賀勝橋的險要比較，但東邊有洪山，兩相犄角，只要作些工事，也是武昌的屏幛，而爲武昌的最後線。敵人也許潰不成軍，也許給我們趕得站不住，也許做夢也沒想到我們可以攻破賀勝橋而長驅至紙坊，在那裏不獨一毫工事沒有做，而且完全棄而不守。我們到達紙坊，知道敵人必定守武昌，因爲從敵人的電話中已知道吳佩孚巡城去了。事實是這樣，敵人的軍用電話線沒有全拆，而我們的電話線已搭上，兩線交流，電話便通起來。我們的軍官和後方接話，一搖鈴竟搖到武昌的督辦公署。我們照例問：「是那裏？」從電話對話得到回答：「督辦署。」這可奇了，怎麼會通話通至武昌城？姑且問罷：「吳大帥在那裏？」「上城樓巡城去了。」我們這邊便開玩笑，大聲叫：「我們要殺你們的軍閥。」那邊也知道電話交錯，大聲答：「我們要殺你們的共產黨。」

吳佩孚爲什麼要巡城？那是要固守武昌無疑。我們當時以爲吳佩孚眞要坐守武昌，後來接到漢口探報，才知道吳先生囑咐陳家謨和劉玉春守城之後，逕自過漢口。不守紙坊而守一個武昌的孤城，並且洪山都沒有隊伍，這當然是待援，我們這樣判斷。那時總司令部參謀長白崇禧先生也到了，我們決定先往圍城看看狀況。火車是不能去的，因爲敵人在武昌蛇山已安置砲兵陣地，若乘火車往鮎魚套。徒然擴大敵人目標。我們決定分乘兩架鐵路的手搖車，唐生智和我乘一架先行，白崇禧和劉文島乘一架續進。手搖車不能多坐人，我們一行人只帶四個衞兵，每車選四個膂力強大的工人搖着。

鐵路是單軌的，路基高高突出兩旁的稻田丈多高，雖然沿路疏疏有幾顆大葉柳，那樹頂還掩不過路面。這條路這樣暴露，在蛇山頂就不用望遠鏡，在路上的一人一馬也看得清清楚楚。離鮎魚套有四五里，我首先看見四五丈遠半空中起一陣濃煙，隨後轟的一聲便散了。衞兵低聲說敵人的砲來了，「砲在那裏？」沒有經驗的我問。「剛才在半空的濃煙不是開花砲嗎？」唐生智答我。其實我半生之中，聽過砲聲不知多少次，就是從前廣州幾次巷戰，我都聽慣砲聲，不過那幾次我都被關在屋內，憑我過去的經驗，只知道轟轟的聲音是表示砲在很遠的，局局的聲音是表示砲在很近的，至於親眼見着砲彈炸在面前，這還是第一次。這一顆開花砲只算是開幕的前奏曲，接連聽見有二十多響砲聲，有些是遠在前頭炸了，有些在後頭炸了，也有幾顆打在丈多低的田裏炸了，田的泥土飛起兩三丈高，但距離我們還很遠。

我們那時已成了敵人的目標，因爲正在中午，太陽那麼光亮照人，而我們幾個人連衞兵都穿了黃色軍服，那不是高級軍官是什麼？在那時候，我們只有不計生死前進，因爲退是沒有用的，我們已經到了敵人砲力程射程的圈內，只有囑咐幾個工人盡力搖。敵人發了十幾顆砲彈之後，我就聽慣了，我看田裏有兩個農人還架着一隻白牛在那裏犁田，每次聽見一砲，便仰着首看，行若無事，依舊工作。我心裏想着，我們親冒砲火是任務，他們爲什麼也不怕呢？我對這兩個農民和一條耕牛暗暗佩服。我笑着對唐生智說：「我眞奇怪，爲什麼敵人發那麼多砲，總沒有一顆命中？」唐生智也笑着答：「你眞是孩子氣，有一顆命中，你還能現在說笑話嗎！」

在砲彈散落當中，鮎魚套終於到了，四軍的臨時指揮部正設在站內，這裏有十幾顆大葉柳，有幾間小洋房，終算有點掩蔽了。大約已接到我們起程時的電話罷，首先出來迎接我們的是四軍的參謀長鄧演達。鄧先生拍着手笑着說：「好了，好了，到了，到了。敵人發這麼多砲是歡迎你們的，知道嗎？」我們半說半笑進了站，裏面已有一大堆人圍着看地圖，陳可鈺和陳銘樞都在裏面。我們把來意說明，大家以為要攻城應要一鼓作氣，我們大體決定之後，仍要同去請蔣先生的示，第一次圍攻武昌我沒有參加，只知道攻擊不下，我和唐生智兩人遂由紙坊搬到鮎魚套的南湖學校，而總司令部就設在專車內，停在離鮎魚套半站路上的李家橋。

南湖學校那時熱鬧極了，恐怕還比當日辦陸軍中學時代更要熱鬧，我和李宗仁、唐生智都同住在前樓，後樓的樓底安置了軍用電話總機，那時我只知道陳可鈺住在洪山指揮，陳銘樞、張發奎、劉峙，都駐在四城分任攻城支隊司令。第一次攻城雖然沒有得手，可是我們心內終以武昌是不成問題的，因為在東江之役，惠州可以用雲梯爬上去，為什麼武昌不可以爬上去？雖然武昌城牆比惠州高得多，只有梯子札長一些，武昌城樓終可以上去。抱着這個雄心和判斷，士氣非常之旺，而我們似乎有百分之百的把握。

那時洪山我們的砲兵陣地已豎立起來，雖然砲只有十二尊，終比沒有砲好。這十二門砲還不是我們帶來的，還是在武昌城外製造局搜索出來的，敵人遺給我們以這樣的利器，眞是高興之至。廣州僅有一架偵察機也到了，停在南湖學校前面的操場，沒有機廠，暫時用棚蓋住。那架機雖然不是轟炸機，那時雖然我們沒有重量的炸彈，也足以寒敵人之膽。蔣先生親自視察過前線，親自上過洪山，於是召集了一個軍事會議，決定於五日早上再攻城。在會議席上決定每團挑選敢死隊一隊，預備爬城，飛機和砲兵同時動作。梯子實在不夠而且太短，由政治部擔任徵集並紮梯。第二次攻城計畫決定之後，有任務的分頭工作，沒有任務的暫行休息，以備那晚全體動員。

這幾天在休兵期間，一切全寂靜了，只有夜裏兩方時時開放冷槍。在敵人方面恐怕我們襲城，在我們方面恐怕他們衝出。但南湖學校絕不寂靜，大約敵人也知道這座學校是總指揮處，每日都從蛇山發來幾顆砲，一到夜裏八九時照例十幾顆砲發來。前幾天我在鮎魚套路上所見的砲，實在還未眞，因爲有太陽亮耀的關係，只有見煙而沒有見火。這個時候所見的砲又是不同，從屋頂先掠過一閃火光，隨後便聽到局局轟轟的聲音，整個住樓微微的振盪一下。這樣一夜總有十幾次，而每夜都是如此，不過我們的人因砲而死傷的實在不多。這種習慣不過兩三晚已養成，如果有一夜敵方發砲不多，便很詫異，反覺得了無興味。南湖學校下了戒嚴令，一到夜裏都不准點燈，有工作非點燈不可的都要用布或紙把窗門密閉。出入的馬燈用厚紙籠着，偶然出入用電手筒的都被守衛的士兵干涉。我臥床的位置正在西窗的底下，正對蛇山，夜裏既不準點燈，八時上床又睡不着，只好開窗鑒賞那發來大砲一顆一顆的火光。那時我已一無戒心，因戒心是不中用的，不獨一塊薄薄的玻璃窗擋不住砲彈，就是南湖學校的磚牆，如果命中的話也擋不住砲彈，南湖學校這樣大，而且後面更有一個鐘樓，目標不能算不顯，位置也不能算不確，爲什麼蛇山發來的砲都不命中呢？末後我倒懷疑敵人或在那裏放空砲。

我是好動不好靜的，八時上床無論怎樣也睡不着，每每上床睡了，又翻下床來出外散步，馬燈雖然籠着，可是顧不得，倘若夜晴可以辨路就不用馬燈。一夜我剛跑到校外，遠見一叢人正在那邊紮梯，忽然聽了有些嘈雜聲音，原來是鄧演達在那裏指揮士兵和農民紮梯子。

「限明早五時以前都要紮起，不紮好便槍斃。」鄧演達這樣命令。

「你看梯子這樣多，人這樣少，今夜沒有法子紮好。」一個湖北口音的農民這樣申訴。

「非紮好不行，違抗命令的槍斃。」鄧演達又大聲的重申命令。

「我們不是士兵，不受誰的命令，我們是來革命的農民。」幾個農民喧雜着抗議。

我走上前去，看這台是下不了，農民都停手不工作了。我拉着鄧演達說：「我們還有別的任務，走罷。」一面對那班農民說：「今夜一定能紮好的，只要你們努力。你們要明白，武昌城能否攻下全靠你們，你們若不努力，那是你們願意北軍長住在湖北」。

農民們都不響，又彎着腰工作。我們兩人很寂靜走在路上，鄧演達忽然笑起來：「到底還是你說話強，你十足是政客的口吻。」我也笑着：「今夜你的軍閥本領到底不行。不過你這種命令式的口吻，對於不是底下人是不通的。」我們說笑了半陣，便分頭走了。

△　△　△

攻城一切的準備都已準備完畢，湖北省政府的組織和人選也已決定，這次湖北省政府，不採廣東、廣西，和湖南省政府的組織，將省政府分爲兩個委員會，一個是政務委員會，以鄧演達爲主任委員，一個是財政委員會，以我爲主任委員，那時委員人數似乎很多，我記不淸，只記得孔庚、何成濬、詹大悲、李漢俊都是政務委員會的委員，我也是當中的一個委員，因爲兩個委員會是獨立的，我加入政務委員會，是溝通政務和財務行政的意思。還有幾個委員一方面是政務委員，一方面又是財務委員，這個的溝通，無非想在政治運用上比較靈活。

攻城的前夕，大家非常興奮，期在必取，有些委員本來在漢口做秘密工作的，已有許多預先偷過了江。甚至我的衞兵都把行李打好，招呼馬夫叫他早上四時備馬，準備進城。那夜的興奮比賀勝橋大戰的前夜差不多，只是在咸寧時候，我們心內只有八分把握，這夜是有十分把握。我在七時便上了行軍床，遠見蛇山掩映在微濛的星光，時而想起黃鶴樓的勝蹟，時而想起辛亥武昌起義的史實，這樣思潮起伏，又想起前二十年在北江失敗的狼狽。這時蛇山又照樣的發來幾顆大砲，火光從窗外破着黑雲閃映，我想這個大砲明夜不會照例響了，可惜我明夜不會再住在南湖。

剛剛交過兩點，從洪山我們陣地發來第一響砲聲，轟破了一切沉寂，我知道攻城開始了。這時候我知道去守軍用電話總機是沒有用的，因為我不是高級指揮官，也不能發命令。我選定後面鐘樓為觀戰的地點，上了鐘樓，兩方的大砲已在那裏交互着轟擊，機關槍和步槍的威脅力也震天的施威。我的望遠鏡只望見我們的大砲每發都中城牆，只是已經轟塌沒有，倒看不見清楚。我的衞兵叫着，「葉團長的望遠鏡大些，在這裏。」原來葉挺已往戰地，他用不着望遠鏡，所以留在這個鐘樓。這次從望遠鏡內已望得很清楚，雖然我們的砲都命中，不過這是野砲，從洪山發出本來距離就很長。城牆這麼厚，打了三個鐘頭，我看還是一些沒有動。這時敵方的大砲已不向南湖，大約他們知道洪山是我們的砲兵位置，企圖毀壞砲兵陣地，或者以為我們的指揮部也都在洪山。這樣交互着轟擊，是沒有了期的，天色漸漸到了黎明，東方黑雲裏隱隱劃出兩三線魚肚白，稀有的星光也漸漸暗了。我忍不住，帶了四個衞兵跑下鐘樓，直出南湖學校向着城邊走。南湖學校離城也有十來里，大路也窄隘而彎曲，馬是不能騎，只好步行。剛剛接近進城的大街，便見穿着第七軍符號的哨兵來阻止，說前邊就是火線，上不得。我說我來就是要到火線去看，沒有他的事。這時來了一個第七軍的連長，這位連長不知在那裏認識我，說：「陳先生，請你在那個舖子暫時休息，他們正在那邊攻城。攻城的還要掩護，你怎樣可以白身上去。」這條街的盡頭就是城壕，這時機關槍的聲音更烈，子彈的聲音都從屋頂飛過，嗤嗤作響聲，屋瓦有些碰到流彈，拍的破碎從屋頂直摜到地下。我在屋內只坐半個鐘頭，砲聲也慢慢停止了，槍聲也稀薄了，那還不是我們進了武昌嗎？可是我不能自由行動的，還得回去等命令。我離開這個屋子時，那連長已走了，只見許多警戒兵握着槍，散在大街屋簷底下挺立着。天也亮了。我趕緊回到南湖，剛進學校，便奔向軍用總機取命令。剛入電話室，我看見蔣先生站起，像要出室的樣子。「公博，我們軍隊入武昌了，你趕快進城，下午開一個民衆大會，你們便住在督軍署。」這是命令，我也不暇問理由，我們軍隊怎樣進城，那隊軍隊先進城，我都沒有問，即轉身出南湖備馬。自電話室出來，正見許多人都肅穆而沉默的在那裏等消息，感覺都有點緊張而又顯露有點不寧。我說：「我們軍隊已佔領武昌了，我們都得準備進城。」我即出門上馬。走那條路入？走那個城門入？我實在有些茫然，剛才不是去過一次城內大街嗎？還是從舊路入。

我心內有說不出的愉快，四個衞兵早上的緊張面孔這時候已變了緩弛，就是那匹棗騮馬也放開四蹄，不像在嵎嶺上山時的怯悒。入了大街，又看見第七軍的警戒兵，他們不來阻止，還是握着槍散在屋簷底下挺立。我見着第一個士兵，問他說：「我們軍隊不是已進了城嗎？」他把兩腿一夾，微微的立正，說：「沒有聽見。」軍隊一定不從這邊攻入，等一刻這裏城門必定打開等我們，我這樣想。不繞道了，我們還是朝前進，難道到了城門，我們的軍隊還不由內裏打開嗎？

剛到了大街的末端，望見高高的城牆，城頭有幾叢蓑草被風吹着，顯然已有秋意，忽然馬前的街石炸起來，幾十顆機關槍拍拍的望着馬脚掃。馬直豎起來往後退，我趁勢便把馬頭彎轉往左手的一個小廟衙。「這是敵人的機關槍。」一個衞兵說。「胡說，是敵人的機關槍，還不朝我們身上打嗎？」我說。我心內想，這一定是我們自己軍隊的誤會，但誤會又決不是在太陽炫耀，而認得我們軍服所能起的。我叫衞兵出廟先叫門，那衞兵一探頭，城頭上的步槍又朝廟內打了。這是什麼一回事？我眞狐疑，或者城上還有些敵人的散兵？否則必是城內還在巷戰的流彈？但在這個時候決無其他辦法，只好等城門開。

這時一個第四軍連長從東邊的橫街走來，在屋簷底下很愼重的一步一步走。我在廟前看是第四軍的官長，把他喚住。「你來幹什麼的，你那邊已進城嗎？」我問。「我是從賓陽門來的，那邊沒有打進，聽說這邊已入城，所以我奉命來打聽的。」他說。那時前面已有幾個第七軍的士兵退回來，齊說：「我們這邊也沒有打進去。我們軍隊一定進了城，只不知從那個門打入。」這可更疑了，既然這兩面沒有攻入，就是證明城沒有破，到這時候，我已肯定剛才打我們的機關槍和步槍，不是我們軍隊的誤會，而確實發自敵人。但破城的消息，的確是由電話總機報告的，我知道那夜總指揮部在洪山，我當時決定與其在這個破廟呆等，不如直往洪山打聽。我叫衞兵牽着馬，緩緩出了大街準備上洪山。正出大街騎上馬，踏上田塍，遠見政治部的宣傳大隊揹着大旗，約摸有五六十人排着隊朝東走。轟的一聲，蛇山的大砲向着宣傳大隊打去，宣傳大隊便破開兩截散開，這一砲彷彿沒有傷人，大家都散在田塍間掩蔽。接連不斷的有十幾響大砲，有些是向宣傳大隊原來的位置散落，有些從我身邊掠過。「主任，快點下馬，我們的目標太大」，衞兵這樣嚷着。我下馬之後，便拖牠下了稻田，田裏並沒有掩蔽，因為稻都割了，只賸下稻的乾草頭，田塍太低，馬更掩蔽不了。人除伏倒沒有別的辦法，但我不願意伏倒，因為我那時以為危險別是一件事，伏倒總不可以。這樣難道我們挺立做敵人的目標嗎？我往東邊望去，見離我們二十多丈有三間草房，草房以外有四五顆大樹。我喚着衞兵，我們過去罷，我知道敵人的大砲是不準確的，至少要半分鐘才一發，我們這樣走過去，總不會那麼奇妙給他們命中。

外面雖然砲火很密，草屋的內裏倒很安閑，屋內的佈置雖是粗陋，倒很齊整，有一位老太太正在那裏紡紗，那紡紗輪軸轉動的「唧唧」聲音，倒像和外邊砲火相呼應。老太太見我們入屋，非常的有禮貌，雖然身體不動，口內招呼着我們喝茶。我現在也有點渴了，自從中夜兩點鐘起一直至現在都沒有滴水下肚，並且早飯也忘記，見老太太招呼着，才記得我有點渴。「這裏很平安，我這間房子從來沒有落過砲。」老太太很安詳的說。「這眞好呵，」我敷衍着說：「我們沒有騷擾你們嗎？」「沒有、沒有、我看過大兵很多，沒有見過你們先生你這樣規矩。你看、你們打仗，我還沒有走呢！」老太太繼續對着我們讚嘆。

我籌畫去洪山的路，由這裏往東是不可再走的，一望無際的空田，禾稻割得一條也不賸，無論是敵人的大砲，就是敵人的機關槍火力也可及。再要彎路，必得轉過城東南，那裏有很多的叢樹，有散落的房屋，大可以作沿路上的掩蔽，不過南湖學校僅在一望之地，與其往洪山，倒不如回南湖，而且南湖離城很近，萬一我們軍隊眞進了城，由洪山趕回，豈不是路遠而費事？

外邊的槍聲又寂靜起來，大砲只有間十分鐘一發，我於是決意先回南湖，叫衞兵牽着馬跟我走。到得南湖學校，許多朋友都回來了，由各方面證明，城實在還沒有破。可是破城的報告從那裏來的，是從洪山指揮部來的。洪山指揮部接誰的報告的？是第一次由某團打來的。大家有點沮喪，也有點憤懣，後來從各方面得來的消息，原來那一團的軍隊已攻入甕城，因敵人頑抗，又復退出。但退出之後爲什麼不再報告？由那一點判斷，各人又猜到是謊報軍情。因爲那天攻城，期在必取，而各人的心目中，更以爲一定可取，與其讓別人得首功，不如先來一個報告。攻入月城也許是事實，欲奪首功也是可能，不過我倒很心平氣和，雖然差不多因這誤報送了命，但因此得到火線上的經驗，事後追思眞有不能忘記的趣味。

攻城的司令和隊長都慢慢集中到南湖；城是沒有破，還有許多弟兄因天亮不能回來，伏在城邊的城濠，今天總得餓一天，非俟天黑不能偷回自己的陣地。於是又有紛紛的竊竊私議，說武昌城這樣堅而且高，絕非梯子能爬上去的，城的四圍這樣暴露，絕不可以硬攻的。彙集衆人的意見，雖然談不上決定，但拿梯子爬城的希望似乎都一致放棄。

那時蔣先生在李家橋已接到這邊的確實消息，命令下來，今天中午在西邊樓上召集一個軍事會議。我的確也感覺疲倦，和李宗仁、唐生智同前樓休息。剛睡下床，還沒有合眼，突然從蛇山發來一砲就在我的床頭牆角掠過，把樓上的欄杆和地板轟落在院子。我的玻璃窗震碎了，煙塵舖滿了身，我趕速起身跑到廳內，唐生智還沒睡，說：「敵人這一砲如果開花，我們都沒有命，這眞是我佛之靈。」我回答說：「這也好，如果開花，我們豈不是都同成正果？」我們說笑了一陣，再不能睡，到這時候才知餓，非找點東西吃不可了。

在中午的軍事會議中，蔣先生很生氣，要追究謊報軍情的團長槍斃，接着籌畫軍事，大家還主張再攻。攻城雖是一致的主張，但日期還沒有確定，這一次的不成功，下次更要準備充分。會議散後，各人的主張又很多，有些是主張挖地道的，有些主張運動內應的，有些是主張斷絕敵人的糧食待其自斃的。固然這些主張都有理由，但斷絕敵人接濟是一件頂重要的事，敵人所以不走不降，他們的目的是待外援，倘沒有外援，必不能老守孤危的武昌城。

先把武昌封鎖再定攻城的計畫罷，我們在江邊安置了砲位，幫助敵軍的幾艘長江艦往下游退去了，江面自不能說全肅清，可是敵人的接濟更困難。攻城是我們的決心，此外我們更有一個希望，卽是由嘉魚渡江的何鍵和夏斗寅，早晚可以奪取兩漢。兩漢一失，武昌更是孤懸，固然很容易可以不戰而屈敵人，就是強攻也比較少犧牲些兵士。

這幾天內接到渡江的前軍情報，希望漸有變成事實之可能，不獨渡江的軍隊很安全，而且新被吳佩孚任命的湖北省長劉佐龍，已有反正的接洽。我們因希望已接近事實，雖然還準備第三次攻城，但要等到這消息證實才動作。我每天無事，來往一次李家橋，由鮎魚套至李家橋，除鐵路外，還有一水可通，兩岸楊柳還沒黃，搖着小舟，柳絲拂拂飄在頭上，很有點詩意。尤其夕陽欲下的時候，映着兩岸晒着的魚罾，在這個流水縈洄之中，倒忘却我們還是在前敵。

不過到了晚上，這種詩意便消失了，南湖對於燈火依舊管制，蛇山來的大砲依舊發射，只是敵人愛惜彈藥，發射比較以前稀疏得多，高興時發七八砲，不高興時發四五砲，祇像一種奉行故事。我每夜還是睡在前樓的西窗，很有點「聽砲西窗下，悠然見蛇山。」這種安祥生活直至兩漢下後才結束。

㈡　武漢佔領的迴想

我們軍隊佔領兩漢的消息，從隔江吹到了南湖，頓時把沉悶的空氣都掃盪得乾乾淨淨。我們雖然早知道第八軍的何鍵和夏斗寅從嘉魚偷渡了長江，不過長江附近兩漢的湖澤很多的，當時江水盛漲，遍地都成澤國，行軍也不容易的。其時長江上游還有于學忠的軍隊守住了宜昌，京漢南段又有靳雲鶚的軍隊守住了武勝關，漢水以北更有張聯陞的軍隊守住了荆襄一帶，我們這兩支軍隊兵力本很單薄，既沒有預備隊，也不另有後援，這眞是隔江遠懸，孤軍深入。

兩漢這樣容易佔領，至今回想，也不應該忘記當日吳佩孚委任的湖北省長劉佐龍。劉先生本來是湖北人，那時是吳佩孚底下一個師長，吳佩孚兩敗於汀泗橋和賀勝橋，或許是省長找不出人，或許是爲收拾湖北人心起見，所以臨時任命他做省長。我們在漢口秘密工作的同志，自然努力向這條路進行，答應劉先生什麼條件，我不知道，也許還是以省長來餌誘。等到我們軍隊接近漢陽，劉佐龍的兄弟劉傳爾夜裏在龜山發了三砲，向着吳佩孚的司令部攻擊。三砲當中，有一砲墜落吳先生的大本營，吳先生於是倉皇便乘火車走了。兩漢這樣不戰而定，一半也在我們意料之外，一半也在我們意料之中，奪取武漢的計劃，雖然留下一個孤危的武昌未下，不能算完成，但大家的心目中，以爲這是旦夕間的事，再不憂慮。

唐生智決定卽日渡江過漢口，至於湖北省政府應否立刻成立，我還須待命於蔣先生，下午四時我從南湖坐船至李家橋，在車上決定不等武昌攻下，先行成立政務和財政兩個委員會。我回南湖食完夜飯準備渡江，那時過漢口是不能從城底下直接乘船，因爲城上敵人的炮火還很烈，要過江先須過漢陽，過漢陽又必得繞道上游白沙洲夜渡。

那夜我們離開南湖，蔣先生也打算離開李家橋，折回長沙取道株萍鐵路攻南昌，暮色沉下了蛇山，我帶着幾個幕僚和衞兵便和南湖告別。自此之後我再沒有機會到南湖，這十餘日南湖小住，眞值得留戀和回憶。在南湖時候，一班朋友都沒有絲毫的機械心，情緒是興高采烈，舉動是開誠坦懷，想不到後來我和有些朋友們，因政治的關係，有些是離而復合，有些是合而復離，並且有些是離而塵天永隔，人事滄桑，當日又何嘗夢到呢！

武昌城北都是一片郊原，我們越過城邊，敵人還不斷不續的發來些子彈，不過那些的子彈也似乎有點倦態，很慵惰的從身邊掠過。那時敵人對於南湖的大砲也不大發了，只是偶然爆炸兩三聲，我想今夜離去南湖，不容易再有機會來領略「聽砲西窗下，悠然見山」的滋味。

我們走到白沙洲還未天亮，趁着微茫的星光，雇船渡江。船是一種小划子，每艘最多容四五人，船夫把篙點離了岸，驚起蘆葦中的宿鳥翼翼作響。風篷扯滿了，船很快到中流，這時可以望見武昌城的北面，可以望見黃鶴樓，只是夜氣未消，而城頭又燈烏火暗，像一片煙霧重重的把武昌城裏住。

船到鸚鵡洲天是亮了，我們登岸走了幾條長街便是漢陽城，那時滿街都貼了歡迎革命軍的標語，那無疑的是政治部的工作。我在漢陽城內只打一個轉，便過橋到漢口，剛抵大街，各家店鋪都掛了青天白日旗。大約許多都不及趕製，只把一張紅紙展開，上面貼着藍白紙剪的青天白日。漢口的民衆擠得滿滿的在各人的門前，見我們經過，似乎有些驚又似乎有些喜。我遠遠望見幾輛汽車飛過，路人都指說那是唐生智，這是他剛去赴歡迎會，漢口各界正等着他開照例的歡迎會。

△　△　△

漢口有許多北洋系軍人的產業，那時都被沒收作辦公廳，我住的房子也是河南督辦寇英傑的住宅。唐生智住的是一所花園，政治部住的是南洋煙草公司的大樓，政務委員會的地方我已忘記了，又像是租來的，又像是佔有的。

湖北財政怎樣去辦？這是一個難題。我對於財政是生手的，尤其對於湖北財政更是門外漢。蔣先生那時叫我委任李基鴻先生作秘書長，因為他是湖北人，又是理財的能手。可是那時財政委員會雖然叫做湖北全省的，但實際的範圍只握有漢口和漢陽兩鎮，各縣新佔領，實在談不到有錢糧，而釐卡僅有一個新堤和諶家磯，還是遠水救不得近火。

這樣財政僅留下一個法門，那就是特稅了，所謂特稅就是一種鴉片煙捐，特稅在吳佩孚治下的漢口，素不公開，當日上條陳的人們，紛紛其說，也有說每月可以籌一百五十萬的，也有說每月可以籌三百萬的，也有說這種特稅僅是過境稅，上游沒有運來的時候，就收不到的，也有說漢口僅能收一半，倘宜昌不在我們手裏，連一半恐怕都收不到的。當日我自己也好笑，禁煙是我們一種政綱，像那時候的狀況，不獨禁煙提不到，連軍需也須由鴉片煙上去打算。財政是沒得可談，還是籌餉要緊，不管鴉片煙不鴉片煙，非把特稅拿到手上，財政是絲毫沒有辦法。

我們雖然成立一個雛形的省政府，劉佐龍先生還不肯卸下那塊湖北省長的招牌，也有人說這是劉先生反正條件之一，也有人說這是湖北秘密工作人員接洽時候所答應。湖北是不能有兩個政，府的，無論是否當時有這樣條件，我在總部未聞之前，況且劉先生已就了第十五軍軍長，而我們兩個委員會又都成立，不論怎樣也只好委屈劉先生取消這個條件。

經過許多曲折，劉先生算是答應取消吳佩孚所委任的省長，但特稅和鹽稅依然支配於劉先生的人，鹽稅收入不多，倒可請他維持，至於特稅那就非設法拿過來不可。疏通和解釋總不能成功，我再忍不住和唐生智去見劉先生直接交涉這件事。

劉先生是一個典型中國的老軍人，對人是和靄，而主觀倒很固執。劉先生因為取消了省長，心已在不高興，現在又聽要拿特稅，更見得我們咄咄逼人，所以我們第一次見面，便似兩人當中薄薄的隔層雲霧。

劉先生見我之後，起始很客氣的招呼，繼着便大發一番議論，說革命軍不止要注意人民的利益，同時更須注意地方上的利益，末後更坦懷相示的說：

「陳先生，我的犧牲太大了，我為着參加革命軍已丟了一個湖北省長。」

「不錯，但革命誰不犧牲呢。現在軍需緊急，對於特稅問題應該早一日解決。」我再不能忍耐，言歸正傳。

「可不是嗎？特稅是十五軍的命脈，我們再要讓出，誰給我們的軍餉？」劉先生到這時有點氣。

「軍需是統一的，當然由財政委員會給你們的軍餉，照劉先生這樣堅持，那倒不像國民革命，倒有點似鴉片戰爭。」我也直率的答覆。

談到這裏，我們已無話可談，僥倖事前劉先生已請了幾個幕僚在旁邊，大約是要他們參加談話而順便決定大計的，這時那幾位先生來打圓場，在「我們再商量」幾句話中，依舊裝成很喜歡的樣子而散。

這件事後來又經過無數曲折，才決定仍由劉先生所信任的趙先生辦理，不過可以許可我們派一個監察員，每月所收特稅可以交給我們，但我們如果交不足十五軍的軍餉，應該在特稅照扣。這事在我主持湖北財政委員會的三個月都這樣辦，末後我去江西而交這事給李調生，那就不知是否率由舊章了。

爲了特稅我差不多和劉先生破裂了友誼，談話時候兩方面都劍拔弩張，雖然兩家都很率直不像外交家的交際，而那種氣急神促的情形，至今想起還不覺失笑。前兩年我在報紙上看見劉先生已經出家，不知劉先生回憶前事，是否還怪我少年氣盛，劉先生是一位好好先生，我至今前塵影事湧上心頭時，實在還有故人依依之意。

△　△　△

我過了漢口才兩天，白崇禧先生也過江來視察，他對我說湖北當着外交之衝，不可沒有人主持，那時陳友仁先生還遠在廣東，而前任的交涉員陳介先生又早已離任。

「我實在沒有外交經驗，現在湖北財政我看還幹不了，怎樣還可以兼外交？」我說。

「怎麼幹不了？幹下來就行，誰是生出就幹外交的。」白崇禧這樣鼓勵我。

當時我想和我們出發的人們，的確沒有外交人才，我和白崇禧商議了半點鐘，甲也不好幹，乙也不好做，終於決定我暫時自兼，等陳友仁來再說。

「草委任令罷。」白崇禧就在我的案頭拿起一管筆給我。

「那能我自己委任我自己？」我不肯。

「請你寫了，我代總司令署個名，我眞不知湖北交涉員怎樣寫法，是湖北交涉員還是湖北交涉專員？」白先生還不肯下筆。

「交涉員是外交部派的，不是總司令派的，這樣到底合不合體制？」我又躊躇起來。

「現在已管不了許多，橫竪有人幹便了。」白先生又催促着說。

實在當時我對於湖北的交涉員叫什麼，是單單叫交涉員呢？或是叫交涉特派員呢？的確有點茫然。我們兩人臨時打個電話到交涉署問，才發覺交涉員又慣例兼一個江漢關監督，我草了一個委任令，由白先生署了總司令的名，並寫明總參謀長代的字樣，這樣才算把這件公事辦妥。

國民政府北遷的時日是遙遙無期，湖北的交涉那時算是站在外交的最前線，從交涉署舊人的口內，知道湖北交涉並不容易辦，尤其難對付的是英國總領事的葛福先生 Mr. Herbert Goffe。他一向瞧不起中國人，連帶也瞧不起中國的官吏，前任交涉員就任之始，曾照例拜會這位老先生，他第一句問話就問：「你懂不懂國際公法？」這樣粗獷無禮，很不像一個外交官。我心內先就這種消息，畫出一個葛先生的輪廓。第一、我以爲葛先生一定在中國日子久，所有中國人的弱點都知道了，所以特別對中國人爲難，但這種事是最普通而又尋常，我們在國外日久，都有這種脾氣。第二、我以爲葛先生一定是位「難死」Die-hard，實在是上海和香港外國商人一種結晶，無論什麼都以自己利益爲前提，從來不想駐在國的權利，也從來不想本國和駐在國將來的友誼，總以爲目前保住着小利，兩國未來的永遠友誼他是不再管。我心內刻畫着葛先生的小照，是瘦老頭，高個子，而面上刻着無數在華經驗的皺紋，發出來的眼光充滿着英國保守派的微光，而同時具有中國老人家瞧不起後生小子的神氣。我這刻畫雖然是一個意象，誰想後來見了葛先生，他的神態身材無一能跳過我的意象之外。

我早上接了交涉員的任，下午便去拜訪各國領事，我知道我和葛先生必定有一翻口舌的，把我們會晤的時間排在程序的最後。我和葛先生會晤的程序，雖然在最後頭，祇是要到各國租界去，第一須先經過英租界。漢口的租界是和別處又不同，租界江岸的行人路，在樹陰下排着很有秩序的鐵椅，中國人不止不能在椅子坐，並且也不許到江邊散步和瀏覽。尤其沒有理由的，由中國地至海關碼頭的大路，算是中英合有，馬路合有倒還罷了，如果中國官員帶着衞兵和武器通過，還得事前知照英國領事署才准通行。從前蕭耀南、陳家謨，每次過江，要在海關碼頭登陸，無不預先關照英國領事。

這眞是胡鬧，豈不是盜憎主人？焉有中國官吏在中國地行走還須知照外國？我下午也不管他是章程，也不管他是慣例，帶同兩個衞兵便入英租界。那時或許因爲戰事的關係，或許是英國保護英僑的照例文章，兵艦上水兵都登了陸，還在租界進口站着幾個水兵握着上刺刀的步槍。我的汽車剛進路口，兩個水兵便來阻止。汽車的車夫只好停着車，我下車操着英語問：

「你們幹什麼的」？

「我們是守衞的。」一個水兵答，面色有點顯着蒼白。

「我是高級官吏來看你們的領事的，你得站開。」

「是，先生，但請你不要帶衞兵和武器。」

「胡說，我是最高級官吏，無論誰都要尊敬我。」

我上車便命車夫開車，那些水兵或許臨時沒有得到別的命令，或許知道我不是一個容易被攔阻的人，或許他們想不到我就這樣帶兵入租界，事前沒有想到怎樣應付，那些水兵面色顯着不自然，但還聽我的說話站在旁邊，讓我帶着衞兵過去。

最後果然會晤葛先生了，我們就在他的辦公桌子旁邊談。葛先生約莫有六十開外的年紀，他的神氣和身段，絲毫和我心內的刻畫無異致。葛先生大約已接到報告，說我帶兵入租界，心內自然不滿意，不過表面還保持着英國紳士的態度，不至於問我懂不懂國際公法。

「陳先生，你說英國話嗎？」葛先生先開口。

「是的，我可以說你們的語言。」

「陳先生，漢口反英的運動太烈，那都是你們從廣州帶來的。」葛先生這時脫下了外交禮貌的面目，單刀直入。

「前天漢口人民在跑馬場上開會，對英國有點表示，葛先生知道有多少人？」我很暇豫的問。

「我知道有三萬多人。」葛先生答。

「這三萬人當中，葛先生以爲湖北人多，還是廣東人多？」我進一步問。

「自然是湖北人多。」葛先生說。

「好了，葛先生既然知道是湖北人多，那麼反英運動不全是我們帶來的，葛先生應該明白了。我實在告訴葛先生，我們國民政府並沒有意思一定要反對任何一國，他們和我們做朋友的，我們也和他們做朋友。友誼不是一方的，如果沒有兩方面，根本說不上友誼。葛先生應該知道，你們兵艦砲轟萬縣的事件，誰也受不了，倘使我們在英國幹這麼一囘事，英國人民的感想又怎樣？

不過國民政府不像蕭陳時代，人民有表示，我們決不想而且不願壓抑，人民在蕭陳時代不敢表示的，至到今日才表示罷了。我對於中英友誼也和葛先生同樣是抱憾，但要中國人消滅反英運動，最好是倫敦唐寧街（那是英國內閣所在地）改變他們的對華政策。」

我這番說話，很像一篇演講詞，雖然葛先生面上沒有把他霜雪的面孔放下，一時却也開口不得。我繼續說：

「我們的態度大概葛先生也明白了，無論如何，今日我們兩人總算交上一個朋友。不過我還要聲明的，我聽說漢口租界岸邊不准中國人行，並且中國軍隊也不准入，或者這是你們租界的一種章程，或者是你們的一種慣例，但我負的責任是外交，我只知道條約，不知道你們片面的慣例和章程，況且你們的慣例和章程，我們不只沒有承認過，並且也根本不知道。租界只是租界，還是中國的領土，以後中國人民倘然在岸邊散步，或者軍隊入租界，請葛先生不要干涉，否則有什麼意外，這是葛先生應負的責任。」

這時葛先生倒很客氣，沒有說什麼，更沒有口頭抗議，我便興辭。我想與其留待他日再用文書交涉找麻煩，不如我立卽去岸邊看看，並且那時我總以爲是一種傳說，沒有中國人不准在岸邊散步的一回事。

漢口租界江邊，有乾淨的馬路，有高峻的洋房，路邊滿種着大樹，對着一望浩瀚長江的流水，氣魄有點像上海的黃浦灘，寂靜又有點像廣州的沙面。我到江岸時候，記得在下午四五點鐘，在大樹蔭下排椅上坐着一個外國老太太。

「今天天氣不錯，你是英國人嗎？」我順便坐在一張排椅上。

「是的，先生。」老太太從眼鏡裏向我投射一點詫異的眼光。

「我聽說這裏江邊不准中國人行走，我不很相信這種無理的傳說，在你們倫敦泰晤河邊和海德公園不是什麼人都可以走嗎？」我不經意的攀談。

「這是傳說罷，先生也許到過倫敦好幾次了。」老太太似乎有點不安，大約以爲我在一半閒談，一半質問。

「是的，我到過倫敦已經兩次，我很喜歡住在倫敦的太太們，個個都有禮貌和溫雅。」

老太太似乎知道我不是對女子們挑戰的，開始講述她到中國的歷史並且也曾住過我故鄉的廣州。那時我見兩國中國籍的巡捕，站在江邊，彷彿又想來干涉，同時又趦趄不前，末後終於有一個英國巡捕來了。我不等他說話，先問他「你是來干涉的嗎？我今天要在這裏散步，我在官署沒有見到租界的章程，並且也沒有承認過這種章程，你回去報告葛福先生好了。」英國巡捕一時摸不着什麼，只好退去。馬路上的行人大概沒有見過中國人坐在岸邊這回事，似乎很驚詫，也似乎高興，慢慢集攏到江岸來，這樣不到十分鐘江岸上擠滿了中國人，巡捕也不敢再來過問。這次的破例，末後便沒有不准中國人在江岸行坐的事發生，更聽不到中國軍隊不准入租界的表示。於此我還感謝葛福先生的紳士態度，倘然他眞要抗議，我們兩方面還不知更要費去許多唇舌和來往文書的。

中英的邦交——不，是國民政府英國的邦交，——在那時惡劣到極點，這無疑的是爲着廣州沙面的慘案，繼着是廣東主持近世史最著名的省港罷工。我和葛先生沒有見面之前，似乎兩個人之間已隔了一層濃雲密霧，見了面之後，那層雲霧更加厚起來。雙十節就在不遠的目前，我知道各國的領事和商人都不深悉我們的政策和行動，打算在那天晚上開一個擴大宣傳的大宴會上。這次不獨各國的總領事和正副領事在被請之列，自來和交涉署不大應酬的代辦領事和名譽領事也在被請之列，更且各國商人的領袖也在被請之列。

請帖發出去，第二天葛先生把我的請帖退回來，並且在請帖旁邊用藍墨水批了兩行字說：『在此地反英運動還在盛行之前，我不能接受你的請宴』，他那幾句英文“So far as the anti-English movement still prevails here, I cannot accept your invitation” 雖然隔了十多年，我還深深印在我的腦裏，這是外交上最無禮的事，這是葛先生對我一種挑釁的行動，不過我當時已接到許多回帖，漢口全體領事都接受我的請宴了，並且英國商會的主席和幾個領袖商人也接受我的請宴了，這樣葛先生不來有什麼關係，縱使不來對於我的擴大宣傳計畫也沒有妨礙，我且看葛先生第二步怎樣挑戰。

十月九日早上漢口英美煙公司的經理伯力克Brake先生打電話約我見面，說他有十分要事和我談。伯力克是一個美國人，我以為他關於英美煙公司的工潮要找我幫助解決。

「我知道英國領事和你們政府有點誤會，是嗎？」伯力克很懇摯的問。

「沒有什麼誤會，並且我還沒有聽到」，我不着邊際的說。

「聽說葛福先生不肯接受你雙十節的宴會，有這事嗎？」

「伯力克先生，你今天是自動來打聽的，還是葛先生請你來的？」我已惹起注意，故意問他一句。

「那請你不必這樣追問，我想我是一個美國人，而在英美公司服務，是一個很好的調停人，你能許可我做一個調停者嗎？」伯先生露着些微笑，以為我的問話迫得太緊，難於回答。

我在抽屜拿出葛先生的請帖給伯力克，說：

「伯力克先生，你看，這是多麼無禮的舉動，我想不到深有閱歷的葛福，居然有這樣孩子表示。不過我不需要葛先生來，因為各國領事都接受我的請宴了。就是英國的商人也接受我的請宴了。葛先生的不來，你看是我丢臉子，還是他丢臉子？」

「我可以告訴陳先生，我實是葛先生請我來調停的。葛先生對於這魯莽舉動事後很懊悔，並且還有許多英國商人責備他不應該這樣做。但是我應該怎樣才可以使你滿意呢？」伯力克見我這樣坦白，他也率直的告訴我。

「呵！葛先生明天是否還會來呢？」我問。

「葛先生既然覆了這封信，明天夜裏是不好再來的，不過明天早上照例你們還有一個香檳會，他準參加。」他繼續的獻議：「我想你們應該有一個開誠佈公的談話，解除隔膜，明日過後，十一日或是十二日，葛先生請你食夜飯，這樣大家可以面對面的談。」

「他不來赴我的宴會，我也不能食他的夜飯。」我露點不愉快。

「這樣好不好？我請食飯，只是我們三個人，食了飯你們談時，我讓開給你們兩個人談話。」伯力克這樣提議。

「好的，準是十二夜裏罷，你參加談話也沒有什麼，反正我們又不是商訂條約。」我決定的允諾了伯力克的調停宴。

交涉署地方太小，雙十節我借了漢口商會作會場，早上中西人士全都到了，葛福先生也到了。我們見面，依舊像很高興的握手，大家拿着香檳，我只簡單的說了幾句：「今天是中華民國十五週年誕生的日子，承中外人士來慶祝，我非常感謝。中華民國這個孩子是十五歲了，可以說是成人了。因爲他成人，所以更要找好朋友。朋友們，今天來的各國人士，我相信都是中華民國的好朋友，我們希望你們善意的幫忙，同時也希望你們尊重這個成人孩子的權利。」在人聲喧騰慶祝中，葛先生還領導着衆人歡呼三聲，臨走在門口和我握手時，很殷勤的說：「準後天相見。」

十二夜的晚上，果然只是三個人食飯，飯後伯力克又恐客廳不嚴密，帶我們到他樓上的書房，僕人倒了酒和咖啡後，退出把門掩上，這是伯力克的事前佈置，算是他調停的苦心，在伯力克或者以爲我們要再來一次舌戰也不定。

我在沙發還抽着煙，葛福已從對面站起來，拿着一隻酒杯：

「陳先生，已往都不談了，今天我實在要領你的教，我不知道要怎樣做才對，請你給我一些指示。」葛先生似乎不是客氣的，今夜的神氣，似乎當我是朋友的談話，而不是外交官的談話。

「今夜的談話，我以爲大家都須坦白，我沒有外交的經驗，只有朋友的熱情，我以爲中英要恢復友誼，有三件事請你辦。不過我的三件事，是朋友的獻議，不是交涉的條件。」我也很直率的說。

「對的，我們的談話自然是朋友的談話，我們可以無話不談，就是我有時說錯了，你也應該當作朋友來原諒。」

「第一件事我希望葛先生辦的，我聽說藍浦森公使就要來華，我希望藍公使能夠到廣州和我們外交部長陳友仁談一談。倘使藍公使到中國時，陳友仁已到漢口，那麼請藍公使來一來漢口，我看他們會面是最需要的。」

「我一定這樣做，我今夜便可以發電報。」葛先生有點興奮，認我的提議是溫和而且合理。

「第二件是我希望唐寧街對華的政策要改變，因爲現在的中國已不像從前的中國，若政策不變而圖枝節解決，交誼絕不能增加。」

「陳先生，這件事太大了，你要知道我只是一個總領事，」葛先生微微表示他辦不到，並且似乎有點不贊成：「唐寧街的政策並不是一個總領事所可左右的。」

「我自然知道的，難道連唐寧街的系統我都不知道嗎？你雖然不能左右外交部的意見，但你對於觀察所得的報告總可以寫的罷。外交的政策總要根據報告的，有時報告還比主張更重要。」

「陳先生，我答應你試試看。」葛先生有點勉強，然而不再抗辯。

「第三件事漢口中央日報 Central post 的編輯人史密斯先生 Smith 也應該解職了，因爲他的宣傳太惡意，天天宣傳國民政府是共產政府，說國民革命軍是紅軍。」

「陳先生，恕我不能辦這件事，中央日報是私人的企業，你知道英國政府從來是不干涉私人營業的。」葛先生這時很像一定不答應。

「不干涉私人營業是一件事，而讓私人營業妨害國交又是一件事，國民政府不是共產政府誰都知道，至少我不是一個共產黨人。葛先生想想，倘使讓史密斯先生這樣胡幹，就是我們諒解了有什麼用處？」我看葛先生的神氣有點動搖，繼續着說：「我不是主張葛先生拿領事的地位封報館，只是用其他方法，讓史先生離開，葛先生如果是誠意的話，我看你一定有方法，而不至發生困難的。」

「如果陳先生一定要這樣辦，我當盡我的能力。」

「那麼史先生什麼時候可以離開中央日報呢？」

「在三個星期以內罷。」

這算是葛先生對於我的三個提議都允諾了，末後我們便漫談國民政府的成立，革命軍的北伐經過，更談到葛先生幾十年在華的經歷，我自己在倫敦漫遊的記憶。葛先生看見我還穿着軍服，問我是否在美國學陸軍，我說是學經濟的，他倒表示有點詫異。這夜算是歡然而散，其後英國公使館的參贊奧馬利，首先和陳友仁先生接頭，藍浦森接着往重慶視察英國僑民，路過漢口，也和陳友仁非正式會面，我自然不敢說收回漢口英租界我都與有微勞，但已鋪好一條未來中英交涉的前路。

△ △ △

武昌城畢竟在十月十日的早上攻破，不過這次還不是得力於硬攻，而得力於內應。這一個多月雖然我們已經佔領兩漢，依然有點擔心，那時江西方面戰事已經開始，孫傳芳的軍隊比不上這邊這麼脆弱，沿着南潯鐵路作戰，屢進屢退，我們還沒有方法使他的根據地動搖，結果武昌城還沒下，已把第七軍調到江西方面去增援。圍城的兵力比以前單薄得多，不要說是仰攻，如果城內的孤軍拚命衝出，我們還要很費力才可以擋住。我知道圍城的兵力太薄，免不了心事又加上一重，每日從隔江方面看見我們形單影隻的飛機在城頭廻翔，眞是焦急欲絕。這架飛機原來就不是新式的轟炸機，並且我們還沒法找到重量的炸彈，不要說效力不夠，炸了一個月連一座呆立不動的無線電臺也沒命中。敵人對於飛機慢慢失了恐懼心，從前每見我們飛機飛起都跑入城牆底下所掘的泥洞中，現在倒似不大經意，見着我們飛機還仰首發步槍射擊。那時四軍參謀長鄧演存已被任漢陽的兵工廠長，一個星期有好幾次見面，每次我問他攻城的期日，他總似沒有多大把握的搖頭。地道的確已開始在那裏發掘，但發掘也不能坦然的在城邊，在很遠掩蔽地方開掘一條地道到城牆，而且更完全用人力，什麼時候才可掘到，已是問題，縱然掘到，沒有多量的炸藥，也不能使城牆轟塌。如果讓我們從容圍城的話，說半年八個月罷，那地道自然終於掘成，不過江西方面的情報並不見佳，倘然萬一我們軍隊從江西退下來，武昌的工作豈不是前功盡廢？武昌雖然是一座孤城，也是軍事勝負的關鍵，倘使武昌攻下，不止兩漢可以安堵，而且也可以寒孫傳芳軍隊的心，假使曠日持久，武漢和南潯兩方都對峙着，難保不生其他的變化。

對於武昌的封鎖，的確予敵人以極大的威脅和困難，其中最困難的要以糧食慢慢缺乏，而使敵人無法解決。武昌的無線電臺雖然沒有給我們的飛機炸毀，但深信敵人所得孫吳兩面的空言慰藉消息，決不足以安他們的軍心。而且兩漢已經佔領是一件事實，圍城中的敵軍是明白的，吳佩孚遲遲不能反攻，大約敵人也知是無望的，江西軍事雖然我們不能叫做得手，但他們也不能叫做順利，敵人也可猜想得到的。外援斷絕，他們開始恐慌，糧食減少，他們更受到一種不能解除的壓迫，敵人開始搜集居民的糧食，居民更不能不有退出的要求，這裏兩漢公共團體爲着援救武昌居民起見，曾請求我們容許逃難的人民通過。有些人是不主張應諾，以爲居民減少，敵軍的糧食更集中，我那時是主張應諾的，我有兩個理由，第一是人道主義，我們終不忍看一班無辜的居民隨着敵人餓死。第二個是戰略，人民像潮水樣退出，敵軍的軍心更寒，就是糧食集中，但來源已斷，敵人也不能支持下去。我的主張終於被採納了，漢口公共團體正式過江見陳家謨和劉玉春，這樣兩三次大規模的援濟難民渡江，果然敵軍的軍心搖動，原本有反正意思的，至是內應的心更堅決。

雙十節前夜，有一部分內應的敵軍開了城，我們軍隊遂乘勢襲取，劉玉春在司令部裏被俘，而陳家謨就在城門口截獲。我們軍隊到了陳先生屋內，看見床上煙盤的煙燈還點着，鴉片煙的氣息還很濃，知道陳先生離開不久，加緊搜索。那夜晚上陳先生不知躲在什麼地方，第二天早上他改了裝要混出城時，在城門被一個湖北老百姓見着，招呼軍隊把他扣住，陳先生的面貌據說很容易認識的，因爲他面上有點微麻，這樣武昌兩名守將都作了我們的俘虜。

在武昌城還沒有破，大家只知道劉玉春而漸漸忘記陳家謨，因一般的傳說都說軍事全握在劉玉春，而態度又特別比陳家謨強硬，人們對於劉玉春痛恨極了，但同時也相當的佩服，硬漢都值得佩服，這是一般人的心理。

我在十一日便過江，看看圍城的戰蹟，便打算把財政委員會搬入城裏，地址擇定舊日的財政廳，不過當日實在沒有全部遷移的必要。那時湖北財政是談不上的，只可以說是籌餉，籌餉必得在漢口，武昌只是一座政治的孤城，我視察之後，只托李基鴻先生替我在武昌主持，個人還是回駐在漢口。

既過了武昌，我也想看看劉玉春，那時還有一個路透社的訪員，聽見謠傳說劉玉春已經被殺，也希望和我同住，來證明這是一種謠詠。劉先生有的是高大的身軀，黝黑的面孔，十足是一個粗率的軍人，而帶有北方漢子的神態，他見我們入室，起身讓我們坐，有點客氣，也有點驚疑。我說明我是來看他的，並看看守衞們招呼是不是妥當，劉先生倒很客氣，說他個人沒有什麼要求：

「我是一個軍人，我只知道奉命令。吳大帥叫我守城，我得守城。我知道有許多湖北人不滿意我，說我不顧民命，但我只奉命令，又那能顧這些。今日我已作俘虜，殺罷放罷，都隨你們的意思。」他還很氣壯的說。

我不是軍法官，不是奉命來審判，實在沒有和他詳談的必要，我只安慰着他，說湖北人民要組織一個人民審判委員會，怎樣辦法，那要等他們的意見。不過我們決不虐待俘虜，尤其我是漢子，相當尊重他的堅強，終要設法使他飲食不至於不方便。劉玉春的確像個軍人，他的態度在俘虜時期還是一樣的強硬，他的案子後來等徐謙先生來漢之後，才組織了一個審判委員會審判，經過兩三次的審問，後來卒之把他釋放。不過後來劉先生的態度也有點軟下來，在審判中力辯他不是不顧人民，並舉了許多不必舉的證據。然而劉玉春畢竟還是一個軍人，以後我聽見他在天津病逝，想起當時兩軍對壘，倒不禁有些悼惜。

△　△　△

那時漢口的財政眞可以說困難萬分，源是無可再開，而流更不可節，駐在武漢的軍隊是需要有的，江西方面的戰事也要接濟的，廣東每月的協餉是無可再增，縱使要求，我知道必無辦法。加以第八軍就要擴充成三軍，而第四軍那時又計畫着擴充兩軍，鄧演達拿着總司令行營主任的名義，亂發軍餉的條子。鄧演達的手筆很大，每張條子起碼便是十萬以上，而每天總有好幾張，自然他不知道籌款的困難，而且更不知道自己發過幾張條子，我氣極了，後來在武昌總部行營，我們便抬起槓。

「湖北的財政情形你知道不知道？怎樣你可以亂下條子？」我氣極了說。

「我那裏亂發過條子。」演達自己辯護着。

「五天以內發過一百多萬了。」我從口袋取出他的條子給他看。

「這是必要的。」他依然辯護。

「難道八月十五中秋節這個軍的犒賞費十萬，那個軍的犒賞費五萬，又是必要嗎？每月連正當軍餉都沒錢，那裏再可以隨便犒賞？」

「這是總部的命令，不是我的。」演達還很倔強。

「那裏是總部命令，還不是鄧演達的胡鬧嗎？」我斥責的說：「這樣命令我絕不接受，我請你來接收這個財政委員會，我來幹你的行營主任。」

兩個人抬槓結果，鄧先生終於承認他的錯誤，以後我答應逐日把財政收入的情形報告總部，而他呢只能按着收入發條子。那時候鄧先生的政治主張還和我沒有背馳，而且在廣東時就抬慣槓，雖然大家吵一頓，還是一樣的和好。

漢口財政羅掘俱窮，只有一個向銀行借款的辦法，當然軍事還在緊急，抵押品是沒有的，縱使印行公債，銀行也不會接收的。我知道吳佩孚在漢口時向商會和銀行借過一百五十萬，他們只交過五十多萬，吳先生便走了。我不得已只好拿着這個題目去找他們，說吳佩孚還可借一百五十萬，怎麼我們就不可以借一百五十萬，最低限度也要找足吳佩孚的餘數一百萬。商會知道不替我們籌款是不能脫身的，於是會長周星棠先生給我出主意，要我請各銀行一頓飯，他在中間說話幫我忙。這種辦法是周先生誠心替我想出的，還是拿來打圓場，我不知道，但除此之外，更想不到其他高見。我在交涉署開了一個宴會，請商會、銀行，和錢莊，這個宴會自然他們當作一個鴻門宴，有些聰明而有先見之明的便託故不來，不過有些如中交兩行就是聰明而有先見，爲着他們的營業，也只好硬着頭皮來赴宴。席間我說出許多借款的理由，來賓都事前知道請飯的原因，也沒有許多話說，只是瀝陳營業困難，市面不好，希望少借一點。開始照例是由中交兩行先認借，無論怎樣勸導，大家承認湊起只得五十多萬，後來連這五十萬都收不夠，就這樣結束了。

在漢口不獨籌款太困難，爲着籌款連我個人的健康都受了影響，有時緊急，各軍的軍需長每每夜裏兩三點鐘還敲門，尤其那位商會周先生非夜裏兩點鐘不來見面。周先生在漢口是一隻著名的夜鳥，非天亮不睡，非下午不起床，他是沒有嗜好的，但那種習慣恐怕自少就養成如此。我爲着籌款不能不找他，爲着籌款更不能不等他，他每次來見，除了籌款之外便談天，我要知點湖北的經濟狀況，也願意和他說話。他本是一個樂天派，談話也很滑稽，說到高興時把頭上的小帽往後一推，把鼻子一摸，很叫人疲倦的眼睛也忽然清醒一下。前兩年這位周先生來過一次南京，神情已老，鬢髮漸斑，比我們同在漢口時又老了許多，但推小帽和摸鼻子的習慣，依然一樣滑稽而敏捷。在漢口時周先生和交通銀行的曾務初先生的確幫過我不少忙，現在曾先生是過去了，有時我想起周先生，都想起在漢口時的夜談，故想和他多見幾面。

最影響於後方秩序和財政的無過於當日的罷工，國民黨所需的是安定，而共產黨所需要的是罷工。大凡工會最需要的是工人，沒有工人卽是沒有工會，而總工會更需要是能指揮各工會，倘不能指揮各工會，那便是沒有總工會。共產黨跟着軍隊抵武漢，組織總工會是他們第一個目標，不過單拿到一個總工會是沒有用的，必得下層有各種的職業工會作基礎，要成立各工會而且要有力量，最初的步驟最好是鼓動罷工，罷工以後，工人不能不向工會求援，這樣工會立刻擁有指揮之權，如果罷工勝利，可以使工人對工會信任，由是工會便可得到工人的擁護力。共產黨在武漢最初的根據很薄弱，這種戰略和戰術是必需的，至於地方的秩序安定和財政來源，那是國民黨的事而非共產黨的事。爲着共產黨的需要，於是在我們佔領武漢後第一個月內總計罷工的共有三十幾個工會，武漢受着這個影響，市面很蕭條，而工人終日遊行請願，更是暴露了地方秩序的泯亂。武漢是初定，在軍事形勢論，也可以說前線，也可以說後方，那時李立三還沒有來，我找着共黨工運的負責人劉少奇交涉，我很坦白的對劉先生說：

「我知道罷工是你們的戰略，不罷工得不到工人的擁護，而且工會也組不成。不過你知道今日還是國共合作時期，國民黨的危險，也是共產黨的危險。國民革命軍所佔領的地區，軍事之後，第一要義是安定，假使這樣一個月罷工至三十幾個工會，誰也不能維持。到了武漢崩潰，是不是你可以負責任？」

劉少奇見我嚴厲的質問，並且見我不客氣的指出他們的戰略，倒也沒有什麼話可說。末後我說我以國民黨的中央委員資格向共產黨中央提出抗議，請他轉達，如果再不聽我的勸告，我要向我們的中央提議，必定惹起嚴重的結果。

劉少奇對於我的抗議，不能不承認有理由，後來工潮慢慢地平，終我在武漢的三個月，還沒有什麼嚴重的形勢。不過民衆大會還是一星期要開好幾次的，每次大會都驅着店員去參加，商店不得不關門，甚至洋車夫也要赴會，不准他們拖車找生意。我又忍不住了，一天我碰見李立三，問他商店關門讓店員赴會還有理由，至到洋車夫是自拖自食，沒有生意便要餓肚，爲什麼也使他們停着生意去開會。

「這是他們的需要。」李立三說。

「不見得是他們的需要，倒是你們的需要罷！」我很憤慨的說。

共產黨的朋友自然認我是反動了，他們對我怎樣批評我不知道，他們向中央怎樣報告我也不知道，祇知道後來汪先生由歐回國，路經莫斯科，第三國際的當局不知道我和汪先生的關係，請他注意顧孟餘，甘乃光和我三個人，我才憬然於共產黨的朋友們不止向着他們的中央反對我，還且直指向史丹林那裏去告過狀。共產黨對於我的批評也很奇妙的，後來十七年我在上海辦革命評論時，美國副領事許士頓 Huston曾拿一份報告給我看，這報告是張作霖在北京俄使館抄出而沒有公佈的，當中有一段對我的批評說：「陳公博是廣東政府中最有能力的一個人，有無政府主義的傾向，他的旨趣至今還不清楚。」最有能力是太恭維我了，有無政府的傾向太看錯我了，旨趣還不清楚太沒有判斷了，那篇報告的作成，看他語氣，似乎還在我任廣東省政府農工廳和政治訓練部的時代。共產黨內我的舊朋友很多，知道我的個性和歷史的，自然不少人，怎麼這個批評倒似不清不楚，所以我又懷疑到這或者是鮑羅廷的直接報告，否則必定是政治部顧問史乃德或者是馬墨耶夫的直接報告。

△　△　△

外交方面，除英國對於革命軍特別疑忌之外，其他國家對於我們也沒有好感。其一，因爲各國公使還駐在北平，他們只承認北京政府，而且只承認一個中央，這是他們傳統的政策。其二，歐洲國家對華政策，多半唯英國的馬首是瞻，英國對於革命軍疑忌，自然他們都同時對於我們有點不快之感。其三，我們政府有俄國顧問，軍隊也有俄國顧問，俄國那時在歐洲的國際還沒有地位的，共產又是他們最害怕的，萬一中國眞要赤化，他們在華權益，一定要受極嚴重的影響。外交那時雖然是困難，而我始終拿定一個不怕痲煩的原則，因爲外交就是一種戰爭，實際的戰爭是須要軍備和戰略，外交的戰爭是需要消息和手腕，但無論如何，外交還是一種戰爭，世界上斷沒有戰爭可以怕麻煩來避免或得到勝利的。越怕麻煩，交涉越多，越不怕麻煩，交涉愈少。不過有許多小事，當時實在無小題大做的必要，譬如當日有兩件小事，用不着故意的張皇。

第一件是汽車。當革命軍佔領漢口時候，許多北洋有關的人物，屋子是拆不開搬到租界去，把貴重衣物和汽車都預先搬往租界藏。貴重衣物是無法稽查，而汽車總不能拆散放在秘密的處所。湖北人民平日也許對於軍閥的壓迫已受夠，於是乘時要報復，也許有些人有趁熱鬧的脾氣，免不了在熱鬧中生風，於是某某人的汽車藏在某某租界的報告絡繹而來，並且那時軍隊也可以進租界，竟有些軍隊不待命令便往租界內去強架。這時漢口的秩序很有一點地覆天翻，各國領事都來問我要辦法。我的提議很簡單，以爲嗣後應該沒收的汽車，請他自動送來，免得兩方面生出不必要的交涉。各領事雖然不快，卒之照我的提議送來，這樣我的門口便一擺幾十輛汽車，除供給各機關和軍隊應用以外，還有二十多輛像長蛇陣的停着沒有用處。這些汽車一直停到孫科先生到漢口以後，才全部要了去，他那時是國民政府的交通部長，他以爲汽車是關係交通的，所以都得交給他。這種小事我以爲實在不值得張皇，惹得鷄犬不寧，人心浮動，不過在當時在不怕麻煩原則之下，也就這樣硬幹了。

第二是罷工。爲着加資減時而罷工，本是一件很平常的事，不過漢口當日罷工却與尋常的事件不同。尋常罷工，必定先談判，談判不下，工人方面才有所謂糾察，僱主方面才有所謂關門。但在漢口當時，工人大都不先談判而先罷工，又不但這樣，同時還逮捕僱主和佔據工廠。我屢次和鄧演達談到這件事，都請他注意。因爲這些都是政務委員會政治部的事，而不是我的事。有一次關係外交的事件來了，英美煙公司罷了工，工人包圍了工廠，把三個美國人關在廠內，水洩不通，甚且斷絕了糧食的接濟。美國總領事羅赫達 Frank P. Lockhart 來見我，說這三個美國人已被圍兩日夜，恐有生命之虞，他是尊重革命軍的，尤其尊重中國的主權，希望我設法將這三個美國人釋放。我問羅先生這次工人罷工，事先有沒有談判，是不是談判不下才有這樣行爲。羅先生說他用人格保證事前沒有什麼談判。我說這是越軌的行動，我不容許有這樣行爲，但是我只能放出這三個美國人，至於談判是勞資兩方的事，我不願意干涉。羅先生答應我的提議，我便乘車至工廠，這次我沒有帶衞兵，因爲衞兵是沒有用的，恐怕還惹出別樣事。我至工廠時，那情形眞像我們包圍武昌城，工廠路口放滿工人的步哨，雖然沒有顯然帶着武器，但握着棍棒也顯得像身臨前敵的戰場。我到廠之後，先召集各工人談話，工人簇擁着一大堆，那幾個工人領袖說工人對廠方太激烈，並非他們能指揮，他們包圍美國人，因爲美國人包庇着一個買辦，如果我要放那幾個美國人，最好我自己向各工人說話。那顯然是那幾個領袖閃避責任，更顯然他們以爲我不能說服工人，我便召集各工人都站在廠面前的廣場，我站在一張桌子上演說。開始我說明我這次來廠是要問明他們罷工的原因，繼着指斥他們不應在沒有談判之先便圍工廠。

「你們到底只要加資減時，還是要人命？」我看見各工人都冷靜不動，而像有人在旁邊監視着，有所畏憚。

「我們不是要人命，只要加資減時。」一個工人終於忍不住說話。

「好了，既是這樣，今天必得把三個外國人放出。」

「不能，必得他們把那個買辦交出。」幾個人又像指揮又像暗示的說。

「你們既不要外國人的命，是專要中國人的命嗎？那更不是漢子，今天我總要這幾個人放出來，你們要加資減時，自然有黨部和政府幫助。」

這時幾個領袖像以調停的地位來說話，說工人都願接受我的主張，只要加資減時的要求，希望我援助。這樣算是兩方面都下了台，我叫人打開廠門，工人們說要放那幾個外國人，得要我自己去，因為他們把辦公室密閉，裏面恐怕還有手槍。

辦公室是密閉，百葉窗都關得密不通風，我打了許久門，裏面才敢把頂着室門的椅子和木槓搬開，坐着的三個美國人，同時站起來，餓得有點面有菜色。我要帶他們出去，他們還不敢行，我說我完全負責，他們才趑趄的出室。他們在室內這兩天都是食餅乾，至於飲料，那天下午已經告竭，我把他們帶到馬路，我才離開。當日罷工風潮，確是到處蔓延，現今回想，雖然共產黨有他們的戰略，但國民黨何嘗不是這樣幼稚？當日在武漢時候，自命國民黨左派的人們實在不少，後來連所謂右派的更比共產黨左傾，他們有兩種思想，第一種思想以爲共產黨太兇，國民黨就要被消滅，要壓倒共產黨非比共產黨更左不行。第二種思想以爲國民黨已經衰老，欲要起死回生須得打一點興奮劑。惟其更左才能生存，惟其更左才可以使國民黨前進。這兩種思想。前一種是積極抵抗共產黨的，後一種是消極保存國民黨的，這兩種動機平心而論不能算錯，但什麼是左？而左又左到那裏才是邊際？那就他們從不去想，而且也不暇去想。這些工潮一直蔓延到國民政府遷漢還沒有停止，連我們的外交部長陳友仁先生也感覺頭痛，有一次陳先生曾憤慨的說，這樣胡鬧，爲什麼不把他們全都砍了。

人民行動既這樣像法國初期革命的騷亂，就是軍隊也以爲時機不再，似乎片面宣布廢止條約就在目前。眼見着中國人可以到江邊行走，眼見着軍隊可以進租界，於是隨便的便對外國兵艦制止和發砲。一天在黃梅附近有一艘法國兵艦上駛，我們軍隊向着他制止，一砲便打中了船艙，一個法國水兵受了傷，一個法國水兵登時被擊斃。法國總領事陸公德 G. De Comte 親來抗議，我見他時，他似乎氣到不能出聲。陸先生年紀有五十開外，身段不高，而白髮盈巔，平日很和靄，時時都笑臉迎人，這次他似乎失了常態，只把兩肩亂聳，把兩隻手互搓着，不知放何處才適當，十足表現出一個法國人的神態。

「什麼事，陸先生？」我問。

「這是什麼話，你們軍隊把我們水兵打死了，叫我怎樣辦，怎樣辦？」陸先生站在會客室，不肯坐，只把兩手亂搓，其實我進客廳時，他始終就沒有坐過。

我眞摸不着頭緒，讓他坐下請他解釋什麼理由。他費了十幾分鐘的時間，才斷斷續續給我弄清那是怎麼一回事。

「這不是發急的事。據你所說，我眞惋惜，可是我們的報告還沒有來。我看這事不是你所說的簡單，我可斷定必定兩方面都放砲，這樣我們這邊傷亡也不少。」我只好對他這樣說。

他算是被我這番半解釋半抗辯說走了，但但到底是什麼一回事，還得弄淸，我打一個電話給唐生智，他說沒有接到報告，末後經過些曲折，我根據事實答覆陸先生：

「我們根據報告，法國兵艦上駛時候，我們軍隊恐怕再上駛會發生誤會，所以發一個警砲，警覺兵艦的上行。法國兵艦誤以爲我們所發的砲是實彈，還砲轟擊，才釀成我們軍隊自衞的意外，現在我們軍隊被擊斃的有四人，傷的也有四人。我對於這事很惋惜，但無論如何，現在專聽法國領事館所提的條件，如果需要道歉，我們應該互相道歉，如果需要賠償，兩方得按着傷亡的名額互相賠償。」

陸先生接到我的答覆之後，再也不來，並且也沒有別的抗議，大約這位老先生以爲我的答覆很有理由，或許以爲絕無理由，大概他以爲和我交涉無益，報告法使館直接向北京的外交部交涉去了。

△　△　△

革命軍的聲勢一天一天的浩大，各國的記者通訊員都向武漢集中，雖然南昌還沒有下，但大家都以爲統一長江在指顧間。那時日本淸浦奎吾子爵剛剛來華，他通知日本領事館要到漢口，末後因爲他本國的大選要在十二月舉行，並且他本人在上海鬧了重傷風，派他底下兩個貴族院議員**藤村和池田來漢訪問**。

藤村和池田要求和我們作詳細的談話，大約他們兩位以爲我當外交之衝罷，更要求和我單獨談話。那次我們談話比較的詳盡，而且可以窺見日本人當時對我們的觀察和心理，我現在約略記在下面。

藤村和池田都是五十歲左右的人，充滿日本貴族議員的氣息，他們共同向我提出三個問題，第一個是國民政府到底是不是共產政府；第二個是國民政府爲什麼對俄國特別親切；第三個是今後國民政府對日政策怎麼樣。我們在談話中間，我倒說了一大堆，那兩先生發了三個疑問之後，絕不在我說話中間橫揷一詞，似乎等我說完再來質疑和問難。

「兩位先生問國民政府是不是共產政府，那要兩位先看看國民黨的政綱和政策，就可以得到答覆。中國在事實上是需要國民革命而不需要共產革命，在理論上也是需要國民革命而不需要共產革命。日本方面以爲國民黨內有共產黨，所以懷疑到國民政府是共產政府，可是反一方面看，倘若國民政府是共產政府，那只好國民黨加入共產黨，又何必共產黨加入國民黨？俄國今日還不是在行新經濟政策嗎？可見共產主義在俄國實現還沒有期，在俄國共產黨執政的國家還不能實行共產主義，在中國國民黨執政的國家難道就行共產主義嗎？而且國民政府十六個委員中（那時只是十六個委員）就沒有一個共產黨人，今日在武漢政府中，我算是一個負責任者，至少我不是共產黨人。兩位先生對於你們所提的第一個疑問應該了解了。國民政府爲什麼對於俄國特別親切，這理由也很簡單，國民黨的志願是取消不平等條約，今日俄國已自動取消不平等條約。國民政府的政策原來就沒有成見單獨對於某一國反對，無論任何國家願意與我們作朋友的，我們都願意和他作朋友。俄國不消說是自動取消不平等條約的，就是德國被動的取消不平等條約，我們對他也是特別的好。許多外國人以爲不平等條約可以保護他們在華的權益，殊不知道沒有不平等條約的，我們更要保護他們的法定權益，俄德兩國的人民財產，這十年以內我沒有聽過什麼損失，並且國人對於德國商人特別有溷情，對於中德貿易更願意推展。如果日本能夠自動取消不平等條約，那麼以同文同種的關係，中國一定比俄對德尤爲親切，這不但我可以自信，並且可以擔保的。

至於說到國民政府對日的政策，那就看日本對華的政策怎樣？這次國民革命軍到達長江流域，事實上各國都有疑忌之心，比較交誼還好的，只有日本方面，這可以證明中日兩國如果沒有別的事故，是更容易親睦，更容易增進友誼。中日因地理和人文關係，本不應有矛盾的事發生，在我個人觀察，實看不出中日沒有合作的可能，只要日本放棄大陸政策，兩國的經濟和友誼必定比較任何國家爲密切。過去爲着許多不幸事件，中國曾有抵制日貨的事發生，然而每次抵制，在很短的時間便消失，在日本方面我也聽見一種譏笑，以爲中國人只有五分鐘的熱度，這是看錯了，以廣東一省還可堅持省港罷工一年多，拿全國的力量豈不能堅持對日抵制？不過中日的地理太接近了，人文太密切，他們抵制，僅是一種抗議的表示，而不願永遠視作敵對。自二十一條條件提出以後，在日本以爲得了些有形的利益，而不知道種下兩國的仇視感情，那種有形利益還蓋不了無形的損失。我們爲着東亞和平，爲着中日兩國的存在，兩國知識分子都應該負起責任，而向前途努力的。」

我一氣說完這篇理論，算把藤村和池田的三個問題解答了，末後我們還交換些中日兩國的意見，討論些世界大勢的問題，他們倒很愉快，還希望過九江時能會見蔣先生，並且答應我回國以後代我們宣傳，代我們解釋。這些經過，離現在又整整十年，想不到中日兩國感情越弄越壞，到底兩國有識之士還沒有盡他們應盡的努力呢？還是中日兩國註定必須在血海中才能找出一條生路呢？我不願再推想下去了。

在我將離漢口的時期，還和梁士詒先生有過一段秘密交涉，那時我們軍隊雖然還沒下南京，北京政府已在那裏搖動。一天交通銀行的曾務初先生問我梁士詒打算派人來談，我願不願接見。

談話有什麼關係，並且我還想刺探北方的情形，我答應了，梁先生便派一位趙先生來談，他說張作霖想讓梁士詒組閣，而梁士詒不願再有內戰，如果革命軍諒解，而願意和平的話，他才出山。梁先生希望革命軍能夠劃江而守，他願意努力於和平運動。

從趙先生口裏所述，我立刻知道梁先生的用心，大約張作霖那時也知道革命軍將近成功，很有點謀和的傾向，梁先生是廣東人，而革命的策源地在廣東，這樣張作霖希望梁先生出來組閣，又重溫王揖唐朱啓鈐上海和平會議的舊事。

我對於這個大問題，自然不能作主，而且也不願意再談，我叫趙先生代我傳達：

「叫我們劃江而守是我們絕對做不到的事，況且梁先生所說的和平，怎樣才算作和平？是永遠的嗎？這樣劃江而守，兩方面都難得持久；是目前的嗎？終歸還是戰爭。而且南京還沒下，還談不到劃江的問題。」我更坦白的說：「劃江而守，我看國民革命軍始終沒有這樣考慮，就拿我一個人來說，我寧願打敗仗回廣東，我不願聽梁先生的意見劃江分治。」

末後我再托趙先生轉達，我願意拿廣東同鄉的資格，對梁先生貢獻，最好立刻勸張作霖放棄北京回奉天，如果做不到的話，他老先生萬不宜輕率組閣。這段秘密交涉雖然沒有多大意義，不過可以推想北京政府已在動搖，我拒絕談判之後，也沒有報告總部，後梁士詒算是沒有答應組閣，我們還是繼續攻河南，攻徐州。民十九年我在北京時候，偶作西山之遊，在西山飯店碰見趙先生，那時他已兩鬢皤然，久已不問世事，數年不見，意態漸非，人之容易老大，也足惹人傷感的。

㈢ 南昌三月的漫寫

江西方面戰事，經過若干的困難，南昌才確實佔領，同時南潯鐵路也告肅清。當江西戰事最激烈的時候，南昌已被我們軍隊佔領過一次，後來孫傳芳的軍隊反攻，已經入城王柏齡的第一軍和程潛的第六軍又復被迫退出，這一進一退，我們的損失雖然不多，但進攻的兵力已經單薄。在武昌圍城未破，由武漢方面已調去李宗仁的第七軍往那邊增援，在武昌圍城剛破，馬上就調張發奎的十二師全師和陳銘樞十一師一部加入前線。南潯鐵路被我們截斷幾橛，終於在馬廻嶺決一血戰，才把孫傳芳內線作戰的戰略擊破，壓迫殘餘的孫軍倉皇退到下游。南昌城是破了，九江方面陳調元先生和周鳳歧先生的軍隊，沒有等到我們軍隊接近也早退去了。這場戰役，我沒有參加，後來我到了九江，據說陳調元和周鳳歧早與我們接洽，所以南潯戰事未終，先行撤退。

戰事終了，十一月蔣先生從南昌到九江，打電報叫我至九江相見，意思想讓我早一點接江西政務委員會的事。這樣政治的安排，原本早已決定於武昌城外的李家橋。蔣先生當日原想叫鄧演達主持湖北的政務，叫我主持江西的政務，不過那時江西還沒有下，而湖北財政又找不到人，所以暫時叫我在湖北，俟江西下後立卽離武漢。在李家橋我同時接到兩個委任令，一個是湖北財政委員會的主任，一個是江西政務委員會的主任，我坦白答應蔣先生在湖北以三個月爲期，在江西也以三個月爲期，此後我便辭職出國找汪先生，蔣先生也許可我這樣做法，想不到後來爲着許多的囉嗦事情，一躭擱便重返武漢半年，而且汪先生也已回國，我原定赴歐的計畫畢竟取消了。

我第一次赴九江，彷彿是十一月的中旬，我搭的是怡和輪船，長江的旅行，我從前還未試過。我於十六歲時雖然跟着我的父親，到過湖南的郴州，到過江西的贛州，但始終未到長江一步，趕到在北京讀書時候，只有兩次附津浦車南下，由浦口渡江過南京，若溯江而下的旅行，那還是半生以來的第一次。

兒童時代江西曾給我兩個深刻的印象，一個是白居易的琵琶行，一個是王勃的滕王閣序，琵琶行何等的瀟洒和哀艷，滕王閣序何等的典麗和聿皇。在船開的時候，那「潯陽江頭夜送客，楓葉荻花秋瑟瑟」，和「南昌故郡洪都新府」的詞句都一一兜上心頭，心想這次雖然只到九江而不上南昌，暫時不能領略「滕王高閣臨江渚，佩玉鳴鸞罷歌舞」，但是「忽聞水上琵琶聲」總可聽到些流風餘韻罷。

我上船是在夜裏十點鐘，船開差不多在夜半，我始終睡不着，披衣起來望望長江，輪船順着水下駛，穩定像在日內瓦拉蒙湖的遊船，微風吹來的細浪，拍拍的湧到船邊，把逗起旅人的幽思，一起一伏隨着浪花擁現。我在武漢三個月，眞是食不甘味，寢不安席，至此頓然覺得一無罣礙，很有點飄飄欲仙。不過當夜有些微雨，黑雲滿罩着長江，開船以後，東望不見夏口，西望不見武昌，那「別時茫茫江浸月」的月，更深深躲在夜色裏，悄然不見。

早上七點鐘船靠了九江，我憑欄瞭眺，頓然感到一種沒有邊際的失望，岸邊旣沒有楓葉，也沒有荻花，西邊幾棵落盡枯葉的禿樹，藏着五六座洋房，這是九江的一角租界。租界以東橫着一條面對大江窄窄的市街，一簇小船靠攏在岸邊，早上雖然還沒有什麼市聲，可是市民在岸邊挑水的，碼頭工人到輪船接客的，喧成一片，把我夜裏一篇琵琶行的詩意平空便隨着這個近代市場的空氣消滅淨盡。

我這次來潯只打算逗留一兩天，所以行李沒有帶，找到旅館安頓以後，便去見蔣先生。我把武漢的財政和外交經過報告以後，蔣先生告訴我些江西情形，並說因爲武漢財政恐一時找不到替人，在江西政務委員會已另設一個副主任，並委了姜濟寰先生，在我未到任前暫時代理我的職務。我告訴蔣先生我已電廣州財政部派人來接我的事，聽說已派了李調生。我不願意再幹財政，是蔣先生知道的，南昌還沒有下，我已屢次電告蔣先生辭職，那時武漢的所謂財政本來只是籌餉，還說不上財政，而且情形也太複雜，除了財政本身以外，更有許多無聊的糾紛。蔣先生聽了我報告之後，便說我什麼時候來江西都可以，如果武漢財政外交重要的話也可以緩來，末了還叫我去找蔣羣先生，說安徽軍隊退走之時，還留下一筆二十萬元的存款放在九江中國銀行分行，要我辦交涉把他提出。

別了蔣先生之後，我便去見蔣羣，蔣羣的別號叫君羊，是九江人，我們軍隊沒有到江西，早在九江擔負秘密軍事工作。所謂二十萬元存款，原來是安徽的軍餉，而存在中國銀行分行，那時陳調元先生還是安徽的督軍，雖然和我們接洽，還沒有易幟，所以這筆款也有被沒收的資格。君羊的報告是根據陳調元手下一個軍需辦事員告密的，我到了君羊家內，見了那位辦事員，他的名字我可忘記，他說他早已皈心革命，所以不隨孫軍退却，留在此地出首這筆款，他並不是圖賞，只願意在革命軍中服務軍需。不過他只負告發的責任，至於提款，他不是存款人，也沒有印鑑，他是不能負責。

這事很有點棘手，安徽存款決不會明白在銀行寫作軍需用的，既沒有印鑑，又不知道存款人的姓名，假使中國銀行分行不認帳，那麼必定難得提出。我來九江既是孤單一個人，不獨秘書沒有帶，連勤務兵都沒有帶，那麼這個交涉又怎樣去辦，雖然我是江西的政務主任，我還沒有正式視事，就使正式就了任，也很難以一省長官的資格跑到銀行交涉二十萬元的敵方存款，我想了半個鐘頭，似乎想不出一個妥當的辦法。

不過那時軍需的確緊急，敵方既有二十萬元存款放在我們的勢力範圍，於理於勢，都該沒收。末了我想想我還是國民革命軍的政務局長，就用這個名義去交涉罷。我回到旅館之後先寫一封信報告蔣先生，說明這段經過的情形，此事有無把握，還說不定。我叫侍役送了這封信到總部，然後自己才跑到中國銀行分行。

中國銀行分行的經理倒很客氣，不過說明他們存款的戶口很多，我們既然沒有印鑑，實在不知安徽的存款是那一筆。我知道這完全是搪塞之詞，我要求他把存款簿子給我看，假若有這筆款子，他不能諉卸責任。我在漢口時候，也曾沒收過孫傳芳軍隊的十萬元，並且那件事比這事還更棘手。事實是這樣，孫傳芳固守江西時候，曾陸續由太古和怡和的長江商輪運載現洋至九江作軍需，那次怡和商輪上駛，載了十萬元現洋到九江，孫傳芳恰巧退去，那十萬元現洋便一直至漢口。我知道了便用海關監督名義咨會江漢關稅務司福開森去提，福開森說這是外國的商輪，海關不便上輪執行職務，並且這事關係外交，英國領事不能無抗議，稅務司只是財務官，對於外交是不能越俎干涉。

「假如英國輪船走私，你海關干涉不干涉？」我質問福開森。

「那海關自然干涉。」福開森說。

「假如英國商輪走運軍火，你海關是否執行職務？」

「海關自然執行職務。」

「這十萬元旣是孫軍的軍需，比軍火還更重要。我爲縮短戰爭時間起見，我非沒收不可。如果海關不願意聽我的指揮，我可以派兵直接到輪船去提。我爲什麼要知會海關，無非我尊重海關的職權。只有你福開森先生說一句不能辦的話，我倒有直接解決的方法。」我這樣強迫着福開森去辦。

末後福開森先生知道沒有轉圜的餘地，答應將孫傳芳的十萬元由怡和商輪提出，但他建議一個折衝辦法，這十萬元由海關暫行保管，等到戰事終了，才由我們去提。

「福開森先生，你的這一層辦法，也算是一種調停辦法。可是我絕不騙你，我因爲大凡答應一件事，總不能毀我的約言。我自始至終就不願考慮任何調停的辦法，我不是需要這十萬元，實在因爲這是敵人的軍餉，我必得要沒收。總之敵人的軍餉載到我們的勢力範圍之內，我若不沒收，卽是我不盡職責。至於你怎樣和英商交涉，那是你的事，無論是海關提出，固然要解到海關監督署，就是不能提出，我也只有自行派兵沒收。」

福開森先生知道不能推搪，答應試辦，他補一句話，倘若不能成功，再行報告。結果福開森先生所慮的抗議，絕不見來，孫傳芳的十萬元終於由海關提至監督署，轉解財政委員會使用。這一段故事是長江各省知道的，九江中國銀行分行也是知道的。中國銀行分行知道不能再搪塞，答應將存款簿子給我查，後來並且自動證明安徽所存的款子只有十萬元，並沒有外間所傳二十萬元之數。我看存款整數，也以這筆爲最大，大致可信，不過中國銀行分行請求要總部給他們一張收條，否則他們卸不了責任。我辦完這事已近黃昏，又回到蔣先生那裏，取具收條，叫總部軍需明早到銀行取款，這件手續方算完畢。

那天晚上是不能再走的了，只有在旅館寄宿一夜。我在九江住了一日，不但近在九江的廬山眞面目見不到，連九江的眞面目也見不到。窮一日之力，只穿過幾條窄小的橫街，入夜以後更燈火不明，人影瑟縮。大概在大兵之後，市面自然蕭條，加以九江有商埠之名，而無市政之實，一切街道和商店很像印度的巴沙。旅館之內，塞滿軍官和士兵，當時軍隊的風紀還不算壞，只是衛生潔淨還是談不上。

這一天奔波，我疲乏得也可以，到旅館以後，倒頭便睡。室內電燈昏昏像一點螢火，遠處市街斷斷續續吹來一些話匣的微聲。這樣「潯陽此地無音樂，終歲不聞絲竹聲，其間旦暮聞何物，杜鵑啼血猿哀鳴。」的一切憧憬，也可於琵琶行內尋之，現在的九江，一點孤淒的痕迹也找不到了。

九江雖爲古代的勝迹，近代的商埠，但他給我的印象，實在比長江各地所給我的爲最不佳。大概人類心理，希望太奢，必定失望也愈甚，假使白樂天當時不寫那篇琵琶行，我還不會有這樣的失望。我不到九江，倏忽又是十年，不知道今日的九江，是否還是當日我小遊時的淩亂。

△　　△　　△

我回到武漢，恰巧財部所派的李調生已先宋子文先生而至，趁着這個機會，便先把財政委員會改組而爲財政廳，使先成立一個湖北省政府的雛形。我把職務交給李調生，算是我擔負財政的任務終了，只有外交特派員是無人可交，陳友仁先生還是來漢無期，而我又急於離開湖北，不得已交給一個主任秘書暫行代理。我在武漢整整三個月，至今回想，差幸沒有多大錯處，不過我對於籌款方法的確是外行，第一，我回國不久，平日所學的都是經濟和財政原理，對於中國，實在不切實用。第二，在中國辦理財政，是需要多少辣手的，我自問自己雖然努力盡我應盡之力，然而對於別人總下不得應辣之所手。以這三個月當中，雖無大錯，却無奇功。對於湖北省內的軍費，算是勉強敷衍過去，對於江西行營前後也滙去幾十萬元，在別人看來似乎少之又少，但在武漢初定之時，我也感覺有些筋疲力竭了。

在武漢時候，不止是司農仰屋，並且還算是公私交困，我在解職之後，還唱了一齣「賣馬」的喜劇。事實是這樣，在我們沒有到達漢口之時，吳佩孚先生底下有位馬濟先生，馬先生在陸榮廷時代在廣東是一位炙手可熱的紅員，後來陸榮廷失敗，才投到吳先生底下當統領。馬先生有狗馬之好，在漢口時會買了一匹高峻的大洋馬，據說花了一千二百元。馬先生在吳佩孚退去之時，也同時離去。這匹大洋馬遂留給一位廣東的韋先生。這匹洋馬也同汽車一樣，給人來告發，韋先生於是派人送來財政委員會。這匹大洋馬，看是好看極了，然騎實在難騎，汽車是有機關來要，這匹洋馬誰也沒有人來管。我沒有很多機會騎馬，却不料給陳銘樞先生看中了，我正在躊躇盤費的時候，陳先生派人來談，說知道我籌旅費困難，打算送一千元給我作赴江西的路費，但如果我不便帶那匹馬到南昌的話，他很願意代我照料。陳先生的話眞委婉，其實就是要我賣馬的意思，我那時正求之不得，便滿口應承，這一齣賣馬的故事，鄂贛中一時傳爲佳話，我至今每每聽見人家唱起「提起了，此馬，來頭大」，都想起那匹大洋馬，都想起陳銘樞先生，祇是我那匹馬不是黃驃馬，而是一匹高不可攀的海騮馬罷了。

臨到正式起程赴南昌時候，我又結識了趙丕廉芷青先生，芷青這次南來是代表山西閻錫山先生加入國民革命軍的。詹大悲先生知道我要去南昌，恐怕芷青先生路上沒有人招待，所以託我同行，使得在路上不致於怠慢了北來的代表。大悲更說這次奔走的是湖北老同志胡經武（胡瑛），明天和我上路的就是趙胡兩位。我很奇怪問大悲是那一位胡瑛？是不是當時洪憲六君子之一的胡經武？大悲回答是的，經武自洪憲以後，便息影不聞世事，而且孫先生在日，經武已經向孫先生表示懺悔過，這次在北方奔走，很有功勞，叫我不必追問往事，使得他不好意思。其實當時我絕沒有追問已往的心事，不過當日的胡瑛確有兩位，一位是胡經武，其他一位是雲南的師長，我所要問的是那個，並沒有要追問洪憲已往的陳跡。而且當時革命軍雲集長江，四方來會的何只是三山五岳的英雄，洪憲、北洋，乃至於參加復辟的人士都想乘時自薦，建點勳績。

夜裏在船上，大悲親自帶趙胡兩位來，給我介紹，芷青先生很清癯，性情也極爽快，而經武先生則已露點頹唐神氣，似乎鬱鬱寡歡，我糾然想起他當日在烟台時的氣概，想起他結婚時的羅曼斯，心內倒有點悽然。前後僅是十多年，儼然已帶了衰老的傾向，年華固然容易催人老大，而不得意事也足迫人走向頹唐一路的。那夜在船上因爲各人都趕着睡覺，沒有深談，直至翌早離船，始復相見。

船是早上七時到九江，南潯鐵路的車是在八時開動，雖然我早在離漢之前曾給南潯路局打了一個電報，可是專車是沒有的。當時南潯鐵路僅得一輛專車，因爲總司令設在南昌的緣故，專車所以也停在牛行站。那時不止專車沒有，連頭二等車也沒有。本來坐車的問題，我已經習慣到無車不坐，我們當日由長沙趕到岳州，就是坐敞車，連人帶馬都像貨一樣塞在敞車內，但趙先生是北來的代表，怎好讓他像貨品擠在敞車，我和局長商量了幾次，才騰出一輛郵政車，這輛郵車只有一個小房間，連椅子都沒有，房內只放着兩張木櫈，我們三個人就沒有方法分配。我讓兩張木櫈，給趙胡兩位。我就坐在舖蓋上邊。趙胡兩先生都很客氣，而且趙先生又是北方人，初見面時絕不願我這樣脫略，他們兩人都不願這樣坐，但不坐難道站到南昌嗎？我經幾翻解釋之後，他們又見到我性格的率直，倒也照我的辦法兩人坐櫈上，我一人坐在車板上的舖蓋。

車還沒有動，我們已看到用兵以後的情形，全車之中都是兵士和下級軍官，搭客一個也沒有。車行慢到非人們能夠想像，並且在車上就看到挖掘過的路軌，炸毁過的橋樑。南潯鐵路本來就辦不好，欠日本方面好幾千萬元，加以孫軍盤據這條路線作戰，更是壞到不可收拾。

火車開動以後，我才有工夫和趙胡兩位攀談，問問山西的情形，問問北京的狀況，知道山西方面加入革命軍已不成問題，不過山西處境困難，其勢不能單獨出兵，非等我們進展到黃河流域，山西不容易出娘子關一步。我知道北伐到了相當時期，山西不加入，直隸以北是很不易佔領的，北京也很難順手而得的，我們在車上討論些政治，討論些軍事，倒也不覺得十分寂寞。

沿途戰跡，有名馬廻嶺之役是難得看見的，不過德安車站的遺跡歷歷陳列在目前。車到德安，我們下車巡禮了一同，車站的房屋已被炮火轟毁，顚顚危危的只剩了兩面牆，車軌都從新舖上，許多路基還是拿木頭臨時支着。南潯鐵路已經辦得壞，再因兵燹破壞之後，眞可以說一句變本加壞，無怪火車行得這樣慢了。

火車是不能直抵南昌的，僅停在對江的牛行，車到牛行站，天已昏黑，渡江接客的僅是兩艘平底的木船。贛江雖然並不甚闊，水流倒有相當的急湍，政務委員會派人來接，連手車都沒有預備。南昌當日還是舊式的省會，城內駛不得汽車，來接的人們絕沒有把握火車何時才來，所以人力車也沒有雇好。

時間已昏黑，那夜又大雨淋漓，「南昌故郡，洪都新府」的印象，我一些也沒有感覺，所謂「襟三江而帶五湖，控蠻荆而引甌越」的形勢，我更無從去欣賞。只見面前一片急流的江水，水面籠罩着一層雨雲，那就是我要主政的南昌，我第一個南昌的印象和我從前第一次得到九江的印象，一樣使我提不起興致。

船抵南昌的岸邊，雨下得更大了，路上不祗沒有手車，而且路乏行人，我有雨衣是不妨事的，獨是趙胡兩位，身上穿着皮袍，罩着黑褂，怎麼處呢？我第一恐他們衣服不夠，淋濕了沒有替換的衣裳，第二趙胡兩位都似有點弱不勝衣，因爲雨淋而生起病來，我這個表面地主，尤其不好意思。但怎麼辦？我們只有前進，穿過了兩條大街，來接的人們已找了一輛手車，我讓芷青先生坐了，再穿過一條大街，又找到一輛才車，我又讓經武先生坐了，這樣我們再找不到第三輛，我就冒雨步行到江西大旅社。

以上一段描寫，是我和芷青經武兩位結合之始，本來眞是瑣之又瑣，殊不足奇，我爲什麼現在追記這一段瑣碎的情形，就因爲這次無心之擧，後來在北方發生一再出乎意料的影響。我當時實在不懂什麼叫做客氣，其實我是廣東人更不知道客氣，我爲什麼這樣禮讓？有幾個小小原因，第一，我是江西的地方長官，對於來賓，不能不以禮接待。第二，我既受了大悲所託，即所謂受人之託，忠人之事。第三，我自出發以後是被雨淋日晒慣的，區區南昌一段路，我一點也不在意。第四，還有我的脾氣，一向以爲男子漢都應當扶助老弱和婦女，我在外國好幾年，一點學問都學不到，只學到「我是男子」I am a man，因爲自命是男子漢，所以要吃苦，要冒險、要敬老慈幼，要濟弱扶傾。不想我這種舉動，早已入了趙胡兩先生的心目中，尤其芷青先生回到北方以後，替我們革命軍大宣傳，說國民革命軍一定大成功，軍事這樣空前勝利，而驕氣一點沒有。並且說以公博這樣年輕氣盛的人，而且又是一省長官，居然肯這樣謙抑自持，讓他們坐車，而自己冒雨跑路。

芷青這一段宣傳，我當時並不知道，一直到民國十八年我北上太原，人家把這段話問我，才重復入我記憶中，這種無心舉動，而收效有如此之宏，怪不得這幾年以來，四維八德的提倡，遍於天下！我當時實在不知芷青的年歲，以爲他這樣清癯，又長上鬍子，至少也比我老十五年，誰知他的年紀只比我大幾歲，後來在北方和芷青廝熟了，我曾和他開過玩笑，「早知你年紀比我大不多，我一定拉你和我跑路，我絕不讓車給你坐的」，我說。

南昌的江西大旅社，名目是大旅社，他的結構實在還是九江的小旅館，那時前方回來的軍官，各處雲集的代表，把這個旅社幾乎都塞破了，走廊和甬道，滿睡着隨從和勤務兵。電燈和九江一樣的黑暗，燈內僅似懸着兩三條紅絲，旅館內嘈雜的人聲和黃霉的氣味，都使人感覺周身環繞着一層窒着呼吸的氛霧。

我那夜勉強睡了一下，翌早便去見蔣先生，並且定第三天去接政務委員會的事。那時江西政務委員會早已部署很妥當，老實說一句話，我來不來倒沒有什麼關係。政務委員會不管財政本就清閒得多，副主任姜濟寰先生多年是譚延闓先生的幕僚，雍容謹慎，雅有譚先生的氣息。會內是合署辦公的組織，早已設有教育科、建設科、民政科、佈置井井有條，儼然是一個臨時而又具體的省政府。我僅委任一個秘書長，其餘一點也沒更動，其實當時要更動也沒有人，而且政務委員會僅是一個過渡機關，三個月後即正式成立各廳和省政府，殊無更動之，必要。我想想我忙了四五個月，到了今天才算休息，眞有點樂不可支，往後僅有住居問題要解決，委員會的事倒可以委之姜先生，我只總其大成，樂得休息兩三月。

我回到旅館之後，便着人找房子搬家，旅館的侍役說趙胡兩先生找我談話，我以爲兩位的公事已畢，要和我話別了。我踱到趙先生的房內，一看倒有點罕然，我看他們兩位神色有點不怡，似乎徬徨不安的樣子。

「怎麼？你們兩位的事都辦妥了嗎？」我問。

「還沒有什麼要領。」經武囁嚅着說，芷青只管坐在旁邊抽煙捲，似乎不大願意開口。

我很詫異，細問兩人這兩天的經過，經武所謂沒有要領，也說不出其所以然，那麼經武所謂沒有要領，我對於他們更不得要領。

「你們有提過條件嗎？」我忍不住問。

「我們沒有提條件，並且我們實在也沒有條件。」還是經武開口。

「這樣是不是總部有過令你們爲難的條件呢？」我有點忍不住。

「總部也沒有提過條件。」經武似乎有說不出的勉強。

這樣，我恍然大悟了，因爲這兩位先生太客氣，到了總部，他們一些條件也沒有提。而在總部方面，見他兩位不提條件，自然也不便說什麼話。這樣兩面客氣，自然都談不上要領。

我說：「這樣好了，你們兩位對我總不必客氣，你們有什麼條件只管對我提，我代你們轉達好不好？」

經武還是和芷青抽着煙捲，經武慢條斯理的演說北方的形勢，他們的困難，足足說了半個鐘頭，我更像丈二和尚摸不着頭腦。我沉思了一陣，知道他們兩位還在客氣，我迫得代他們兩位說：

「兩位的意思，我都很明白，你們既然都不肯提，可否我代兩位提。提的對的，我立刻代你們轉達，提得不對的，你們請卽修正，好不好？」

末了我代他們擬了三個意見，芷青和經武都笑起來，說我的意見絲毫都是他們要說的。我問他們除了這三個意見以外還有其他補充的沒有，他們都說沒有了。我臨走出門笑對對經武說，你們爲什麼不早說，這些條件都是簡而易行，你們的彎子兜得太寬，假使我不直捷說出來，恐怕你們在這裏再住三天，還是沒有要領。我把他們的意見轉達以後，這個軍事結合算是立刻成功。趙胡兩位和我一別便是四年，直至十八年春才在北平相見，至於今日，芷青之淸癯猶昔，而經武已作古人，回憶南昌之會，我也有些如夢如醉。

△　△　△

南昌政務，刑淸自然說不上，可是政確是簡的，民政是各縣縣長都派了人，而且都由軍隊派了人。這可不能怪軍隊，因爲軍隊佔領一個縣城，終不能讓他變作無政府，有些軍隊是派了參謀或秘書代理的，有些軍隊是派了政治工作人員代理的，也有些軍隊召集各界大會讓大會公推的。縣長的履歷的確很複雜，但我持着一個原則，現任縣長，不管誰派，第一先由政務會加委，其次只問他賢不賢，沒有錯處，決不更動。我對於縣政的經驗，對縣長只有同情，因爲今日的縣知事，比不得前淸，經費又那樣的少而困難，簡直可以餓肚子。從前我在廣州法政專門學校當教授時候，大家同事有一次圍着說笑話，有一位莫鴻秋教授說，你如果對於某一個人有仇而要報復的話，他沒有老婆，最好勸他討老婆，如果他已有了老婆，最好便勸他討姨太太，這樣九世寃仇都報了。後來廖仲愷先生聽見這段笑話，說這還不算報仇，若某一縣在軍事時期，你委你的仇人做縣岻，那種仇才報得厲害。可見今日的縣長的確難當，目前政制，在中央有各部，在省有各廳，他們是有工可分的，可是一層一層的壓下來，到了縣便只有集中在縣長。有一次縣長朋友對我說，不要說別的，只有奉行功令塡各類調查表，便足使一縣忙不過來。中央各部發下省的調查，省的本身又有調查，不要說縣政府僱不起調查員，就有調查員也僱不起書手去塡寫。「這樣，你怎麼辦呢？」我問。「只有敷衍塞責。」他乾脆答。其次，除了例外的徭役和臨時籌款不必說，省有什麼事，都往縣裏推，這樣縣長縱有三頭六臂，也只有學彌勒尊者，充耳不聞，盤膝而坐。我在廣州時卽說，找一個廳長易，找一個縣長難，何況一省起碼有五六十縣，要找五六十個好縣長，我確沒有這種本領。江西自軍興以後，我以爲安定是第一要義，容或各軍所派的人員資格有點差，但求其沒有過處，我都主張維持現狀。

其次說到建設，當日也祇有建設科的空名。江西財政也是和湖北一樣獨立於政務以外的，我知道財政委員會的兪飛鵬先生是理財的能力，但我嘗過財政的滋味，知道他的困難比我在湖北差不多。當地駐軍是要軍餉的，那時何應欽已克復福建，正要進兵浙江，白崇禧正在籌畫由江西會師，軍需也正急得要命的。這樣所謂「己所不欲，勿施於人」，我只要求兪先生每月給足政委會的經費，至於建設，我的確沒有向他開過口。而且軍事沒有結束，建設萬萬談不上，縱使少有計劃，也成紙上空談。不過當時江西人士倒有點望梅止渴，畫餅充饑，至少我手上有整頓廬山和闢市九江兩個計劃，我知道一時不易實現，而在政委會的委員也有點心照不宣，結果大家通過一個廬山管理局長，九江市長，也就這樣算了。

至於教育，一時大家也有點教育狂，當日曾通過一個𢧐立江西大學案，還聘有幾位籌備委員，我記得彭學沛先生就是其中的一個，末後因着政治的不定，這個大學算是終於不籌，而委員也星散了。我在通過這個案時，已表示懷疑，並說明江西似無另設大學之必要，因爲江西夾在南京和武漢的中間，兩處既有大學，江西何必再另起爐灶。至於江西設特種專門學校，我倒贊成，譬如江西的磁器，就有復興和研究的必要。無如委員中間，除了姜濟寰和我兩個人之外，都是江西人，案一提出，立卽一致通過，我和姜先生兩人是正副主任委員，當時主任就等於會議的主席，其權力比之今日省政府主席更少。我很猶疑，很不樂，結果這一個案交付審查，但審查交給誰人呢？還不是交贊成的各委員？姜先生對我說，不必堅持了，讓他們通過罷，好在這事是要錢，沒有錢也辦不成，有了錢又何妨多一個大學。姜先生是深於世故的，是很通達人情的，我聽了他的忠告，爲之啞然，這樣籌備江西大學的案便如是成立，如是籌辦，結果也如是流產。

我爲江西教育，也擋過一次急烈的風潮，我接事不久，省黨部來說，江西各中學，有換人的必要，因爲當時江西各學校，有些是很受共產黨的影響的，有些是受舊日學閥所把持的。那時省黨部還在國民黨的手裏，受共產黨影響的學校當局，固然急須更動，而受舊日學閥所把持的，也非當時省黨部所能坐視。我看見這樣情形，實際也需要更動一下。可是我到江西不過是一個短時期，學校當局可以更動，而人是無法去找，我叫教育科和省黨部商議出一張人選名單，我還記得這張名單撤換的並不很多，多數還是互調。結果在這互調之下，便起了一個風波，首先揭竿而起的是南昌的女中。許多學生羣擁至政務委員會，甚至乎羣擁至我的私宅，要求維持原來的校長。在當時提出名單之時，政務委員沒有什麼異議，迨至風潮一起，委員當中也就分開兩大派了。有些委員主張維持原案，有些委員主張推翻原案，也有些委員只主張維持女中。我對於這些校長更動都沒有成心，不過各校長任職才三個月，縱他們富有長才，決不能於三個月內就可以展布。學生的擁護，當然受了學校當局的指揮，而學校當局這樣大膽鼓動風潮，自然又會有委員在那裏支持。維持一個女中不要緊，可是因為維持女中，原案便要全面推翻，因為互調都連着互相牽連，既要維持女中，其他便沒有不維持的道理。況且委員之中，既因此而發生派別，若一方勝利，其他各方勢必起而傾軋，從此江西教育固然辦不下，就是政務也會因委員的派別而難於進行的。好在通過原案時候，各人都沒有異言，那麼維持原案似乎容易說得過去。我在會議席上把我的理由說明，並要求各委員以大局為重，不宜在江西初定之時發起嚴重的事態。「這樣，我是不能負責任的。」一個委員很憤慨的說。「互調一兩個學校當局，有什麼責任負不了，假如各人都不肯負責任，我是願意單獨負責的。」我直捷的說。「而且通過原案，我沒有聽過異議，今日縱有異議，不止時候太遲，而且於民權初步已不合。」我又加重我的語氣。這個案既這樣重複決定，於是南昌的中學生當中，便慢慢一部分認為我是獨裁，雖然沒有大聲喊打倒，而不滿意的空氣已彌漫了南昌的學生界。

女中的學生又來請願了，這次請願更直捷了當直至百花洲我的家中，當代表的幾個學生，年紀不大，當時又充滿革命的熱情，以爲大凡學生尤其是中學生是革命的，官都是不革命的，她們既然是革命者，那麼凡是她們的主張都對。

「陳主任，我們已經請願多次了，這次我們要求你必須答應我們的要求。」一個代表義形於色。

「我只知道執行政委會的決議，我個人斷不能推翻。」

「這樣陳主任是獨裁，我們學生都不能擁護。」三個代表同時說。

「我很感謝你們擁護的意思，但我是政務主任，只知道執行法令，你們擁護不擁護，我倒不在乎，我實在不能放棄我的責任，而受你們擁護。」

「聽說辦理這案，並不是陳主任的主張，而是省黨部的主張，是嗎？」一個代表突然改了溫和的態度在質問。

「這完全是政委會的主張，也是我的主張。」

「那麼陳主任到了南昌才一個月，怎樣知道我們校長好不好？」一個代表很巧妙的插言。

「那麼你們校長才任事不久，你們又那裏知道一定好，新任校長還沒來，你們又那裏知道她不好？」我反詰着她們。「你們還是好好回去通知各同學，好好的上課，案已決定，不容變更。我爲完成我的責任，勢必執行，而且你們校長僅是調職，而不是黜革，我看不出什麼理由你們可以罷課要求，可以聯合請願。」我又加以訓責。

幾個代表知道沒有法子挽回，見我態度強硬，也只好知難而退。只有兩天工夫，女中又另起別一種風潮，那種風潮就是更有一部分人蘊釀歡迎新校長，這樣這個案也就容易執行，而政委會裏面因着這案，意見還沒有消滅，一直至改組省政府，還保持着一種對峙的神氣。

△　△　△

我到江西不久，廣州的中央黨部和國民政府也北遷至南昌，那時國民政府已新設許多部，在我出發的時候，僅有外交和財政兩部，我們出發以後，便添了一個交通部，主其事的是孫科先生，一個司法部，主其事的是徐謙先生。至於外交部因爲胡漢民先生居滬，不就部職，部長早由陳友仁先生補上。國民政府北遷是一個盛典，南昌城內起了盛大的空前歡迎，頓時把一個南昌故都，熱鬧得充滿革命的新鮮空氣。因爲中央黨部和國民政府都在廣州的原故，下級工作人員差不多十分之九是廣東人，現在兩個中央機關到了南昌，把窄窄的南昌城全充滿着嶺南的音調。無論那一家旅館都聽到廣東的聲音，每一條街上都有鄉土的語調，我雖然寄旅南昌，倒有點像住在居廣州的意態了。

南昌雖然是我今日主政的地方，但有個時期差不多變了我的俘虜收容所。在我剛出發之前，廣州已運到了兩架飛機，一架是戰鬬機，一架是可以容六個人的輸送機。我在前章說過，臨出發之時不是大病嗎？舊日政治訓練部的俄國顧問見我病得厲害，勸我遲走兩日坐着輸送機直飛衡州。我當時感覺着總司令還走路，而我坐飛機，未免太過於舒服，終於謝却。殊不知後來這架飛機起飛以後，過了韶關，大約湘水和贛水的支流弄不清，一直飛至南昌，機師和軍官全做了孫傳芳的俘虜，一直等到南昌攻下後，才恢復了自由，倘若當時我歡喜舒服，必定先嘗嘗南昌的監獄滋味，不待軍隊克復南昌，先做了牢籠中的政務主任了。

南昌的印象把我一篇滕王閣序平空撕去，等於九江的印象把我一篇琵琶行掃盪淨盡，但是滕王閣雖然早燬於火，他的遺址在那裏呢？我雖然不是詩人，可是弔古幽情終還有幾分在心裏。政委會接受從前江西省長公署，什麼也沒有，只有一部江西省誌沒有給敗兵搶去。我試試在省誌尋覓他的遺跡，可是連地名都早已變更。我問了許多江西朋友，結果得着兩個滕王閣遺址。怎麼江西有兩個滕王閣？據說是一新一舊，舊的就是都督閻公所建，而爲王勃所賦的，那早就倒塌無餘了。後來更在別個地點重建滕王閣，卒之也被火燒了。我對於兩個遺址都到過，可是連敗瓦殘垣都找不到，不止沒有零磚碎瓦可以憑弔，就是熟於掌故的朋友，對於遺址也在依稀之間。王勃先生所說「層巒聳翠，上出層霄，飛閣流丹，下臨無地」，眞在意念中的虛無飄渺間，甚至閻都督嘆爲天才的佳句「落霞與孤鶩齊飛，秋水共長天一色」，恐怕也只能求之於揚子，而不能得之於贛江。我悽然站在贛水的岸邊，見着許多木排拉雜着橫堆直放，確有點浩浩乎中流之感。

我雖然很是失望，不過白樂天給我影響太深了。有一次我看見一張名片，是浮梁縣長來見我，在一大堆名片中，就是浮梁兩個字最觸我的眼簾，我立刻傳見，好像浮梁是我夢中要見的地。這位縣長，我已忘記他的姓名，不過我見了他的名片，又勾起「門前冷落車馬稀，老大嫁作商人婦，商人重利輕別離，明年浮梁買茶去」的舊句。我見着這位縣長，不禁問了許多浮梁的情形，在他或許以爲我對於浮梁特別關心，而我呢的確想着這個浮梁眞是充滿了羅曼斯，充滿了盛唐的情調。

中間還有一段亂子，是與道教有關。那亂子便出在貴溪的龍虎山張天師府裏。革命軍初平江西，打倒神權的空氣就跟着軍隊彌漫，張天師這一種胡言亂語，是值得打倒的，於是貴溪的縣黨部便不等省黨部的命令，直去查抄天師府，把這張道陵傳下的一把寶劍和一顆大印沒收，派一位委員送呈省政府。這位委員先生大約以爲這把寶劍和這顆大印是無價之寶罷，他倒不到南昌，而直赴上海，沒收的物件，他打算當作奇貨可居。這也算是一宗盜寶案，我也不覺得爲奇，只恨這位委員太過見財起意，這一條爛鐵，一顆廢銅，便犧牲了他的黨籍和將來的出路。政委會的人們都恨得牙癢癢地，主張嚴辦。我心想他們也和我一樣好奇，明知是廢鐵爛銅，也想長長見識。我主張這件小事，最好只行一紙通緝文書，案情也不提，理由也不說，如其敍得詳詳細細，不啻是代這位委員作了介紹說明書，使這廢鐵爛銅更得了高價，我把這個意思說明以後，大家也沒有異議。後來把這寶劍和這顆銅印究竟出賣與否，我不得而知，祇是前幾年我看報紙，說張天師在上海大世界裏，設壇祈禳，也還傾倒了不少迷信士女，我很懷疑他既失了傳家之寶，再拿什麼東西來當臨時的法寶！

國民政府遷贛不久，各部便開始向武漢遷移，最先搬的是財政部，其後外交，交通、司法都搬去了。他們集中地點還是南洋煙草公司的大樓，其時中央委員也有些到了武漢，所以他們便不等中央黨部的命令，預先成立一個黨部和政府的聯席會議。那時整個中央黨部還是在江西，而政府呢？則僅賸了一個代理國民政府主席譚延闓。江西和武漢間顯然的慢慢已形成一條微痕，對於這點筆跡，我想不再提起，讓後來史家去下春秋之筆。

十六年的元旦是來臨了，除夕那夜還鬧了一回小小的兵變。我記得我那時卜居百花洲旁一個人家，我只租了一層樓，下面仍是房東一家住着。除夕那夜六點鐘時候，我還請了中央黨部幾位朋友喫夜飯，慶元宵、酒闌人散，約莫是八點鐘左右，遠處便聽到幾聲槍聲，我還疑心人家在那裏放鞭砲。這不是鞭砲罷，愈放愈密了，而且槍聲已迫近百花洲，這一定是兵變無疑，因爲我就這些槍聲鑑別，已觸起我的經驗。我覺得不論怎樣，第一要義先把這所房子守衞好，我檢查家中存放有幾枝駁壳槍，但人呢只得一個馬夫和四個衞兵，人力雖然不夠，但也要點佈置。我指揮三個衞兵守着大門，一個衞兵和一個馬夫守着後牆，我個人就守着樓上。電燈都關閉了，只點上洋燭，洋燭的光線，也用幾本書把他擋住，這樣佈置完備，才打軍用電話到總部，問是什麼事情。元旦前幾日，蔣先生和譚先生都上了廬山，在城內負責的僅是朱培德一個。總部從電話裏答覆是有幾小排兵變，以要索欠餉爲名，現在已派兵搜剿，大概不會什麼嚴重。這次雖然兵變，舉動倒很文明，變兵僅僅攻入財政委員會，抬出一個裝着五六百元的夾萬，打開分了便走散。變兵並且沿途高叫，你們商家不要害怕，我們只是要軍餉，不會害你們，所以還有許多商人站在門口看熱鬧。這班變兵倒也言符其實，的確沒有騷擾過一家商店和人家，事後譚先生由廬山回來，還和我開玩笑，說兵變而不搶掠商民，這也是一個兵變的新紀元，要不能不歸功於政治訓練。我笑說：「譚先生太恭維了，此功我不敢領，我還要歸之鄧演達。因爲我只是前任的政治訓練部，而鄧先生才是現任的政治部。」

元旦剛過了兩天，自漢口發來的電報，說武漢那方面已收回英租界。事實是這樣，在新年剛過，漢口因放假的緣故，自然街道上有許多遊春的閒人。英租界旁邊因爲聚得遊人太多，租界的巡捕便上來干涉，爲着言語的衝突罷，也許巡捕還架起舊時對於華人的聲勢。遊人不服干涉，愈鬧愈兇。據說是巡捕打傷了兩個遊人，於是羣衆遂大羣闖入英租界。那時英國總領事還是從前和我鬧過意氣的葛福先生，葛先生無法維持租界的秩序，又不好命令水兵開槍致再弄一件上海和沙基的慘案。葛先生一面電話請求武漢當局派兵入租界保護秩序，一面退居英國軍艦，中國軍隊入了租界以後，首先在英領事署下了英國旗，而升上中國旗，這樣便是事實的收回，也是保護英國僑民生命和財產的緊急處置。收回英租界是革命軍進駐長江外交上第一個勝利，我們接到電報，還沒有答覆，九江的英界也同樣的以這種方法收回。中央黨部一面以電報指示駐漢外交部機宜，一面又派我到漢口視察，並且對聯席會議報告江西政治和黨務的經過。

這樣，我又重回漢口一次，下午到達以後，即出席南洋大樓的聯席會議。那時各人因新收回英租界之故，神情都充滿興奮和緊張，不過當日我已覺有點憂慮襲人，因爲我看武漢空氣已不像往昔的肅穆，各人都似挾着點驕矜，而且氣勢又那樣洶洶，儼然伏着和江西對峙的形態。我在聯席會議席上再三把我的憂慮說出來，並且說外交是一步步的勝利，我們更要一步步的穩健，我自然不是一個相信「滿招損」的哲學家，但爲革命的步驟打算，應當拿站得穩的態度來推動往前進的步武。本來我在武漢三個月的經過，在南昌時候，已詳細告訴陳友仁，至此我更把當日的形勢重新分析一確，要求聯席會議採納我的建議。

會議過後，我便首先至舊日的英租界巡視，見英領事面前草地的旗竿，高高懸着靑天白日滿地紅的國旗，那時微雪初霽，夕陽照人，那面國旗反映着西來的陽光，愈顯出欣欣自得的喜意。

英租界的岸邊，麕聚無數的遊人，雖然這是收回的領土，可是各人都像登了新尋覓得的新大陸。我心想這一顆革命之花，畢竟已結了果實，但往後問題正多，我們應該怎樣辛苦艱難，把他更培養和滋長呢！

在漢口三日，耳中已充滿國民政府何日遷漢的問題，因爲我是由江西來的，所以各人都把我當作入學的學生來考問。這個問題我實在沒有方法答覆，因爲國民政府遷漢是中央的事，我雖然備員中央，究竟不能單獨有所主張。不過我當時已窺到各人的心事，以爲國民政府遷漢是一個切要的問題，更且漸漸又聽到各人有點憤懣，說駐在江西的同志，很有懷挾國府的神氣。我知道這個問題終久要變嚴重的，然而我當日眞是兩難，想不到後來眞借這個問題而分立，事變之來，雖可逆料，而難挽回，我至今想起來，倒有點回天無力之憾。

△　△　△

在南昌兩三個月，生活眞是單調，我素性不大喜歡交際，也不大喜歡應酬，每天六時起床，七時見客，八時辦事，五時退値。猶幸我的房子近在百花洲，天氣雖然還是嚴寒，而楊柳已茁了綠芽，告訴我春天在靜寂裏悄然到了。那時在南昌還沒有馬路，代步的只有馬和人力車，我那匹棗騮馬在漢口時候得了病，帶到南昌已不能騎，白崇禧臨出發以前，送了我一匹俘虜來的海青馬。星期沒有事，唯一的遊樂地就是離城二十里的青雲譜。差不多沒有例外，每星期早上都跑馬到那個道觀，在那裏盡日盤恆。不過最感缺陷的就是那位道士俗得悶人，什麼都不能談，而且一毫也沒有雅趣。我每夜在家除了看書以外，寫點小詩，寫點小品文章，這種東西後來離開江西以後，都散失無蹤，只有幾首小詩還留在心裏。南昌眞像一座破廟，而我眞像一個掛褡僧，當晨光曦微，夕陽欲下，只有在百花洲的柳堤散步，排遣那了無聊賴的情緒。

譚延闓先生也悶得慌，往往找我作夜談，在廣州我雖然和譚先生作了許久同事，我實在不知他是一個豪談的夜客。他每來我家都在夜後十點鐘，一談便談到天亮。他老先生最熟掌故，而且更幽默動人，我們談話眞是上下五千年，縱橫九萬里。不過我兩個人雖然在漫談，却同時抱着一條的心事，就是看見那時已像危機四伏，而都沒有方法去消弭。

譚先生沒有事，每朝都寫擘窠大字，他告訴我在南昌寫了一個多月的字，已抵得在廣州的一年。他很喜歡我和他從前夜遊廣州能仁寺一首詩，他給我寫成條幅，又寫了一首小序。我還記得那首詩，是夜裏在能仁寺寫的，那首詩是「三月風掀渤海濤，天低雲黯將星高，春雷挾雨隨潮起，捲入層巖萬木號。」我說那首詩火氣太重，譚先生說就是喜歡他重的很有意思。這張條幅，我一直藏到漢口，後來九月東下，這張條幅也失掉了。自那年起，我已沒有機會再見譚先生，趕到二十年冬重來南京，他已作古人，我遊靈隱寺時，憑弔他的墓道，曾寫了一首小詩。

「彥博一生惟豁度，謝安臨事故雍容，百年良相賢臣傳，一字師承在執中。」

我原本和姜濟寰先生商議，打算召集一個全省縣政會議，並且我和他約定分赴全省作一個視察，他擔負巡贛北，而我擔負巡贛南。贛州在我十六歲時候是到過一次的，現在很想舊地重遊，無如當時政局的動盪，有不容許我離開南昌之勢。後來不獨我們沒有法子巡視各縣，連召集縣政會議的計劃也打消。關於江西建設，我默算當日實在無力去經營，但有三件事，我始終都在心裏放不下，其一是南潯鐵路，其二是萍鄉煤礦，其三便是景德鎮的瓷業。南潯鐵路自然要待於交通部的整理（當時還沒有鐵道部），不過當日名義上還是民營，我既是一省的長官，不容不加以注意。我命令南潯管理局長溫先生給我作一篇報告書，把欠日方的債額詳細列來，詢問他的意見，有什麼方法才能次第拔還舊債。溫先生是我們廣東的同鄉，他已作古人，名字也不好提了。這位先生並不是鐵道的專才，而且是由總部派的，根本和政委會生不了什麼關係。不過這位先生還尊重政委會，卒之也作成一篇報告書，祗是那篇報告書不明不白，很像一本天書，我只有轉到當時的交通部，並加以說明，這條鐵路關係江西全省經濟的命脈，不容我們忽視。

萍鄉煤礦，我派了一位白深檑先生去調查，因爲那時萍鄉煤礦，早已停辦，只有一些工人爲維持他們生計，在那裏自挖自賣。這樣小規模的發掘，自然還不能維持，每月都要省政府補助幾百元，我以難省政府這種不得已的辦法是毫不經濟的。萍鄉煤礦是江西著名的產業，最好能夠大規模的恢復，否則看看能否利用這幾百元。因爲與其花這幾百元去維持工人生活，倒不如增點維持費設法增加一些生產。白先生的報告指陳萍鄉的缺點很多，在他口頭報告更提出一些滑稽情形，非親到過那個地方，幾乎難以置信。從前萍鄉煤礦的組織，幾乎像一個大衙門，就是下級員司每日到礦場，還得要坐轎子，現在擺在擺在萍鄉公司門內還有久已廢棄的十多頂大轎，這都是舊日員司和工程師日日來往礦場的官輿。據白先生的意見，要恢復萍鄉，斷不是目前的事，而且更需相當的資本。我為萍鄉問題，曾下過一番研究工夫，為這案子提出政委會議也有好幾次，及後改組省政府，我便把這個問題交到下任了。

景德窰業不止是江西的一種富源，也是中國固有文化的技術，我看見每年洋磁入口，確乎有點寒心，我倒不單純為着經濟問題，而更關心中國的文化。我的文化見解，我自問雖是淺薄，却和一般時流不同。在他人以為中國的文化中心是在道德文章，而我呢以為中國文化的重質還在技術。例如北平的宮闕，口外的長城，溝通南北的運河，這種建築全都是中國文化的骨幹。景德鎮的瓷業，是中國傳統的技藝，我們不能使他衰退，必得使他中興。那時景德鎮正鬧着工人罷工，全鎮停業，大有瓦解之勢。景德鎮的瓷業組織和其他工廠不同，這是我知道的，雖然景德鎮的磁業名揚中外，而他們還在家庭的手工業時代，勞資絕不分明。我知道景德鎮的工潮，又和漢口一樣，不全是工人的要求，而是一種組織故意在那裏煽動。我和省黨部商議，由黨政兩方會同派人到景德鎮調解，用了九牛二虎之力，才平息這種不需要的工潮。經過這次長期停工，元氣不易恢復，說到改良，恐怕還是以後的事。

△　　　△　　　△

南昌空氣的確有點動盪，關心於未來時局的，都抱一種隱憂，而軍事方面更忙於東征的籌備。那時福建早已克服，看看就要越仙霞嶺進攻浙江，不過當日江浙軍事並不是直攻浙江這樣單純，因爲孫傳芳已到過北京乞師，張作霖已派張宗昌等軍隊南下，當前線的還是孫傳芳隊伍，而守淞滬的已是張部的畢庶澄。張宗昌的軍隊很脆弱，這是我們知道的，不過這次軍事，決不只是攻浙江，連帶上海南京都應當在我們攻取計劃之內。那時總參謀長白崇禧已被命爲攻浙的前敵總指揮，他的任務是由贛東側出，和何應欽的攻浙軍隊會合。另外撲攻南京再加上兩支軍隊，指揮江右岸的是第六軍的程潛，指揮江左岸的是第七軍的李宗仁，這邊剛剛要出師，而武漢方面已通過召集三中全會的提案。

我那時處境確是孤立極了，也算是苦極了，在江西方面有些同志是懷疑我接近武漢，而武漢方面差不多都疑心我站在江西。國民政府遷漢是我贊成的，若因政府遷移而引起內部的分裂是我反對的。在我主張以爲不獨國民政府要遷漢，連總司令部也應該遷漢，我爲着這事曾向蔣先生提議過，說明總司令部遷漢的理由。共黨雖然在武漢氣勢很盛，而軍隊畢竟附和者不多，若果總司令部能夠遷漢，必然可以鎭壓下去，未來的禍害必然可以預先無形消弭。

爲着中央遷漢問題，我又重復奉命赴漢視察。我記得那時候至漢口，只見過宋子文、孫科、顧孟餘三個人。宋子文在我到的早上，因爲燕虎倫沙病抬入法國醫院，我見醫生不許多談話，只草草交換點意見便走。孫顧兩位都主國府遷漢的，並且他們的意見也很誠純，他們說明中央遷漢不會惹起分立的理由，而且只有遷漢才可以加緊黨內的團結。我本着這個觀察，遂趕回南昌，我當日所以只見他們三位，因爲不願意再找共產黨籍的委員，也不願意找接近共產黨籍的委員，我爲求得大多數的中立意見，所以見這三位先生便走。

我回到南昌是夜間，我先見譚延闓先生問他什麼意見。

「論道理是應該遷武漢，論局勢是應該留南昌，我倒沒有什麼一定的成見。」譚先生很坦白的說。

「這樣爲什麼譚先生老早不表示主張？」我很急的問。

「我的困難，難道你也不知道嗎？」譚先生皺着眉。

「我們所慮的危機已到了，這樣怎麼得了？」

「你說怎麼得了，又怎麼算得了呢？」譚先生的態度又頓然變了幽默。

「不是這樣說，不得了應該想出了的辦法。」我急得頓足。

「得了也是這樣了，不得了也是這樣了，難道得了眞就這樣了嗎？不得了眞就不能了嗎？公博、你到底還是年紀輕，中國的事往往到了不得了的時候就會了，若勉強去想了，反而不能了。」譚先生到底拿出他的中國處世哲學。

我被譚先生一大串的了了，倒惹起一頓大笑，末後我們心氣平和之後，商量只好據實報告中央，至於中央是否遷移，還等待中央會議的決定。

那時江西省政府急待改組，因爲我們一羣人都要離開南昌，我們有些要到漢口出席三中全會的總司令更準備遷下游。江西正式省政府的主席已由國民政府任命了朱培德先生，我們的副主任姜濟寰也被命爲建設廳長。

我是回到中央黨部去了，我解職之前聲明什麼職守都不願幹，還發表一篇「回到黨裏去」一文。因爲那時革命軍的聲勢日加浩大，一般同志都暴露了驕矜，長衫同志的要求，起碼要做縣長，而武裝同志的要求，起碼要當上校。我看見這種情形，知道危機已經來臨，當日縱使沒有寧漢對峙的事，國民革命本體也伏了無窮的憂慮。

中央決定遷武漢，我和譚先生一班人都離開南昌，末後我們掙扎了半年，寧漢再由分而復合，這都是後話，我也不願而且不便再說，至於後日史家對我怎樣批評，爲功爲罪，我都不願辯護，而只願靜候裁判。

(四) 廣州共黨的暴動

我沒有敘述這段事實之前，很想先寫一段楔子，這楔子就是先給讀者們介紹一塊已經在民國二十年夏天的一夜臨時倉卒拔去的「共禍紀念碑」。那塊碑文是：

去歲之秋，汪精衞、陳公博等冋粤竊政。其黨張發奎、黃琪翔所部，教導團、警衛團，三千餘人，於十二月十一日結同共產黨與近郊土匪，公然暴動，組織蘇維埃政府於廣州。星火燎原，幾爲東亞禍，政府合兩粤之兵力，始克定之。當時俄領指揮其間，大肆荼毒。雖前後僅三日，焚燬南關等處舖戶數千間。死亡枕藉於途，光華璀璨之廣州，一變而爲瓦礫腥臭之場。嘉定三屠，揚州十日，弗是過也。愴懷往事，痛何可已。居安慮危，時宜在念，爰豎此碑，以誌警惕云爾。中華民國十七年十二月十一日。

廣州各界民衆團體立。

這塊碑還有一塊碑座，鐫的字是：「廣州各界哀念共黨禍粤建立。民國十七年十二月十一日」。那塊碑是用文言寫的，自然沒有圈點，這圈點也是我今日替他加上的。我沒有機會親眼見過這一塊碑，他的原型和文字還是我一個朋友用攝影機攝出來給我作紀念。這塊碑寫的字體雖然不見佳，却也很方正，可見得當日立那碑時，確曾鄭重其事，據說這塊碑的字還是我一個舊朋友林先生寫的。

共黨當日在廣州的焚殺，那樣慘酷，的確應該有一個哀痛的紀念，但不知當日豎立這塊碑時，爲什那無端牽入汪先生和我「同學竊政」？明明由我們手上把這個暴動鎮壓下去，反而無端又加上「政府合兩粵之兵力，始克定之」。我讀這塊碑文，我記得我還住在上海，我不禁有點代豎立碑文的朋友可惜，更不禁有點微微感喟於天下之無眞是非。因爲就當日的情形來論，這個碑文就和事實不盡符，說重一點是故入人罪，說輕一點是貪天之功。因爲紀念共黨的焚殺，而故意波累到國民黨的同志間，因爲想張大其詞，更不惜抹殺敉平共黨的事實。我當時已經不勝惋惜，因爲我已判斷終必有一日這碑必由手豎的人自己拔去，這樣豈不是連一點哀念共黨焚殺的痕迹也同時洗淨了嗎？

豎立這個不豐不小的石碑，雖然在廣州鄭重其事，但在其他各地倒不知不聞，卽拿上海來說，就沒有報紙登載過。他們之不願登載，顯然知道和事實不符，甚且廣州當局也知道事實不符，所以這塊雖然名爲紀念碑，却偏偏豎在泰康路的一角，性情稀爲疏忽的行人輕易不容易找到。不但如此，豎立這碑之後，我就聽了不少笑話，有些路人見到這塊紀念碑，都罵一聲：「吥，邊處係咁樣嘅事！」（粵語卽是那裏有這回事）。

這塊碑的豎立，雖然名爲廣州各界民衆團體所立，自然是廣東幾個當局要人們所爲。那時廣州政治分會主席是李濟琛先生，第八路總指揮是陳濟棠先生，廣東省政府是陳銘樞先生，這三位先生都是我的熟朋友，也和我做過極親熱的同僚，他們這樣幽默，大概也不過因我離開廣東一年有多，無意中給我開了這個玩笑。

大概一個人爬上了當局，總有些本身的困難，別的不必說，往往要做的事，不一定是心之所願，加之還有一班希風承指的人們揣摩你的旨趣，差不多像蘇泰揣摩太公的陰府。你需要一雙鞋子，他們便送你一雙大靴，你要一頂瓜皮，他們便奉你一頂高帽。久而久之，雖不習慣，也不能不令你自然。譬如那次豎立那塊紀念碑，把汪先生和陳公博牽上，當局若要把現成的文章刪去，不難又惹起上下的誤會。反正這都是玩笑，明知不符，無傷大雅，在受之者或足戒，而在發之者實無成心。我始終對於那時的廣州當局，不獨沒有抱怨，實在還有充分的諒解，至到民國二十年底，在南京開一中全會時，我再碰見李濟琛和陳銘樞，李先生還是那靄樣和迎人，陳先生還是那樣的親摯可愛，陳濟棠先生雖然自十六年後就沒有見過面，但通信過兩三次，都是溫婉有禮，爾雅有文，所以那次的紀念碑我相信並非出自他們的成心，只是好事之徒，在那裏興風作浪，大家也就只好成事不說罷了。

黨爭最是危險的，尤其黨內有了鬪爭更是危險的，大家一有了意見，甚至似乎有了些意見，一班底下自命從龍之士，自然會向你寫出無數響壁虛構的報告，傳來些無數閉門胡說的謠言。他們不會大事化爲小事，小事化爲無事，只是惟恐國家不亂，惟恐天下太平。這種滋味，我深信凡是當過局的都嘗過，就是我個人也何嘗不「淺嘗輒止」，我一次亡命在海外，月明雲淨，水波不興，曾寫過一首短詩，來寄我的感慨。

「海上淒淸百感生，頻年擾攘未休兵。獨留肝膽照明月，老去方知厭黨爭。」

△　△　△

楔子既已寫過，現在可以轉入正文。共產黨在廣州的暴動是在十六年十二月的十一早上，我記得那時我的職務在軍事方面是廣州軍事委員分會的委員兼政治部主任，在政治方面是省政府的民政廳，我爲什麼把這些銜頭寫出來，因爲這是我的責任。如果依着責任來說，疏於防範的罪名，我不獨不想逃避，還願意等候裁判。那時我的住宅是在東山，而暴動那夜我却住在廣九鐵路旁邊的葵園，葵園的主人是香港商人一位陳先生，汪先生在寧漢復合之後，曾到過一次廣東，那所葵園就是省政府向陳先生借來作招待所的。汪先生北上開四中預備會議，那所葵園便空着。我因爲每天辦事過於疲勞，而又怕見許多賓客，一個星期中倒有三四天躲到葵園去夜宿和避囂。葵園面對着珠江，而又是東堤馬路的末端，就是要到東山，也要彎過一度木橋，眞是日無賓客之跡，夜無汽車之聲，不止是一座幽靜的住宅，還是一所很好的療養院。

十日夜裏我回家已是十二時，剛上床不久，約莫兩點鐘便聽到很遠已有幾聲槍聲，接着不斷不續彷彿從北方發來無數密集的子彈。我想又是有變故吧，不過那時廣州沒有多少兵，四軍的軍隊，李漢魂一師是防衞惠州和石龍，許志銳一師是坐鎭西江和肇慶，薛岳的新編第一師是追擊敵軍到南路的江門，還有繆培南一師更遠在西江的防衞線，這樣只有燕塘的敎導團，據我所知敎導團不久之先已被繳械，槍還沒有發回，剩下防衞廣州的只是四軍的警衞團了。共產黨打算在十二月十五暴動是我們早接有報告的，接連在初七以後公安局破獲了不少機關，那時我們不只知道共產黨暴動的日期，並且知道了他們召集四鄉農民的計劃。

這次暴動，俄國領事署是策動中心一個機關，連夜東山的俄領事署都有會議，都有不三不四的人出入。我們偵探不但搜了許多材料，還且試過兩三次在他們會議時候，就躲在會議廳後的洗手室門縫。俄領事署駁壳槍的數目，我們也有報告，並且他們用紅藍鉛筆畫着四鄉農民暴動的地點，他們也抄了一份底稿。這樣無疑地是他們恐怕機關破的太多提前暴動了，但僅是失業工人和土匪暴動，鎭壓下去並不困難。

我打普通電話到黃琪翔家裏，電話已不通，那時黃先生是四軍的總指揮，張發奎先生早已把總指揮的職務交給他代理，自己僅當一個軍事委員會分會的常務委員，也同時住在他家的樓上。普通電話既不通，我便打電話到四軍軍部。四軍軍部正駐在長堤的廣西會館，在電話回報也說消息不明，至於黃總指揮的電話他們也叫不通，他是否還在東山，軍部也不知道。四軍軍部已派人出去打聽，有什麼消息，再用電話報告我。

到了四點鐘，槍聲更密了，北方的槍聲漸漸響到長堤，四軍軍部始終沒有電話來，我再用電話喚那參謀說話。

「現在事情怎麼樣，情況明瞭了嗎？」

「還沒有明瞭，現在已有幾十個人在外面攻軍部，我們士兵正在門前接火。」

「什麼人？」

「夜裏看不清楚，大概是工人。」

「有穿軍服的沒有？」

「好僅有些穿軍服的。」

「軍部能夠支持多久？」

「不要緊的，他們斷斷攻不入。」

說到這裏，電話便漸漸由模糊而中斷了。暴動的人們既從城裏出到長堤攻軍部，當然他們在城裏已佔領了些機關，最低限度他們也正在分襲各機關，工人裏頭更雜着穿軍服的，自然最少有一部分官兵叛變。不過既來攻一個軍部，當然不會僅來了幾十個人，這樣他們的力量還是很脆弱，我判斷軍隊還沒有全部都變。

我那時慢慢把衣服穿好，雖然有這樣肯定的判斷，但沒有很好的辦法。因爲我並不是一個軍官，沒有直接指揮軍隊之權，心想張發奎和黃琪翔到底在那裏？難道這些槍聲他們都沒有聽到？最少他們當中應該有一個到軍部，同時也最低限度應該派一個人來我這裏報告。軍用電話的鈴聲時時冷冷作響，可是拿起聽筒來聽聽，一句也聽不出。這是什麼一回事？我打算捱到天亮，自己到軍部看看。

廣東天色雖然正在隆多，到了六點鐘，東方已微微現點曙色，那時散漫的槍聲已漸漸迫到東堤的東橋，而且遠遠更不時聽到幾響迫擊砲。這時我知道這次暴動不會馬上便能鎮壓下去，因爲第四軍部是軍事的總樞，如果能夠鎮壓下去，就是電話不通，也會派人來通知我，軍部始終沒有人來，必然還在被圍攻，而張發奎和黃琪翔兩位必然沒有到軍部。由我那裏到軍部還得越過兩座橋，還要走一條很長的堤岸，我手下只有四個衞兵跟着我，葵園門口雖然有一小排憲兵，但憲兵的戰鬪力不強，而且我旣疑慮是兵變，那小排的憲兵分子怎樣，和外間變兵有沒有暗通消息，都值得考慮。我立刻派了一個勤務往東橋偵察，他的報告是東橋頂上豎了一面紅旗，但守着橋頭不過只得十來個人，那些人都穿着便衣，裏頭不像有一個兵士。

葵園門口的憲兵那時全都起身了，可是誰也不武裝，消消散散站在門首四圍觀望，似乎不願意作一些準備，我知道軍部是不可以再去，而此地也難於久留，我把四名衞兵留下葵園，身上帶了五十顆子彈，一枝手鎗，換了棉袍，帶着一個勤務便離葵園往河邊去。河邊泊着十幾隻渡人過河的沙艇，搖船的蛋家婆(這是廣州船娘的通稱)一個個也似剛剛起身，面上布滿了憂疑。我已決定過河南找第五軍，因爲我聽得河南方面沒有一響鎗聲，或者可以由河南調集軍隊過河來平亂。

我記得那次是我一生以來第一次用暴力，我走到河邊，船夫都不肯開船，他們說若果走到半河，遇着兵艦開槍的話，他們保不了生命，而且這種事情是他們經驗過的，廣州每次有戰事，船都不能開。我不管他們說什麼，跳下一艘沙艇強迫他們開船，我從身邊掏出十塊錢，同時也取出身邊的手槍，說這十塊錢是過河的渡錢，若果還不肯過河，我就得開槍，好在行船我也有些經驗，用不着靠船夫行駛。那船夫立刻變了色，願意卽刻開船，我的船剛離岸不久，東堤的槍聲更密了。我看河內有兩三艘小兵艦很瀟洒的泊在中流，煙囱裏面一些黑煙也沒有，我斷定兵艦還不至於叛變，遂放心命令船夫搖向康樂嶺南大學的碼頭。那時天色還是迷茫，遠見碼頭有五六個人站着向這邊遙望。船漸漸攏岸，見五六個人當中有兩個第五軍的士兵，他們背着步槍，異常的悠閒向着這幾個閒人交語。我知道河南這面是沒有事，登岸之後，便問這兩個士兵：

「昨夜河南這邊沒有什麼事嗎?」

「沒有什麼事。」一個兵士隨意的回答，他不知道我是什麼人。

「河北怎麼樣?爲什麼有許多槍聲?」另一個兵士見我從河北來，很急的追問。

「聽說是有些工人暴動，第四軍正在鎭壓，大概快平靜了。」我也像很安閒的向着這幾個閒人宣傳。

河南是到了，但怎麼辦?我起初的念頭想先入嶺南大學，打個電話到五軍軍部，通知軍長李福林先生。後來想想不妥，如果我先入嶺南大學，最少使一羣教授和學生起了騷動，而且在電話裏也不能詳細把我要講的話說完。與其不需要的多入一次嶺南，倒不如直捷先去軍部。

河南那時是沒有馬路的，而且由康樂到海幢寺的五軍軍部，路不止彎曲而且很長。猶幸我在育才書社讀書的時候，河南的道路我差不多認識了十之八九。平時讀書固然可以應世，平時多多走路也未嘗不可以臨時應急，我心想十幾歲時的遊蕩街衢，今日居然可以自當嚮導，天下之事，本來不可逆料，眞合着「閒時學來急時用」的諺語了。

我到達五軍軍部，天色大明，不過那夜李福林先生不住在他的軍部，而住在他的鄉裏大塘村，軍部的人告訴我，他們已報告了李先生，他就起程出來，聽說還有黃琪翔也在大塘和李先生一起。這可奇了，爲什麼琪翔早到了大塘?我問軍部的人們，他們也說不出底細。

鐘剛敲過七點，軍部的守衞傳呼說李軍長到了。我步出辦公廳，頭一個入來的是張發奎。

「怎麼你也來了?」

「我是和琪翔一起來的。」

跟着張發奎後面是黃琪翔，除了他們兩位之外，還有財政廳長鄒敏初，他們的衣服似乎沒有穿好，黃先生穿的是西裝，沒有打着領帶，鄒先生穿得夾短衣，把一件長衫夾在左臂間。我們坐下談起，才知道他們兩點多鐘便離開了東山，據他們判斷，不獨教導團變了，連警衞團也變了。防衞廣州就是兩團人，這兩團人全變了，已無兵可調，只有過河向第五軍裏調兵鎮壓。

出乎我意料之外的，教導團既已繳械，怎麼又發回了槍枝？我問起緣由，才知道這是參謀長葉劍英的主張，而當時那位葉先生又兼了那個教導團的團長。軍隊有了異動份子已經很可慮，而高級將領就是共產黨，尤其無法可以預防。怪不得我們一方面由公安局破獲無數共產黨的機關，仍然沒有方法預先消弭這次事變。原來我們的參謀長兼教導團長就是共產黨，警衞團的團長梁先生也就是共產黨！

說到此地，我想趁一點空閒補述教導團的歷史。這個教導團原本是由廣東黃埔軍校遷到武漢的學生，那時革命軍隊已到達長江，軍校也由廣東遷漢。當時委員會的制度盛極一時，連軍校也採了委員會制度，委員會是無法管事的，只有設一個教育長，委了一位楊樹松先生，楊先生雖然名爲教育長，可是大權已旁落到政治部主任的惲代英手裏。武漢軍校幾乎全包在共產黨的氛圍，不接近共產黨的學生已經逐漸離開，就是不自動離開，也慢慢被淘汰。

武漢將要分共的時候，我又被命赴江西，因為江西那時已先武漢發動，請共產黨自動離開。朱培德先生以分共在即，軍隊還不至於有什麼問題，至於農工和學生方面，希望中央能夠派一個人協同處理。我留在南昌沒有兩個星期，武漢又電召我回程，那時鄧演達先生對於分共不大主張，有自己離開武漢的表示。我在船上還沒有到漢口，鄧先生已和俄國顧問鐵羅尼走了西北邊陸赴蘇俄，武漢方面要我速歸，就是要我接鄧先生的政治部。

我再接政治部時，首先注意便是這一班軍校學生，當軍隊紛紛東下到安徽，我主張這班學生還須留在武漢，慢慢設法檢查和整理。不知什麼緣故，軍委會又准了這班學生編入四軍作教導團，並且和四軍一起向九江開動。南昌的事變到底來臨，我又提出這個教導團應該撤回重駐在武漢。軍委會准了我的提議，並且命令政治部派人接收，及至我派人到九江接收這個教導團，四軍又說已得了軍委會命令依然准這個教導團隨軍回粵。當日經過南昌的巨大事變，而且寧漢復合的聲恰又佈滿上下游，各人處事都有點亂而且忙，這個教導團忽而命令政治部接收，忽而准他隨軍回粵，竟成了一宗疑案，我至今還不知道是怎樣一回事。

我不過是軍委會一個委員，而且政治部又隸屬於軍委會，命令的理由我是不能問的，命令的執行我只有服從的。不過當日的教導團也的確經過幾次檢查，還有一班學生自動出首誰是共產黨，誰是接近共產黨，開除的學生也不在少數，但黨團的潛伏，始終不能清除。這是這次教導團叛變的由來，也是這個教導團經過的歷史。

這次兵變，自然是教導團主動，而警衛團不過附和，這兩團人數並不很多，他們沒有戰爭的經驗，並且我也不相信全體都變了共產黨。我主張五軍急卽調兵過河，我個人願意任前線。我判斷那時變兵是沒有戰鬬力的，他們正在急於攻襲各機關，我們假使有兩營人過河先佔廣九車站，分路向城內進攻，不難於半日以內卽可敉平叛變。

「登哥，請你速派兩營人過河，我和向華（張發奎別號）都可以指揮，我可以擔保半日之內，就可把暴動鎭壓下去。」李先生的別號叫李登同，大家素來都趕着他叫登哥，當時我就這樣提議。

「潘枝那團兵遠在北江，目前河南實在沒有許多兵可調。」李先生十分的躊躇着。

「難道河南一兩營兵都沒有嗎？」大家立刻着急。

「有也很單薄，並且戰鬬力很差。萬一出個岔子，連河南也會保不住」，李先生這樣更加沉默。

我和向華焦急萬分，但軍隊是在李先生手裏，而且他是軍長，對於兵的強弱自然他比我們知得清。這個提議討論了一個鐘頭，都未得贊同，倘若共產黨還有潛伏在河南，這個僅有的根本也會搖動，善後更加棘手。我是苦悶極了，但我手下實在沒有兵，耳聽對岸的槍聲，我們討論得不着一些結果，心裏比火燒還更難受。

第一步棋子既然不能走，只有走第二着了。我和張發奎草了兩個電報，一個打給肇慶的許志銳，一個打給江門的鄧龍光，叫他們馬上回師，撲攻廣州。雖然時間稍長，但除了這着，已沒有其他更好的辦法。

海軍處長馮肇銘先生也過了河南了，他報告我們海軍並沒有變動，而且各艦的艦長他都可以擔保。這樣我們是不能安坐軍部來聽槍聲的，我們得分配工作吧。我們當時決定李福林先生的任務是守衞河南，並斷絕河南北的交通，發奎，琪翔，肇銘和我四個人先登軍艦作戰。那時大小軍艦也早已上西江，留下省河的只有「寶壁」和「江大」兩艘。

我們從士敏土廠上了寶壁，就拿寶壁作了旗艦，馮肇銘先生招呼了江大泊過來，他和琪翔兩位便駛着江大沿着東堤，用排砲和機槍直掃下去。那時中央銀行已給共產黨放火了，惟恐火放不着，還噴注了許多煤油。南園，高第街，水母灣都着了火，四五處火頭雜雜地濃煙遍起，這眞是滔天大禍，我們都是負着責任的，怎樣對得起市民！張發奎憤急到流起淚來，但除了等候援兵和暫時堵戰之外，實在沒有別的辦法。

江大這樣沿河掃射，上下倒有好幾回，堤岸的共產黨那時爲我們砲擊，都退到內街，不過火是沒有人救的，我們的兵艦又不能輕於泊岸，縱使泊岸也無從把火撲滅。兵艦的射擊雖然效果並不甚大，倒可以壓下暴動的初威，後來並且知道這幾次的堵戰已把所謂廣東蘇維埃的代理主席張春木擊斃。

我們不是住在兵艦就可了的，因爲調兵的電報發出去，最要緊是得電報回，而且他們什麼時候到達，從那裏登岸，從那裏撲攻，都非計劃一下不可。我們留下琪翔和肇銘指揮兩艘兵艦，張發奎和我又重回海幢寺的五軍大本營。那時河北的情報慣慣集中到河南，還有些敎導團不肯附亂的軍官和士兵也逃出過了五軍軍部，由他們口頭報告，我們知道那夜兩點鐘葉劍英和惲代英到了敎導團駐在地的沙河，集合學生的是葉劍英，向學生首先講話的是惲代英，並且爲着示威起見，把幾個連排長和十餘個學生，他們認爲反動的，都關在一個屋子裏面，用亂槍射死。所謂廣東蘇維埃的告示也出來了，廣東蘇維埃的主席是蘇兆徵，未到任前由張春木代理，廣東的紅軍總司令是葉挺，當中還有一張告示，說已捉獲了陳公博和公安局長朱暉日，業經執行槍決。

同時我們又接到報告，說那兩團的兵士漸漸逃亡，因爲兩團士兵沒有全體叛變，脅從者多，還有些學生看見放火放得太兇，覺得共黨太殘忍，起了反感，自己抛了槍便走。我們的軍艦已可和四軍軍部通消息，不但四軍軍部沒有被攻破，連豫章會館和文德路的兩個師部後方辦事處也沒有被攻破。不過省政府和公安局是被佔領了，公安局長朱暉日先生那夜正住在局中，和變兵苦戰了兩三點鐘，卒因支持不下，沒有辦法才放棄公安局。我們看看在河南的人數，知道省政府全體委員都困在城中，就是新編第一師師長薛岳也剛剛由江門回來，沒法知他的下落。這樣亂是不足平的，但五軍既無兵可調，也只有等肇慶和江門兩處援兵，才能作撲攻的計劃。

一個軍部和兩個師部的後方大概可以固守的，不過軍部那裏僅得一排人，至於兩個後方師部至多不過有一小排的守衞。四軍軍部的衞兵把門口外長堤的兩端都堵斷，直把變兵和共產黨壓迫到內街，來攻的共產黨死了許多人，以後僅是包圍，再不敢衝鋒攻擊。文德路的師部後方，衞兵尤爲沉着苦戰，雖然僅得十來個人，但他們輪流煮飯，輪流作戰，共產黨從警衞團調來四尊迫擊砲，想一鼓作氣的攻破那師部，結果不獨不能佔領，還毀棄了迫擊炮逃走。有親見士兵作戰的人告訴我們，那些衞兵都挖起馬路的碎石作防禦物，甚至安詳到一手拿着飯碗，一手放槍。共產黨攻擊得利害，便放下飯碗作戰，共產黨攻擊稍懈，他們還安閒的掏出津火吸捲煙，最可惜的便是豫章會館犧牲了我們一個少年兵，那少年兵不過十六七歲，看見共產黨差不多要攻入師部，一手托着機關槍，衝出大門，這樣共產黨便給他擊斃了十幾二十人，卒之那位少年英雄也飮彈而死，豫章會館的師部靠這一衝，復轉危爲安，不過那位少年兵便殉了暴動之難了。

軍部和師部都守住了，可是只能守而不能攻，因爲綜合三處都不過一兩連人，我們怎好下命令叫他們進攻。下午忽然傳來一個令人稍爲安慰的謠言，說朱暉日先生已經脫險，並且在西關一帶率領警察大隊和共產黨作戰。這種謠言祗是一息間便證明全是謠言，因爲如果朱先生眞正脫險，眞正在那裏作戰，終會派一個人渡河來報告消息。廣州的市民那時已明白了河南還沒陷入共產黨手裏，因爲游戈珠江的兩艘兵艦都豎着「專打共產黨」的大旗。這兩面大旗是我們給予人民的保證，也明顯的告訴他們我們正在打共產黨。

我到達河南時候，卽派跟來的勤務，化裝後渡河，查探城內的情形，並告訴家裏我已安全到了五軍部。剛要日落，那個勤務已繞路渡河回來，說我剛離葵園沒有十五分鐘，已來了一排教導團，門口那小排憲兵已完全無抵抗繳械了，電話全被搗毀了，文件也全數搜了去了，至於我自己衞兵槍械早已藏過，未被搜出，家裏也沒有一個受傷。這排變兵走了以後，全家已遷到頤養院，因爲那些變兵，只知道那是葵園，而不知道那就是我臨時的家，裏面所剩的只有幾封不關重要的信札，也無所謂文件。

勤務並且報告，在城內路上也碰過一兩位化裝出來的省政府委員，他們看見共產黨的報告，說已拿獲了我並且已經被槍斃，起初他們很驚駭，及後見着那個勤務，才知我已上了寶壁兵艦，並且開始堵戰。祇是高等法院的法官沈藻修的確殉難了，那天早上有幾個法官學校的學生帶同了共產黨直攻沈先生的家中，把沈先生夫婦從床上拖起來，一直拿到省黨部舊址的門前槍斃。沈先生的夫人正懷胎，可憐的胎兒也和她的父母駢死了。沈先生和我是先後法政年門學校的同學，是一個很有名的高材生，這樣慘死，眞令我非常的傷感。沈先生夫婦暴屍在路旁，直至共亂平後才收殮，當時許多朋友看見共產黨槍斃我的布告，還以為沈先生的屍首就是我的遺骸，一時動了無限的悲傷，殊不知我當日在河南時候正悲傷着沈先生的遭遇。

城內沒有一條街沒有槍聲，共產黨搶得警察的手槍，都分給工人和學生的共產分子。這班人沒有使用過槍的，沿街乘着汽車，四處亂放。有些拿路人作目標，有些乘機槍殺平日不滿意的朋友和同學，這樣到處焚殺，廣州已變了一個恐怖地獄。

△ △ △

那早我們發出肇慶和江門調兵的電報，始終等不到覆音，我很懷疑不是那兩封電報不能通，就是兩地都或者有變故。那天早上的電報本來就不是由長堤電報局發出，因為長堤電報局附近佈滿了變兵。那兩封電報是派人乘船往沙面電報局發的，到底能否到達，倒是一個嚴重的疑問。如果第一次電報不通，再發也是沒有用，我們難道就在河南呆等不成？我和張發奎商議，不如我們自己走一次。我們向五軍軍長李先生借了一艘差遣小輪，等到七點鐘天色入夜便出發。

夜色侵襲了珠江，兩岸燈火都不明，只見東邊餘火還未息，烈火夾着濃煙還是向着天空亂噴，這樣焚燒到那時才停止？我們心裏的憤痛，比北岸的火還更烈，煙還更酷。那夜我們在船上始終未曾合過眼，輪派着眼瞪瞪的望着來船。但凡遇着來船比較大的，都大聲喝問是不是新編第一師，癡心以為他們一得電報，立刻回師援省。

這樣一路問下去，已到了黎明，江門已到了，遙見沙灘上約莫有一團兵士在那裏集合。那是第一師了，那是第一師的集合了，這樣至少證明江門沒有變故，至少證明他們已經得了我們的電報。

那時鄧龍光先生還是第一師的第一團長，他告訴我們電報是收到了，但是對於情況還不大明。因爲那封電報不是素用的密碼，況且只有調兵的命令，沒有告訴他詳細的情況。他沒有夢想到教導警衛兩團都叛變，更沒有夢想到我們連軍部都不能去。他原來接到電報，以爲更有後命的，等了半日還沒有第二個電報來，這一團兵士的集合，在他的意思以爲不管有無後命，姑且先調兵再說。其實我們何嘗不想打第二個電報，但打第二個電報更比第一個電報困難，由河南到沙面，那時水上交通本就不大安全，而且沙面也戒嚴，小船更無由泊岸。好在這團兵既已集合，馬上做了早飯便可動身，但是第一師是不可以全調的，南路的敵兵退了未久，若不留駐兩團人，我們倒有被人後襲之慮。

我們商議了一陣，以爲江門之師既動，我們也不必隨師返省城。我們既已到了江門，何妨再到肇慶一走，江門既對廣州情況不明，想來肇慶也恐怕有着同一的疑慮。我們在師部都食了早飯，看着一師動了身，便又原船和張發奎朝着肇慶出發。

這次行程的心境倒比初來時候安靜了許多，我們不怕我們兵力不夠，只怕共產黨不待兵來便先向東北兩江逃。我們在船上討論些善後問題，又商議些整理軍隊的計劃。入夜船頭的瞭望兵報告，說有兩艘小火輪拖着四船兵東下，「那一定是許志銳的軍隊，把他們叫住。」張發奎很興奮。那兩船相離太遠了，大聲呼喊也不聞。我們叫機輪手不停鳴着汽笛，並大聲喊着「張總指揮在這裏」。

東下的船終於停住了，隔船回答那是林團長林翔的兵。林翔先生知道我們在這艘船上，用舢舨渡過來相見。據他們報告也和江門一樣，只接電報，而情況不明，這次先駛這團人下來，也是打算駛到廣州再算。我們草草告訴他河南是安全，軍部還在固守，並且告訴他江門已動兵，最好會合一起，由東沙岸撲攻廣州，先截共產黨東去北逃的路，這樣才可一鼓殲滅。我們不便再詳談，商議只有十分鐘，林翔先生便下駛，我們也即西上。

肇慶是廣東西江的咽喉，從前兩廣有戰爭發生，肇慶是必爭之地，差不多可以說，肇慶若失守了，廣州就不能守，廣東癸丑討袁的失敗，因爲龍濟光先佔了肇慶，護法之役龍濟光做不成他的郡王，也因爲陸榮廷先佔了肇慶，當時所謂都司令部就設在肇慶的地方。及至陸莫時代，坐鎮肇慶的是林虎，林先生是廣西人，是癸丑隨李烈鈞在江西有名湖口之役的宿將，祇是後來不知怎樣參加了陳炯明的軍隊，民十三十四兩年在東江還和我們打過兩次大仗。林先生的名字單喚做虎，不知道他迷信風水，還是有人聳掇他，說肇慶像個虎形，因此他在鎮守使署內也建築了一座虎廬。這所虎廬不單有虎頭，有虎爪，有虎尾，還在虎廬的前廳安着兩盞電燈來象徵虎眼。祗可惜林先生不能終臥在這座虎廬，不久也就離開肇慶到別處漂泊去了。

我們船抵肇慶的時候。天色還未明，碼頭上巡哨的兵士也沒有幾人，很不像戒嚴，事實可以證明這裏還沒有得到廣州共黨暴動的眞實報告。巡哨兵是認得張發奎的，一直帶了我們去師部。許志銳先生知道我們到達，倒吃了一驚，趕快披衣起床，他以爲廣州已完全失守，不然我們怎會跑到此地。

肇慶這邊也同江門一樣，我們的調兵電報是收到了，但他以爲我們還有第二個電報。許先生對於廣州的情況不大明，初意很躊躇，他後來終於調林翔那團人東下，也因爲不能再等後命，只有先行調兵再說。

許先生是一個很沉着而有勇略的軍人，他以爲敉平共亂是不成問題，最成問題的還是怎樣善後。那時我們和東江的陳銘樞，陳濟棠，廣西的黃紹竑，都因政治問題而分立，這樣外有夾攻之師，內有叛變之卒，對於善後問題是不容易收拾的。

對於四軍由九江回粤所帶的政治部人物，許先生是最不滿意的。既然清共，接近共黨的人物，在政治部裏尤當剔除，他聽見四軍政治部的宣傳，早就想提議把那班先生請走，祗以回粤以後，沒有一日不行軍，所以隱忍未發。他不但埋怨張發奎，連我也批評不夠強硬。許先生也未嘗不知道四軍自九江回師返粵，政治部已不屬我的範圍，至於在廣州的軍分會政治部，等於告朔餼羊。徒具形體。許先生的說話，自然是要發他久積的牢騷。他的意思我們也深知，就是在平共之後，對於軍隊的統帥還要設法另找一個穩健的人物。許先生的沉着和遠到，我認爲是四軍頂有希望將領中的一個，可惜後來我們在廣州撤退時候，在東江陣亡，我時時一想及許先生的儀容和風度，都不勝淤悒。天色平明之後，我們又匆匆開船回廣州，我們那時已知赴援廣州已有幾團人，共亂是不足平，但江門和肇慶之師怎樣會合，怎樣進攻，也得要一個計劃。那日下午六點多鐘我們便回抵河南，及到五軍軍部時，我們軍隊早在那天恢復廣州的秩序。不但江門之師早到，肇慶之師也到了，五軍在北江的潘團也到了。共產黨已全撲滅了，僅有零星殘餘二三百人沿途逃往東江。共黨的首要已在軍隊未到之前化裝逃香港，他們目的只在暴動，他們知道不能長久支持，祇可惜廣州幾條長街化爲灰燼，而中央銀行雖然焚燬，銀庫還始終沒有打開。

我們立刻過河，江大兵艦還泊在四軍軍部門前的碼頭，四軍軍部始終是堅守，所以內部還是齊整。部內僅有一個參謀，至於總指揮黃琪翔先生和軍部的幹部都隨着軍隊進城鎮壓去了。我們離了軍部進城巡視一週，街內巷戰的屍骸，委棄遍地，來不及收拾。自天字碼頭一帶，到處還是煙氣窒人，火雖然救熄，有些殘燼還是燃着。

公安局門首橫着十來具屍骸，當中一具是俄國駐粵的副領事。這個副領事是我們軍隊進城時，還率領共黨和我們巷戰的，至公安局內部，則凌亂不堪，經過共黨一度佔領，什麼東西都搶掠乾淨，只賸得四面牆垣，而牆垣上塗滿了共黨的標語和告示。

市街荒涼極了，路上沒有半個行人，南關的永漢馬路本是廣州最熱鬧之區，到了夜裏燈火輝煌，行人如織，而現在呢？大火餘燼，夾着死人的腥味，撲入鼻裏，使人感到一種莫能名狀的悽惶。我們又感着悲憤，又感着淒涼，共亂雖平，而我們的責任倒不能諉卸。

△　△　△

但引咎辭職是一件事，而蒙不白之寃又是一件事，那時上海的四中預備會議正完，南京的四中會議正在開始。京中不少的同鄉京官不只以爲我們是召亂，而且是肇亂，差不多以爲我就是共產黨，帶領共黨暴動的也是我，焚燒廣州的也是我。那聲罪致討的聲勢，眞是咄咄逼人，他們已忘記了共產黨，而專心致志的要向我懲罰。

懲罰我也是應當的，因爲那時在廣州參加軍政的只有我一個人是中央執行委員，執行委員還不負責，更叫那一個負責。況且我的脾氣，始終都以爲權利可以讓，責任不可逃，那就是我一個人負責罷，不過廣州的善後須負責至解職之日才能擺脫。我在省政府開了一個會議，由省庫撥出一筆款來招濟災區和難民，更在商會召集了一個各界會議，請各界人士協助省府來維持善後。

善後辦理完竣，我看那時應該解職了。陳銘樞和陳濟棠兩位先生的軍隊，以平共爲名，已迫近東江的河源，黃紹竑先生的軍隊也自梧州溯江東下。四軍的軍長巳換了繆培南，副軍長掇了薛岳，開始向東江逆迎陳師，退入江西，等候中央的後命。

張發奎和我是決定解職待罪的，所以不便跟軍隊走，惟是當日四軍既已全部東行，有兩個問題須要顧慮，第一個是廣州的治安，我們軍隊去後，應該請那一種部隊去維持。第二個是四軍既是東去，也須行得從容，若果廣西的軍隊到得太早，四軍也有前後被攻之慮。當日河南的第五軍是被認爲中立的，結果請五軍派一部份軍隊過河維持治安，另外請五軍派一團人駐紮三水，暫時掩護四軍從容撤退。我和張發奎看四軍都撤退廣州市，才準備動身，我記得我們是準備十二月二十八日啓程，但是事實逼迫着二十六便先到五軍的軍部準備。當時諜報五軍所派三水的隊伍，並沒有照原定計劃派一團人。他們所派的只得一連士兵，而且那連士兵不是駐在三水而已退至蘆包附近，黃先生的軍隊大約最遲二十七日便可進廣州，這樣不但四軍的後方安全發生問題，就是我們兩個人也很容易的先做俘虜，我們到了五軍的軍部，知道這都已成事實，而且五軍軍長李福林先生也決意和我們一起引咎辭職，他請了和五軍舊日有關係的鄧彥華先生來接他的職務。

這樣我們必得當日就起行，可是往那裏呢？香港祇是一水之隔，去是很容易去的，祇是我們似乎以去上海爲宜，四軍很快的便到江西，人事的調動，軍隊的問題，都非等南京的中央解決不可。我們到上海比較接近而容易商量，於是立卽決定附太古商輪北上。

根據報紙的記載，那艘商輪定於二十六日下午四時在芳村的太古貨倉啓行，我們下午一點鐘便在河南洲頭嘴雇了一艘小艇搖到芳村的碇泊地。芳村離河南還是很遠，小艇足足搖了一個多鐘頭。但到芳村以後，太古碼頭連一艘小船的影子也沒有，更不必說那艘往上海的商輪了。我們上了岸，問了太古貨倉的工人，據說那艘商輪還沒有來，問他們是不是今天可以動身，他們搖頭說不知道，最快也要那艘商輪到後，聽船主決定。事情怎麼着，除了這艘船已沒有其他船，我們只好等罷。可是我們不能在岸上等，因爲恐岸上認得我們的人太多，而且這裏芳村絕不是交通孔道，萬一船眞不來，我們更找不到別的小艇載我們回去。我們只好回小艇，並移這艘小艇往上一點，泊在停在河心的帆船後頭，心中有些焦急，同時又疑慮那商輪不來，又希望那商輪快到。

小艇既到了太古碼頭爲什麼不上岸呢，就是要等船爲什麼不在岸上等呢？這都是疑問，而且犯着旁人的疑心。我們這艘小艇的蛋家婆第一個犯着疑，她或者疑惑我們是走私，或者疑惑我們是海盜罷，開始有點詰問的意思，說話總有點旁敲側擊。

在小船呆等了兩個鐘點，背後嗚嗚幾聲汽笛聲，一艘海關的巡船掠過，船上幾個水手都穿着海關制服，船尾坐着一個穿西服的人，那位先生大約看見我們小艇泊在帆船之後，也犯了疑，船過以後，不住的回頭偵察。那怎麼着，那又是怎麼一回事，難道到了此地還有人跟蹤嗎？巡船開過半英里，突然又折回頭，這時並不復循來路，一直駛向我們的小艇。我和張發奎心內都想着，這可糟了，我們這回還不做俘虜？但事到頭來，除等着來人更無辦法，船大約離小艇十多碼罷，我一眼見着那是海關的鍾子晉醫生。鍾先生在二十年前在育才書社教過我的英文，後來學醫已進了海關海港防疫處。我們雖然隔別二十年，但依稀還認得，我很驚訝他爲什麼折回頭，更驚張的他爲什麼認得我。鍾先生泊近艇頭，說他見了這艘小艇有點疑，離遠似乎認得我的面孔，他的去而復回，就是看看是不是我。

「你爲什麼在此地？」鍾先生很熱誠的問。

「我們是搭太古輪船的。」

「那船就到了，我就是來驗船的。你們定了艙位嗎？我囑咐船主給你們定下兩個大餐間好不好？」鍾先生也默契我們是逃亡的，差不多連我的名字都不肯叫出。

「謝謝你，我們已定了艙位了，船是不是今日開動，請你給我們打聽。」

鍾先生大約不認識張發奎，他很聰明的連他的姓名也不請教便又開船了。這時那位蛋家婆，忽然發覺我們認識海關上的人員，大約我們決不是走私的，也不至於是海盜，究竟我們是什麼人物，她倒懷疑不定。憑她老江湖的經驗，我們倒很像兩隻四不相，不過因鍾先生的一來，她倒沉默下去，再不向我們詰問和厯煩。

不到半個鐘頭，鍾先生驗船回來了，他說那船不準是今夜開，他彷彿覺察到我們必定另想辦法，所以沒有幾句話便開船走。可是不到黃河心不死，我們必得親上那船問清楚再打主意。我們叫那位蛋家婆重復搖上去，到船上一打聽，知道那船不但今天不能開，明早是否開行還說不定。難道我們眞在此地等候做俘虜嗎，我們還是回去五軍軍部再定主意罷。

我們回到五軍軍部，已經黃昏，那時不只直駛上海沒有船，連去香港的船也早於四點鐘時全數開去。這樣只有一條路，就是黎明附船去虎門，由虎門轉輪渡往香港。我們決定之後，倒很泰然的和李先生閑談，我們還說笑話，等黃紹竑先生的先頭部隊到廣州，我們看看他的軍容才走。夜了譚禮廷先生來了，譚先生是一位大煤商，他說這樣走法不大安全，他有一艘煤船泊在黃埔，煤炭差不多起盡，隨時可以啓碇，計不如就請我們趁這艘煤船先往香港。李先生很贊成譚先生的提議，並敦促我們卽行。我們看看這個辦法比去虎門爲更佳，於是便動身往黃埔，趁着這船去香港。我們在香港只住了十來天，十七年一月初四我先赴上海。這是我身經共產黨暴動的經過，到了上海便又開展了「革命評論」的另一時代，自此十年以來我也算中止我的軍隊生活了。

結 語

以上所寫那段紀載，都是事實，容或間中的過去，記憶有點模糊，但遺漏或者有之，而寫得下去的我相信都沒有錯誤。

自從這篇紀述在「民族雜誌」陸續發表之後，我接到讀者不少的信，有些是希望我多寫政治的內容，有些是希望我多寫人物的批評。我對於讀者這些希望似乎是不可却的，但我有我的難處。

政治的內容是不可隨便寫的，我在前序已說過，一談政治，「縱不致有自己洗刷之嫌，也難逃故入人罪之過。」大凡政治的離合，據我個人最客觀的觀察，斷沒有專錯在一方，因爲人總是有判別力的，就幼稚到小孩子也不能沒有見解的。這樣久經政治陶練的大羣成人，居然因着一種意見而會站在對立的地位，一定他們不是爲着短時間的衝動，尤其不是爲着偶然間的誤會，這樣而要我清清楚楚描寫政治的內容，又要我不參一些主觀的成見，我實在沒有這樣本領。

對於政治我實在有點懺悔，我還是一個被裁判的人，十幾年來，我自信行動沒有什麼變動，思想也沒有什麼動搖，說誇大一點是「還站得住」，說穩健一點是「不越中庸」。但我嘗被一個朋友批評過，說「做小同志的眞難，常常跟着領袖跑，及至領袖轉了彎，他們還不知，一直往前跑，直至碰了壁和跳下了深坑才止。」領袖我自然不敢當，我也沒有這種資格和志願去當，但聽到那位朋友的批評，我深覺着一股寒氣直由脊柱流下去，不勝愧悔。

尤其使我感動的是看了一幅外國的漫畫，那漫畫是寫在德國參加國聯以後的。那漫畫是寫着一個武士，那是代表德國人，寫着一個女子，那是代表法國人，兩個人擁抱着非常親密。在這兩個人的遠處，樹着無數十字架，十字架下擁出許多骷髏頭。男的對女的說：「親愛的，以前是我錯了。」女的也對男的說：「親愛的，以前是我錯了。」那十字架下的骷髏頭遠遠喊着：「你們都沒有錯，錯的只有我們。」這是世界的政治，也是中國的政治，所以今日我雖然還在反對拜佛，還在反對念經，但時時也想，那班先生提倡拜佛和念經也不無理由。因爲這樣最低限度也表示個人懺悔，終比着另外一班人不斷的在那裏說「親愛的，以前我是錯了」還好。中國政治內容大半是這樣，我個人恐怕也是「以前錯了」的一個。所以我只好靜待史家的批評，更不敢「具呈反訴」，也不願「請求再審」。

說到人物的批評，我更不敢「游夏贊一詞」。在這篇記載裏面，我不願批評人物，最少有幾種原因。第一、在中國內本來很難得有眞是非，我並不是學莊子所說「彼亦一是非，此亦一是非」，實在天下並非無是非，只是是非不容易出之口。不要說別的，拿上海一個地方而論，僅僅是中國的一部份，而上海市的幅員，比之全國面積，差不多在地圖上，僅僅佔着這麼一點。可是無論忠奸善惡，都有他的地位，其忠善的固然時時受人恭維，就是奸惡的，只要他有錢有勢，誰也不敢嗑一嗑牙齒。這眞是「天下本無是非久矣」，在這樣「豺狼當道，安問狐狸」，我們正不必打死老虎，見着有力的不敢說一句話，見着無力的拼命打落水狗，我既不願做一個儒怯者，同時我也不願做落井下石的英雄。第二、中國人最重要的是「面子」，和我同過事的都十分之九生存，不但時常會見面，而且有些朝夕也會見面。我要批評朋友，應得要當面批評，倘當面不說，而背後筆之於書，公告於讀者，這是不夠朋友。而且批評人物，我時常說最好不識人，識了這人，批評就不容易。人不像俗語所說有萬惡的，人也時常有困難的。人們有一善，我們就要相原諒，人們有困難，我們尤其要諒解。所以我常說，事情越是知道內幕，愈難說話，人物越是相熟，愈難批評。上海的報館先生，爲什麼對人很少批評，有時縱使不能不批評，也都不着邊際。其原因爲着人都太熟了，所批評的人不是報館先生的朋友，也是朋友的朋友。所以初出茅廬的社論家，第一年是老虎，第二年是小狼，第三年是綿羊，第四年便不知變作了什麼。因爲第一年初入社會，什麼人都不認識，批評只憑着良知，所以很到家。第二年識人漸多，下筆時就不免欲前而又後顧，牙齒雖然還很犀利，尾巴總得要顧全。第三年人都厮熟了，而且今日下臺的，明日又會再上臺，這樣與其不留餘地的批評，不如還是含混點不着邊際爲妙。至於到了第四年，又可以說是爐火純靑，又可以說是歸眞返璞，到了那時，只好學老狐證果，不問不聞。第三、批評人物固然很難，就是自己批評也不容易。外間的傳說，人們的謠言，往往入主出奴，是丹非素，卽以我個人而論，別的姑且不說，四五年內社會就傳聞不少羅曼斯，那些香艷的傳聞，我自己實在莫明其妙。「身後是非誰管得，沿村聽唱蔡中郎」，這還是身後的是非，至若眼前是非，有時也會令你有口難辯。爲着這事，我曾作過一首詩自嘲：「誤盡年華獨抱經，春花秋月不關情，豈知白髮盈巔後，纔得風流薄倖名」。這些無聊的傳說，已經如此沒有根據，批評一個人的政治行爲和動機，豈能十分確實，對於自己的是非還沒有方法批判，我又有什麼辦法敢輕於批判人物。

末了，還有關係我自己的一件小事，許多年爲着外間的幾度意外宣傳，有個很長的時期社會上當我是一個不可親，和不可近的人物，其一是省港的罷工，實在當時我還不是主持人，我不敢貪天之功，掠人之美，祇是那時我是一個中央黨部的農民部長，兼着廣東省政府的農工廳長，因爲職務上的關係，人家總當我是一個闖亂子的頭頭。其二是武漢的外交，當日我總不覺得我是太硬，祇是履行我交涉的責任，然而自我之前，交涉員總沒有我那樣骨格嶙峭的，武漢是中國的中心，而且處在上海的上游，外國人間的宣傳，好像我是一個中國的難死"Die-hard"。其三便是廣州共黨的暴動，爲着政治的分立關係，原本我是一個共黨所要得而甘心的人物，因爲當時廣州當局的反宣傳，好像我是率領共黨焚殺廣州的罪魁。積纍着種種原因，人家縱然不當我是七手八臂的地煞天罡，至少也想像我是戲臺上睜眉突眼的竇爾墩，性格是那樣的蠻橫，面貌是那樣的兇惡。我有一次見一個初次見面的朋友，那朋友出來對人說：「原來公博也講理的。」就這一點而論，足見社會的人士對我怎樣不良的感想了。民國二十年底再到南京，參加第四屆的一中全會，我被推爲大會中的一個宣言起草人，鄧家彥先生也是起草人中之一。我和鄧先生還是初次會面的，後來鄧先生也對人說：「我以爲公博左到了不得，原來比我還右。」可見鄧先生以前也中於不良宣傳的一人了。我記得二十一年，我因肝病臥在醫院二十餘天，上海的小報盛傳我因政治問題裝病，我笑得打跌，因爲無論怎樣，我總不至於裝病，也不懂怎樣裝病，當時我作了一首打油詩自嘲：「如戟鬚髯賽爾墩，奈何也作捧心人，自從小報宣傳後，眞變千嬌百媚身。」在社會宣傳裏面，我本是一個龍騰虎跳的兇徒，忽然又搖身一變而爲工愁善病的政客，社會謠傳眞是一件不可思議的事啊！

我這篇記載，最有一個毛病是太以自己爲中心，其實我並沒有一點自吹自捧的意思。因爲北伐戰役以至寧漢復合，所經過的事跡太多了，凡非目見的我總不敢寫，尤其輾轉傳聞的我更不敢寫，既然如此，除了拿自己作中心之外，更有什麼好的方法下筆？好吧，橫豎這是軍中的「璅記」，既不是正史，又不是小說，但求率眞，但求實事，就有點專拿自己作中心的毛病，也只好就此讓牠這樣寫法。

民國二十五年稿

我與共產黨

前　言

這篇文章我本來決定要寫的，但我同時希望藏之書櫥，待身後才發表。我不是想自己守秘密，我曾參加過共產黨，並且是中共第一次全國代表大會的代表，這是公開的事實，就是日本出版的「中國共產黨」也有這樣的記載。我更不想代共產黨守秘密，我久矣和共產黨立於反對地位，確認中國不能實行共產主義，就是蘇俄，祇有共產黨的專政，沒有實行過他們所謂什麼共產主義。而且我更根本否認馬克思的學說，就是今後，世界各國也不會實行所謂科學的社會主義。我不想發表這篇文章的理由，在於我和陳仲甫先生有過一重不想告人的公案。仲甫先生在北大是我的學長，以後有過交誼，做過同事，心內總想在我生時，可以不發表還是秘不發表。本來我在民國十四年由美回國之後，就想發表我和共產黨的經過，祇因當時國共合作，恐怕因我一篇文章，影響到國民革命的前途。十六年底共黨亂平，我在上海辦革命評論時，也有過一次想發表，無如當日南京咬定我，廣州共黨暴動是我勾結共黨幹出來的，並且上我一個尊號是叫做準共產黨。我一生自命是硬漢，素來不喜歡解釋，在各人都叫我是準共產黨時候，而我却做這篇文章，無異於討饒，因此我也不願發表。及至二十一年到南京參加南京政府，也想過在「民族雜誌」發表，但那時仲甫先生被共黨目爲托洛斯基派，已被共黨開除，仲甫先生很不得意，生活也發生困難，如果我發表這篇文章，無異落井下石，乘人之危，非大丈夫所當爲，及後仲甫先生被捕下了獄，我曾到獄中探視他兩次，人也蒼老了，髮也禿白了，顏也憔悴了，我何忍再發表。及我離開重慶不久，仲甫先生又已逝世，我想文章是決定寫的，還是寫好留待身後發表罷。

自佛海兄在「古今」發表過兩篇文章，附帶提起我和共產黨的關係，許多朋友閒談中，問起我參加共黨當時的情形，一時我也說不清，因爲當時的經過，非三言兩語所能盡述，心想這段史實似乎應該敍述一下，恰好周黎庵先生又要我寫文章，一時高興，給了他這個題目。然而事後又懊悔，也曾給黎庵先生一封信，說我和仲甫有過一次糾紛公案，不願執筆。黎庵先生告訴我，說以當時之人而記當時之事，當爲信史，假若不寫，反使人發生許多揣測。方煥如先生見了「古今」發表的預告題目，又來函希望我多敍脫離共黨事實，因爲他曾留學莫斯科，見過共黨關於我脫離共黨的報告，他很懷疑，所以希望我據實來一次寫作。好罷，這篇文章既然決定要寫的，遲早發表似乎不生什麼問題，然而我對仲甫先生隱忍二十年，今天倒把他和我這重公案翻起來，似乎還有些於中未歉，好在今日事已過去，既不是一種是非問題，更不成一種攻訐問題，而祇是一種事實的報告，我想就是仲甫先生今日還在世，也會原諒的罷。

一

這篇文章喚做「我與共產黨」，自然我是一個主角，這樣就由我個人寫起罷。談及廣東共產黨的起源，很多人傳說，廣東的共產黨發源於北京大學，以為廣東的共產黨遠在我北京時代就有了組織，其實這是誤傳的。大概因為廣東共產黨開始祇有三個人，就是我，譚平山、譚植棠，而三個人都是北大的同期畢業生，因此附會流傳，遂有這種推想。實在我們在北大時，一些組織也沒有，除了譚平山參加過「新潮」社外，我和植棠，都沒有參加過任何組織。我在廣東做學生，已被人目為動如脫兎，而在北京時却靜如處女，這一段歷史我也想借這個機會，簡單說說。

我在民元時候，本來也是個浮囂使酒駡座的少年，那時不過二十歲，被人任過軍隊中短期的參謀官，更被人推舉過縣議會的議長。何況遠在丁未就自命參加過革命運動，而且又在報館當過了記者，會寫幾句短評，會做兩首歪詩，那時眞是自命不凡，不可一世。到後來卒至折節讀書，那就不能不感激我的父親了。

我的家庭內，母親很是嚴肅，而父親倒很慈和，我自有記憶以來，我的父親從來沒有打過我，並且也不會罵過我。可是在辛亥反正之後，看我那樣趾高氣揚，便忍不住了。父親對我雖然素來慈和，可是嚴厲起來，却秋霜滿面，凜然令人生畏，一天他正色對我說，你拿什麼學識和資格去做參謀，去當縣議會議長。你這樣不知自愛，終有一天翻筋斗跌下來，就是地位不跌下來，人格也會墮落。古之學者爲己，今之學者爲人，就算爲人罷，自己沒有學識，爲人也爲不了。自然父親那時叫我什麼都不要幹，而去讀書，但那時所有的學校都一律停辦，如何有機會去入學校。父親後來想出主意，叫我入伍學生軍，因爲父親認定學生軍也是一種學校，入伍無論時候長短，終會學些所不知道的事情。實在說，當時我眞不願意，無如父親當時直是下命令一樣，我祗好鬱鬱脫去軍官的服裝，去當普通的士兵了。

那知道我入伍三個月，自己覺得樣樣都不懂，開正步其始以爲很容易的，焉知道眞正合乎正步的姿勢，短期眞不容易。每天早起和睡覺的喇叭，我也弄不清，除了食飯號之外，要有同伴通知我才會動作。我把這話告訴了父親，他這時倒好笑，說那樣你連士兵都當不好，那裏配做參謀。大約你現在才知道學然後知不足罷。我自己也覺得好笑，而又十分慚愧，從此矜平躁釋，才決心求知，這是我爲什麼後來苦苦讀書的緣故。

學生軍解散之後，沒有幾個月父親逝世了，經過兩年的教員生活，我決定從父親之命，找學校求學，那時廣州名爲高等教育的，祗有法專（法政專門學校）和高師（高等師範），我爲興趣考入了法專。但學費從那裏來呢？靠着平時報館的關係，一面做撰述，一面做學生，倏忽三年，便畢業了。在讀書的當時，不知不覺發生了思想問題，讀了比較行政法，比較國際公法，比較憲法，感覺許多問題無從解答。我想這樣終身由之而不知其道，就因學識不廣，見聞不多，畢業時聽見北大有了哲學系，竟想以哲學爲解決思想的鎖鑰，決心北上，於是在民國六年的夏天，終於一個人孤獨的，寥寂的，到並無一個熟人的北京城。

我北上的時候，自已已下決心，就是不管閒事，專管讀書，丁未和辛亥時候一段歷史，決然把他忘記，而從頭做起。在北京三年，眞可以說養心性，寡交遊。一般朋友固然很少往來，就是蔡孑民先生不過見過一次，陳仲甫先生也見過一次，胡適之先生倒見過二次，而每次見面都是無關宏旨，見孑民先生是請他寫一付對聯。見仲甫先生是和譚平山去的，爲的是問考試日期，見適之先生是好奇，因聽說他有一張紙寫明「談話請勿過五分鐘」，這是在當時北京講應酬的社會很少見的。至於其他一次則在五四運動之後，北大教授都處在風聲鶴唳之中，上海的國民黨本部有人託我請他南下編輯，後來他考慮之後婉謝，通知我還是用電話，這一次算是比較有重要的事了。

在北大時，所來而不大往的都是同班或同住的同學，最熟的要算譚平山，和他族姪譚植棠，其餘區聲白、何邦瑞等，都是廣東人，算起來不滿十個。新潮社是成立了。平山加入後來徵求我的同意，我告訴他我的思想還未成熟，寫文章似乎爲時尚早。我這話本來是推託之詞，新潮社的人物，我本來不大來往，所知的祇有同班康白情，而康先生有一次舉動使我發生微微的反感。康先生是我的同班，他每次上課照例是遲到的。恰好一次是上老莊哲學的課，講授的是馬夷初先生，馬先生大概看見康先生的遲到，視爲常例，平日不以爲然，這次他正襟認眞起來，問他爲何來遲，康先生答他住得太遠。馬先生說，你不是住在翠花胡同嗎，走路來此不過五分鐘，何得謂遠。康先生說，先生不是講莊子嗎，彼一是非，此亦一是非，先生不以爲遠，而我以爲遠。這一場爭辯，兩方面都似乎不能下台。康先生當時是新潮社的活躍份子，我看見這樣的詭辯，不由得對新潮沒有好感。自然我以康先生一人而概括新潮全體人物，實在以尺量天，然而我素來有種莫名其妙的怪脾氣，好觀人於微，既對康先生不滿，自然不願引爲同列加入新潮，更沒有替新潮寫過文章了。

五四運動終於勃發了。我在那天本來沒有預備參加，祇見同住的同學們說，「我們到新華門請願」，「我們到新華門請願」，我在那時正兼廣東四報的通訊記者，以新聞採訪的興趣，也隨衆到了新華門。我記得領隊的是法文同班許德珩先生（在他十六年由法國回國時才開始做朋友，加入革命評論），他像瘋狂的指揮着同學，排着一條長蛇陣在新華門前請願。北京的五月已經很熱了，旭日當空，汗流浹背。新華門是關着，許多同學似乎站得疲勞要散了，我還忍耐着，以爲不來則已，旣來則須看到終場。許先生發出命令，叫同學不要走，若請願不應，預備下跪。他不發命令還好，他一發命令，頓時惹起我莫名其妙的反應。我心想請什麼願，有力量便打進去，沒有力量便散去更作後圖，爲什麼要下跪？好！走罷，於是我個人便離開隊伍，走到南池子僱了一部洋車，便囘公寓看書去了。到了下午，公寓裏起了很大的騷動，說同學遊行，打進了曹汝霖和章宗祥的住宅，事已鬧大了，同學們恐怕要發生意外的危險。我那時預料沒有了不得的大事，還是很沉着的採訪我的新聞。

五四運動鼓不起我興奮，其後雖然參加過幾次會議，但那是我的職務，不是我的興趣。那時我是哲學系的班長，出席雖然不能不去，但依然很少發言。祇有一次我曾和幾個人去發傳單，鼓動罷工和罷市。那時已是民七的冬天了，那次運動和五四無關，也非新潮社所鼓動。現在記得似乎還是區聲白發起，都是我們幾個人自由行動。我明知北京不會罷工和罷市的，但幾個人公推我到香廠的新世界發傳單，我覺得這樣行動比新華門請願有意思得多，所以我慨然允諾。我還記得那夜是隆冬，香廠新世界遊人無幾，我跑上屋頂散傳單時，看見底下行人寥寥可數。我想這樣是沒有效力的，但負了這種任務，終要完成，跑上屋頂散了傳單之後，便下至三樓聽梨花大鼓。心想不久恐怕警察要來搜索了，但遲之甚久，還是鷄犬不驚。我自己也覺好笑，費了很大的勁來發傳單，而結果却不發生絲毫影響。梨花大鼓實在聽得無味，一個人又到了香廠一家澡堂洗了澡，踽踽涼涼的同公寓去了。

北大那時眞有些思想雜進，就以文學系而論，有講白話文的陳仲甫和胡適之，有主張復辟拖辮子的辜鴻銘，有專講印度哲學的梁漱溟，有提倡舊文學的劉師培和黃季剛。此外還有許多課餘組織，如古代音樂研究會，圖畫研究會，甚至有研究皮簧梆子的結社，打拳健身的教師，眞是魚龍曼衍，百戲雜陳，不過對於社會主義的組織，還是沒有。而我呢，還是我行我素，獨往獨來，個人的思想確是複雜而在那裏變化，往往讀書至夜深三四時，還是在那裏思索。我可以說未至北京之時，苦於求思想，既至北京之後，苦於多思想。就以唯心唯物兩論而說，終日在腦內思維，終無是處。康德的心物調和論，祇是心物兩論的調停，若夫治學，應於何處下手，安身立命又應在何處下手，的確是我當時一種極端的苦悶，這個苦悶，直至後來研究經濟學理才算解除。

說至此地，我似乎應該說說平山和植棠兩人了，平山的原名本叫譚鳴謙，別號聘三，自然是三聘草廬的意思，後來他改名平山，也是由聘三諧聲來的。那時我因爲他留了一撇小鬍子，免不了開玩笑的叫一聲聘老。邇時北京有位王士珍先生，別號聘卿，就是世間所傳的王龍、段虎、馮狗，三傑之一，聲勢煊赫，報紙常書聘老而不名。我也喚平山做聘老而不名，並且時常對他說笑，謂南北兩聘老遙遙相對。而平山爲了報復罷，喚我做猛野，廣東人叫利害是猛，而野呢廣東是傢伙的意思，所謂猛野，就是利害的傢伙。這樣彼此稱呼，差不多好幾年，至民國二十七年我在漢口重遇平山，還是叫他做聘老。平山的爲人，年紀比我大幾歲，世故也比我老練多，祗是他具有一種名士風，充滿浪漫氣息，不大修邊幅，在北京某一時期，也曾發狠大做其新衣服，可是時機和興趣一過，又依然浪漫不羈。後來在廣州替共黨工作，倒是一個努力不懈的人物。在民十四回國之後，我很感覺奇怪，爲何平山前後判若兩人。問問植棠，才知道平山受黨的鞭撻而非出自本性，我才恍然大悟。至於植棠倒是樸實無華，忠於待人，信於所守，他是學史地的，因平山的關係，我才認識他。我對於植棠的印象和交誼都比別人爲深，至今懷念斯人，猶戀戀不釋。

二

談起廣東共產黨的歷史，大概沒有人不知道它的機關報「廣東羣報」，可是羣報的創立當時，遠在共產黨成立之前。當我們在北大畢業的時候，我和平山幾個人便商議回廣東辦一個報館，當日辦報紙的動機，並不在於營利，我於報業是有經驗的，尤其在廣州辦報祗有虧本。我們的動機也不在於自我宣傳，那時我們剛在學校畢業，祗想本其所學，在學校教書，根本並沒有政治慾。我們的動機的確在於介紹新文化，因爲我們離北京南歸時候，廣州還在所謂桂系莫榮新的掌握中，廣州當日報紙也有十多家，除了小報不算，大概可以七十二行商報和國華報作代表，七十二行商報性質近於上海的新聞報，祗問廣告，不問新聞，更不問社評，國華報則完全類於上海以前風行一時的橫報，專門大膽描寫色情文字。我們常常批評廣東報紙的文字是第四等文字，甚麼是第四等？我們也沒有標準，祇是一種刻薄的批評，以爲第三等已是低下了，然而還是不夠，所以謚它是第四等。自然當日我們是以介紹新文化爲目的，但甚麼才是文化，我們當日也沒有抉擇，祇是介紹各種未曾輸入廣東的學說，這種思想大約是受了蔡子民先生的影響罷，但當時羣報的確是這種姿態。

羣報當日設立，股東很少，不過幾個人，所謂股東都是同學們，他們也知道投資是失敗的，入股祇是對朋友一種應酬，集資三千元，結果收股不過半數，也有些名爲股東，實際至羣報關門，還未交出股本，也有些祇交半數，其餘就賴着不交。我這個人除非不幹，一幹便不會回頭，無論成敗，出了版再說，因此在千辛萬苦之中，終於出版。主持羣報的就是平山植棠和我三個人，以經驗的關係，推我作總編輯，平山編新聞，植棠編副刊，這樣便宣告出版。

我知道廣東的政治情形，羣報是不會長命的，在發刊詞上，我結尾一段語，說恐怕不出三日便要關門，那裏知道眞眞三日便關起門來，原因是廣州又發生政變了，陳烱明由漳州起師，以粵軍回粵爲名，驅逐桂系。羣報出版當日，陳師已越惠州，官廳恐怕有些報紙替粵軍宣傳，索性下了一紙命令，所有報紙一律停刊，各報停刊的翌日，也曾集議一次，同業都埋怨我，說我那篇發刊詞，眞是一篇預言。我那時倒心安理得，因爲羣報能夠停刊，亦一佳事，羣報雖然勉強出版，我已煞費張羅，股東既不肯投資，不獨我的衣物典盡當光，連太太的金釧也上了質庫作排字工人的伙食了。各報停刊沒有幾天，粵軍終於佔領廣州，莫榮新解除兵柄，隻身由西江北遁，於是各報又自動出版。

有一夜，區聲白先生帶了兩個人來見我，一個是陳雁聲，一個是陳秋霖，他兩人本來陳烱明要他接辦政學系的機關報中華日報，但忽然爲夏重民所奪，所以亟望自己能夠辦一個報，或者參加一個報館工作，出一口氣。並說陳烱明每月有三百元給他們，意思就是拿三百元來津貼羣報。當時我對於他們兩位來幫忙是歡迎的，那時我在法政專門母校已當教授，編輯工作一時忙不過來，而平山又那樣的名士風度，他高興起來，看看新聞，不高興起來，連報館也不到。植棠對於編輯還沒有經驗，一切都集中我的身上。可是對於三百元的津貼，我絕不願意接受，由他們兩人分用，作爲薪俸。同時我對兩位先生聲明，羣報不能作爲任何人的機關，祇能介紹新文化，如果同意，就此片言爲定。那兩位先生也乾脆，他們說對於新文化很有興趣，絕不替陳烱明作個人宣傳。自後秋霖和雁聲便加入羣報陣營，雁聲代了平山的聽務，秋霖作作短評，寫寫散文，植棠依舊編副刊，我和平山便專意在法政和高師當教授，祇是每天下午到報館，寫寫評論，看看大版。

仲甫先生終於在滬上和俄國共產黨發生關係了，對於廣東，認爲是革命策源地，非常注意，於是俄國便有兩個人以經營商業爲名到了廣東，說也奇怪，那兩個俄國人當時首先在廣東往來的是無政府主義者，由於區聲白是研究無政府主義的，遂連帶和我們往來，那時廣東雖然粵軍回粵，內部的暗潮動盪不寧，在政治有胡漢民先生和陳炯明的磨擦，在軍事有許崇智先生和陳炯明的磨擦，而在改組前的國民黨，既無組織，又無訓練，也無宣傳。我們覺得在北如此，在南如此，中國前途殊可憂慮，兼之那時也震於列寧在俄革命的成功，其中更有仲甫先生北大的關係，平山植棠和我，遂贊成仲甫先生的主張，由我們三個人成立廣州共產黨，並開始作社會主義青年團的組織，公開在廣州宣告成立。

社會主義青年團成立，聲勢很是浩大，參加份子有各學校的教授，也有各學校的學生，原因是我和平山在高師和法專當教授，所以參加者非常踴躍，老實說，參加的人員決不是對社會主義有研究，而是好新和好奇。其時國民黨人也有研究社會主義的，也有研究無政府主義的，同情者既多。聲勢殊震。廣州共產黨利用這個青年團作外圍吸收共產份子，以後林祖涵、劉爾崧、阮嘯仙、楊匏安都是由那個青年團慢慢吸收入黨的。

青年團成立後，最大的工作厥爲一方面吸收知識分子，一方面吸收工人。知識分子當日似乎不成問題，至於工人則廣東號稱產業工人的似乎沒有。於是共產黨集中注意於機器工會和海員工會，至於職業工人，青年團也盡力的推進。那時候仲甫先生已應陳炯明之聘來粵任廣東省敎育委員會委員長，自上海南來，更叫我任宣講所所長，推進組織的工作。

羣報陣營是相當複雜的，陳雁聲和陳秋霖始終沒有加入共產黨，雁聲是國民黨而不滿意陳炯明，秋霖是國民黨而同情陳炯明，平山植棠和我則始終超然物外，專心致志於辦報和組織。我們常常在工會開會，在各地演講，我們也不告訴雁聲和秋霖，而雁聲秋霖也知而不問，恰像兩方都有君子協定的模樣。

青年團成立之後，雖然做過不少事，但滑稽戲劇也時常排演。有一次德國共黨失敗，其首領李卜克來西和盧森堡死之，上海中共一定要廣東極力宣傳；我的主張，以爲廣東根本不知李盧爲何如人，祇要文字宣傳已足，而上海則主張紀念遊行，後來我索性不管，另由他人主持，拿綵亭抬着李盧遺像，滿街鼓吹着走。過路人們，以爲是甚麼牧師和太太死了，故而小出喪，我心想這樣太滑稽了。上海當時要做這類事情，也不止一次，我對於上海那班先生不近人情，已屢屢有厭意。中國各地重要都市的青年團依次秘密成立，遂有民十共產黨第一次代表大會在滬的召集。

三

上海利用着暑假，要舉行第一次代表大會，廣東遂舉了我出席，這次大會給我的壞印象不少，大概我後來脫離共產黨，要以這次大會給我的惡劣的印象爲起因，而以仲甫和我的一重公案爲後果。

七月初旬法專和高師都放了暑假，我和我的太太由香港轉上海。我們是住在大東旅館，各代表也有住在博文女學的，也有住在別處的。周佛海、李鶴鳴、李漢俊、張國燾、包惠僧，都在那時認識，而毛澤東則因爲在北大圖書館辦過事，可以算是比較熟的朋友。當時的代表大會，所謂共黨的南陳北李都沒有參加，週時仲甫以主持廣東敎育會的關係，且爲上海租界當局所注意，故未來滬，而李大釗則尚主持北大圖書館，也未南來，短短會期四五日，使我發生極大的反感，其中有幾件事，最使我極端不滿。

第一件事就是開會地點問題，當日原議每日開會均須更換地點，以免被人注意。但一連四日都在李漢俊的貝勒路家內開會，我覺得有些異詫，那天恰恰早上張國燾來找我，我問他爲甚麼與原議不符。他說李漢俊是有問題的，他的主張不是列寧理論，而是柯茨基理論，他是黃色的，不是紅色的，我們在他家內開會，他似乎有些恐慌。他愈恐慌，我們偏要在他那裏開會。我聽了這句話，默然不答，心想，呵，原來如此！我以爲同志間應當相見以誠，相規以義才對，國燾這樣做法，簡直是和漢俊爲難，連同志的安全都不顧，現在第一次代表大會便有這些傾軋現象，以後惡果，可想而知。我看上海儼然分爲兩派，互相摩擦，互相傾軋，我心內冷然，參加大會的熱情，頓時冷至冰點，不由得起了待機而退的心事。

第二件事，因爲張國燾去過短期俄國的關係，故推他做大會主席，國燾那時不免跟高氣揚；

然而國燾那時是沒有主見的，一切都唯俄國代表馬令和吳庭斯基的馬首是瞻，當時有幾件提案竟把我氣的差不多退席，其中一件是禁止共黨人員參加政治，甚至乎不許當校長。我爭辯着，共產黨是應該鬪爭的，爲甚麼連校長都不可幹，國燾硬要通過，而多數居然贊成。可是到了第二晚開會，國燾提出取消昨夜的決議，我質問爲甚麼大會通過的案可以取消，他說是俄國代表的意見。我眞氣極了，我說昨日我本來不贊成，而會內倒否決我的意見，今則議案通過，祇由一個俄人反對，又取消議案，這樣不必再開大會，祇由俄人發命令算了。這次衝突，兩俱不歡。而當時類此之事，不一而足。

第三件是通過宣言，內中對於　孫先生和徐世昌（那時　孫先生是廣東非常國會選出的臨時大總統，徐是北洋軍閥左右下的國會所選的大總統）相提並論，批評得一文不值。這一篇宣言，我根本反對，辯論很久，宣言終於通過了。我直急得跳起來，找佛海漢俊商議補救的方法，後來到最終會議，才提出一個折衝方案，將來這篇宣言應否發出，授權新任的書記決定。我回廣東之後，向仲甫先生痛陳利害，才決定不發，因此中共第一次大會的文獻，沒有宣言，不過當日共黨是秘密組織的，有無宣言，世間也不注意罷了。

因着國燾個人和漢俊爲難，恐怕其中代表還有附和國燾的主張罷，連日開會均沒有更換地點，終於一天晚上，變故遂降臨了。我們在漢俊樓上開會，人還沒有到齊，俄代表馬令和吳庭斯基也到了，忽然有一個僕人跑上樓來報告，說有一個面生可疑的人問他經理在家否，這個僕人也算機警，急急上樓報告。俄國代表一聽這樣說，或者因爲長期經驗關係罷，立刻主張解散，我看各人本來已有些慌張，一聽馬令主張解散，都開前門分頭逃走，上海的弄堂房屋本來是慣走後門而不走前門的，大家往前門走，等於事急走太平門的辦法。

我本來性格是硬綳綳的，平日心惡國燾不顧同志危險，專與漢俊爲難，到了現在有些警報又張惶的逃避。心中又是好氣，又是好笑，各人都走，我偏不走，正好陪着漢俊談話，看到底漢俊的爲人如何，爲什麼國燾和他有這樣的惡感。他們走後不到三分鐘，我和漢俊談不上幾句話，突然面前出現了幾個人。現在我還記得，有三個法國警察官，有四個中國的便衣密探，至於外面還有多少人，那我被關在樓上是不知道的。這班人上樓之後，空氣一時非常緊張，有兩個人監視着我不許離開座位，不許說話，甚至乎不許喝茶，其餘的人便監視着漢俊往房間和各處搜索。爲首的法國警察。問誰是主人，漢俊不慌不忙的自己承認。這樣搜索，花了一個多鐘頭，什麼都看過，惟有擺在抽屜一張共產黨組織大綱草案，却始終沒有注意，或者他們注意在軍械罷，或者他們注意在隱密地方而不注意公開地方罷，或者因爲那張大綱寫在一張簿紙上而又改得一塲糊塗，故認爲一張無關重要的碎紙罷，連看也不看。這樣過了一個多鐘頭，才審問漢俊。他們問漢俊爲什麼家藏許多書，漢俊是懂得幾句法語的，告訴他們他是學校教員，藏書是要來供參考和研究之用。他們問爲什麼有許多社會主義書籍，漢俊說他兼任商務印書館的編譯，什麼書都要看看。他們問漢俊那兩個外國人是什麼人，漢俊說是英國人，是北大的教授，這次暑假來滬常常來談。

審訊完漢俊之後，便輪到我了。在搜索時間，我不能發言，我不能起身，但抽煙是可以許可的。自從國燾們走後，漢俊開了一聽長城牌煙捲，我們剛剛燒着一枝，法國警察便上來，我坐着沒有事做，連續把那餘下的四十八枝煙捲吸完，終於被審問了。還幸他們問得早一點，若再遲五分鐘，便無煙可抽，眞是不知如何是好。法國巡捕開始用法語問我，我那時還未習法文，旁邊一個中國人說：「總辦大人問你是不是日本人？」這時，我很詫異，爲什麼那位先生倒以爲我是日本人。我想還是直接通話爲便罷，遂用英語問他懂不懂英語。這樣，他便用英語問我，以下是開始的簡單問答：

「你是不是日本人？」警官很神氣的。

「我是百分之百的中國人。我不懂你爲什麼懷疑我是日本人？」我有些開玩笑。

「你懂不懂中國話？」

「我是中國人，自然懂中國話。」

「你這次由什麼地方來的？」

「我是由廣東來的。」

「你來上海什麼事？」

「我是廣東法專的教授，這次暑假，是來上海玩的。」

「你住在什麼地方？」

「我就住在這裏。」我一想不好，我決不能告訴他我住在大東，在旅館我還有許多關於社會主義的書籍，也有廣東共產黨的報告，所以這樣告訴他。

法國警官的態度似乎緩和了，但關於我是否日本人的問題，他還反覆研問，我揣測他這樣尋根覓究，也許他另接報告，以爲我們中日俄黨人在這裏開什麼會。這樣又經過半個鐘頭，那位法國先生便用法語向漢俊演說一番，後來漢俊告訴我，法國人所說的話，大意說知道我們是知識分子，大概想有某種的企圖，但中國教育還未普及，什麼都談不到，希望我們以後專在教育上用功，今天既然找不利證據，祇好便宜我們了。

他們一窩風下樓之後，漢俊便催我急走，我說危險算是過去，我們何必事後張惶，再開一聽長城牌享受一下罷，因爲我不吸煙又半個多鐘頭了。尤其是難受的，兩個鐘頭未喝茶，口乾得利害。漢俊重新叫人羮水沏茶，樓梯又響，我那時眞有些吃驚，難道他們又捲土重來，誰知那人頭探出來的是包惠僧。惠僧問我們法國巡捕走了沒有，我說此非善地，你還是走罷，詳情明日再談。惠僧走後，我和漢俊再談幾句，看時計已十點多鐘，遂和漢俊告別。

我總以爲大風過去，海不揚波了，但出了漢俊門後，倏見一個人隱身在弄口，似乎在偵察，我走了幾步，他居然跟着來，我故意走快幾步，他也走快幾步，我走慢幾步，他也走慢幾步。我心想今夜終不能回大東旅館了，然而又不能不回，因爲有許多文件，倘不燒毁，終須賈禍。路邊恰巧有一家商店，還是燈火輝煌陳列着許多商品，我裝作看商品，一面思量怎樣脫身。可以說是靈機一動罷，我記得去年由北京轉滬回粵，在上海曾逛過一次大世界。大世界在夏天有兩場電影，地下露天，屋頂也露天，那個地方異常黑暗，是容易脫身的。我主意既定，立刻叫了一部黃包車往大世界，誰知那人也僱了黃包車跟在後頭。我到大世界後什麼地方都逛一逛，很遊閒的逛書場，逛戲場，終在地面的露天電影看了三四分鐘，便踱至屋頂的露天電影，在人叢繞了一個圈，從別門下樓僱車回大東旅館。我回至房間叫我的太太打開了箱子，關好了房門，一口氣把文件用火焚燒，全擱在痰盂，至此才詳細的告訴她當夜的情形，湮滅證據的工作，算是告成了。

誰知一波未平，一波又起，那夜是陽曆七月中旬，是上海最熱的時候，我們的汗悶得出不來，在床上無論如何也睡不着，兩人把蓆子拖下地板，才安穩睡了一覺。熱極生風，半夜裏起了大風雨，睡至微明，忽然聽見一聲槍響，同時又聽見一聲慘叫，我從地板跳起來，打開房門一看，看見走廊寂寞得沒有一個人，祗是急雨打窗，狂風吹面，我想明明有槍響，有慘叫，那莫不是我變了福爾摩斯的案中人麼？我喚起勵莊，告訴他我所聞，但兩人都猜不出什麼事故，我反懷疑是一種夢境。

還是睡罷，到了九時，有一個茶房跑進來，說你們隔壁房間有一個女子被人謀殺了。我問他什麼一回事，他說前日有一男一女投店，今早那男的起身還叫了一碗麵，食後出去，我們問他要錢，因爲他只交櫃上五塊錢。他說立刻便回，我們也不注意，不料剛才我入房打掃，那女的已死在床上，經理立刻來看，他身中一槍，並且頸上還有毛巾纒住，看起來大概男的打了他一槍不死，又用毛巾來勒斃的。我聽了之後，我也不告訴他今早所聞，恐怕他還找我做證人，弄出莫名其妙的痳煩。不過我再想，如果有巡捕和偵探來偵查，保不定認識我就是昨夜被偵查人之一。長安雖好，不是久戀之家，此地不宜躭擱，還是走罷。我去找着總經理，那時大概是郭標罷，廣東人和廣東人總容易說話，我說我隔壁出了命案，我的太太非常懼怕，所以今日要去杭州一行，把所有行李，暫存旅館，俟回來還要換一個房間。這種說話，自然郭大經理坦然不疑，我和我的太太，趁着巡捕和偵探沒有光臨，遂離開旅館。先在一家飯館安頓了太太，我自己跑去找李鶴鳴告訴他昨夜的經過，並且我下午要到杭州。經過昨夜的變故，他們也打算停會，另易地方。會期不定，我更可以從容的遊西湖。逛靈隱了。

在杭州讀報，知道那件命案，是男女的情死。女的名喚孔阿琴，是一個絲廠的女工。男的名字，我已忘記，是一個洋行的西崽。兩個人不知爲什麼不能結婚，相約同死。那個西崽，趁他的大班往青島避暑，偷了他一根手槍和孔阿琴來大東開房間。到了天明，開了一槍，而孔女士居然不死，那男的急極了所以又加工的用毛巾去勒。大概一時男的有悔意罷，或者獨生總比同死爲佳。他收拾起死心，寫了一封自白的長信，又叫了一碗麵吃飽，才揚長而去。此事經已大白，初到的杭州，玩了兩三天地方也遊膩了。天熱的杭州，等於一個大汽爐，蚊大如蠅，夜熱逾晝，我們祇好賦歸了。歸來上海之後，佛海來找我，才知道最後大會已經在嘉興的南湖船上開過，會議算至結束。大會宣言發出與否，授權仲甫決定，因爲仲甫已被舉爲中共書記，當日所謂書記，就是黨魁。我和各人草草談了兩三次，遂乘船回廣東了。

四

在上海還聽見一件關於戴季陶先生的軼事，季陶和仲甫約定共同發起共產黨，到了成立之前一日季陶來了一封信，說他和國民黨關係太深，的確不能參加共產黨組織，不過他是同情共產黨的，他正在籾辦交易所，打算以交易所的贏餘，來幫忙共產黨的黨費。我在上海雖然前後停留近十日，但和各代表來往很少。佛海正鬧着戀愛，共產黨人的議論也有贊成也有不贊成，但我以爲戀愛是個人的事，爲了戀愛，有時性命都不顧，朋友的贊成和反對，更是閒事。佛海夫人楊淑慧女士直至我在民十四由美國回至廣東才相識，那時我對佛海的戀愛批評，算是宣告中立。

自中共組織正式在上海成立之後，陳仲甫先生不久就辭去廣東教育委員會委員長的職務，回到上海。他要急急回到上海，固然以第三國際代表堅持中共的中央機關非設在上海不可爲其主要原因，而附帶還有一兩個原因，也使他對於廣東不感覺十分興趣。其一是自仲甫到了廣東以後，一班自命衞道的老先生們羣起而攻，他們大概一方面討厭所謂新文化罷，一方面又恐慌着將來學校的校長和教員們要換了屬於新文化的少年們。生活問題常常可以迫人挺而走險，何況廣東的教育久已成爲他們的地盤，他們爲着地盤而戰也是事有必至理有固然的天經地義。他們製做出仲甫主張公妻共產的謠言，又說仲甫改了「萬惡淫爲首，百行孝爲先」的兩句格言爲「萬惡孝爲首，百行淫爲先」。這種不合理並且荒乎其唐的謠言，居然一犬吠影，百犬吠聲，社會上全都信了。於是報紙上有直接著之言論來攻擊仲甫的，甚至於把他老人家陳獨秀的名字改爲陳毒獸。也有廣東士紳聯名公請罷免他的教育委員會委員長，要求官廳驅逐出境的。這一下無端的謠謗，殊使他心灰意冷。其二，仲甫先生對於寫作短文，文筆可算犀利無比，但對於長篇大論，却非所長，尤其他本來不是學教育的，對於教育沒有很深的理論。初到廣東之時，各方面震於其辦「新青年」，又爲北大文化策源地文科學長的大名，遂排日請他演講。仲甫既不能公開宣傳共產，也不好批評政治，就是口若懸河罷，有時也會乾枯，何況他本來不善講演，多演一會講，令人多一次失望。教育委員會連仲甫共有三個委員，除他兼任委員長之外，還有許崇清和陳伯華兩位先生，由於他的聲譽慢慢低降，辦事上已感覺不大適意，而且外間已啟啟有了謠言，說陳烱明要更動仲甫，而以陳伯華代之，這也使仲甫急於求去。其三，更有一個不能公開原因，仲甫忽然覺得孤立無援，有一天晚上他告訴我不能不離開廣東了。他有一位朋友告訴他，某一夜在太平洋西菜館宴會，間壁胡漢民廖仲愷兩先生都在座，談起仲甫，竟沒有人加以好評。仲甫之來粵，本爲各人邀請而來，現在楚歌之聲四起，似乎不可終日，故不如及早引退。仲甫既已打定主意，遂請假歸滬，末後由請假而辭職。

廣州的中共那時着着進行，除了社會主義青年團作外圍之外，吸收作正式黨員的已有二十個人以上。那時它的主要工作是在工會活動，黨員分子倒有一半是工人，恰巧香港的中國海員爲着要求加薪罷工，所有香港的海員因爲香港政府監視甚嚴，全行來粵。那一次的罷工本來是國民黨的聯誼社主持，迨來粵之後，共產黨遂於中加緊活動。海員份子是當日共黨的唯一目標，此次罷工可以說替共黨增加了一支生力軍，後來共黨著名的蘇兆徵就是當日海員領袖之。

說也奇怪，廣州的共黨並沒有用過蘇聯一個錢，旣沒有地址，更沒有人事費。那時平山任書記，植棠任宣傳，我任組織，平山還是那樣的斫弛不羈，植棠則熱心而苦於活動不足，因此書記組織宣傳集中在我的一身。我和平山植棠都有職業，在各校當教授，以每月的贏餘，充作黨的費用，這樣辛辛苦苦的支持了一年。那時我的思想忽然又發生問題了，我喜歡求知，不喜歡盲從，自己是共產黨員，而且又負了廣東共產黨的責任，但是對於共產黨的理論祇是一種名詞上的宣傳，如辯證法哪，唯物史觀哪，階級鬬爭哪，剩餘價值哪，到底它的來源是怎樣，意義是怎樣，單靠着一本馬克思傳是不夠的（那時我譯馬克思傳已完成四分之三的工作）。靠一篇馬克思和恩格斯所草的共產宣言是不夠的，靠着上海中共寄來幾本小册子也是不夠的。並且許多問題自己固然不能解答，間常問起仲甫也不能解答。而且我當時任宣講所所長，經濟學一門找不到適當教員，只好自己兼任，許多問題，無從找參考書，我想就有參考書，倘不從頭研究起，也祇有鷄零狗碎的搜羅，成了一知半解的學問。我知道想研究經濟，應當從亞當斯密 Wealth of Nations 研究起，但嚴幾道所譯的「原富」，以中國的古文，翻英國的術語，佶屈敖牙，意義本淺，轉為深奧難通，我看了兩三遍，越看越不懂，我當時卽下決心捨棄廣東的事業，去美國留學。我要到美國的原因有兩種種，第一是我的英文已有些根底，我已學習英文四五年，而又當過英文教員，到了美國用不着再從新研究文字，比較事半功倍。第二是在美國可以半工半讀。我求學自從入法專起以迄北大止，都靠着報館的撰述和通訊維持，如果到了外國，自然不能再擔任。半工半讀祇有美國，除了美國沒有這樣方便。當仲甫還任教育委員會委員長時，我已表示過我的意見，仲甫也贊成我的主張。

在仲甫離粵之後，第三國際的代表名叫斯里佛烈 Slevelet 的偕着張繼先生自滬來粵。斯里佛烈化名西門 Dr. Simon博士，他是一個荷蘭人，在爪哇宣傳共產而被當地政府放逐，故改派來中國負了代表第三國際的任務。張繼先生和他約我在長堤的西濠酒店談話，張繼先生提出國民黨和共產黨合併問題，當時他們所談的還不是國民黨容共問題。大約這個問題是斯里佛烈和張先生已經談過，並且有成議的。當日擔任翻譯的是張春木，後來改名為張太雷，做了鮑羅廷的翻譯。他也是北大的學生，去過俄國，也是中共的委員，至十六年廣州共黨暴動時在戰爭中被我們的砲艦擊斃。他們問我的意見如何？我當時很詫異，在第一次全國代表大會不是他們還要發宣言要反對 孫先生的嗎，為何變得那樣快？

我不贊成這個提議，因為我有我的理由。第一，國民黨的主義和共產黨的主義究竟不同，今日縱合，終久必分，與其將來分裂，倒不如各行其是，祇在黨外合作。第二，我尤其堅持我的意見，我先問合併之後，共產黨是不是存在，他們說不解散。我說共黨既然不解散，則是黨員有了兩個上級機關。我承認國民黨是革命黨，共產黨也是革命黨，如果兩個上級機關有不同的命令時，黨員服從了國民黨即是對於共產黨叛黨，倘服從共產黨時則是對於國民黨叛黨。兩個黨是革命黨，叛黨卽是反革命，叫黨員何以自處？當時我的立論完全從黨的主義和立場去辯論，却從未想到共黨要加入國民黨，實在要吸收國民黨份子，和假着國民黨招牌來擴展共產黨活動的陰謀。假使當時我就知道的話，我也還是反對，因為我的主張以為一黨的革命就在於取得廣大羣衆的同情，光是用策略和陰謀，只是一種旁門左道，而非正當革命的方法。

斯里佛烈雖然提出這個合併主張，却和我辯論很少，他是比較沉着的，而且他還要去桂林見孫先生商議這個問題，在未有結果以前，他不大願意發表意見。但張先生呢，却非常熱烈的和我爭辯，他說國民黨已老朽了，須要增加新的血輪，所謂新血輪就是共產份子。而且三民主義和共產主義沒有什麼不同，現在列寧在蘇俄實行的新經濟政策就是三民主義中的民生主義。國民黨和共產黨既都同是革命黨，則所發命令自然更不會不同，因之黨員也不會發生反黨和反革命的事實。我們辯論了兩個鐘頭，我還是堅持我的主張，這次辯論祗是私人間交換意見，當然沒有結論。末後斯里佛烈要我介紹見　汪先生，並在教育會會堂作一次公開演講，宣傳俄國革命後種種進步，邇後他就跟着張先生去桂林，回粤之後也不找我，逕自回滬。傳來的消息，他們此行，沒有什麼結果，焉知道當日熱心主張國共合併的張繼先生倒成爲後來元老派中的反共大將，這眞是一件不可思議的事了。

仲甫先生離粤不久，　孫先生便由桂林回師轉道廣東北伐，師次梧州，陳烱明下野退居惠州，孫先生免了他的省長職務代以伍老博士廷芳，胡漢民先生任了北伐行營的秘書長，許崇智率了梁鴻楷、黃大偉、李福林、朱徵培出發韶關，入江西北伐去了。陳烱明的部下葉舉，在攻廣西時任了總指揮，是時也放棄了廣西，把所有陳系軍隊都帶回了廣州，廣州的城內城外都是陳家隊伍，那時形勢眞可說是劍拔弩張，陳烱明的叛變直是指日間事。

倏然仲甫先生又由滬來粤了，他說是來粤視察黨務的，我們開了幾次會，討論今後黨的工作問題，仲甫又找着陳烱明的秘書黃居素先生，說要往惠州和陳烱明相晤。我以爲仲甫先生是慰問陳烱明之意，人是有感情的，仲甫既由陳烱明請來，現在陳烱明下野，一去存問，也是人之常理，所以我並不加以勸阻。仲甫先生又要我陪行，我說我向來沒有見過陳烱明，黃居素幾次介紹，我都婉謝。因爲我同粤之初，就決定辦報而不見大人先生，所以這次我也不願去。仲甫對我說，他和居素不大熟，旅途寂寞，多一個熟人，比較有說有笑，一定要我同行。後來我告訴仲甫他一定要我去時，我祇是陪行，而以不同見陳烱明爲條件。但是他們到了惠州去見陳烱明時，我也不是一樣寂寞嗎，所以我堅挽秋霖一起行。那時在羣報的同事中，我最和秋霖談得來，他雖然是國民黨而我是共產黨，我從來不勸他相信共產黨，也從來不要求他入黨，每天共同工作，共同食喝。夜晚工作完畢便一起逛長堤，步着夜月至家才分手。

時間是記不起了，總在將近夏天罷，我們四個人搭廣九火車至石龍，由石龍轉輪船往惠州。我還記得在船上過了一夜，仲甫和居素同住一艙，我和私霖同住一艙，早上到了惠州，進了旅館，九時左右仲甫便和居素給陳烱明接去了，我和秋霖便在惠州城內亂逛。見了一間女子師範，秋霖發起進內參觀，我覺得沒有多大意思，而秋霖堅持着非進去不可，秋霖那時還沒有結婚，大約是求偶心切罷，見了女師的招牌，免不了有些遐想，君子成人之美，反正是遊覽，我何必固執己見。名片遞進之後，出來迎接的是一位校長金碧西，談起來她是市民大學聽講的學生，原來我和她有師生之雅，惠州和廣州雖不遠，也可謂他鄉遇故知了，她帶我們參觀各教室後，又要請我食飯，又要帶我們遊惠州的西湖，秋霖大概是興盡了，而我那時還非常面嫩，總覺得遊覽地方有了女子同行不方便。秋霖和我是無話不談的，更不難長日遊玩露出粗獷的面目，因此我們都婉辭了。回至旅館仲甫們還沒有回來，大約陳炯明留他午膳了，我們草草食了午飯，買了四五斤荔枝，沽了兩三瓶酒，逐至西湖雇了一隻小艇，到處遊覽，惠州的西湖比杭州的西湖具體而微，那時陳炯明住在西湖角上一所祠堂，西湖一部分倒成了戒嚴區域。我們關照船夫隨便在湖上蹓一下，便泊在一個堤下的橋孔，開始縱談，飲酒，食荔枝，末後更趁着清風徐來水波不興，大睡其覺。及至午睡醒來，飛鳥投林，夕陽啣山，我們便回旅館。仲甫和居素早已回來，我們便又打疊下船回石龍，乘車回廣州了。在船上仲甫告訴我，陳炯明不像下野樣子，室內掛滿了軍用地圖，桌上架滿了軍用電話，恐怕廣東不免有事，我聽了默然。居素和秋霖都目爲陳系的人，我在仲甫面前，不好表示甚麼意見，更不好說甚麼話。

仲甫先生在回滬之前一日，約我在宣講所談話，我記得是下午，學生已經放學，因爲植棠在我的所長辦公室，他拉了我在院後的第二班課堂談。他說廣東恐怕不久必有變故。我們應知有所適從。論道理是應當聯孫，論力量是當聯陳，問我有甚麼意見。仲甫先生到底是刺探我的，還是眞要問我主張，我至今不敢判斷。但我正色對仲甫說，我們暫時不說道理和力量，　孫先生到底是中國一個人，陳烱明縱然了不起，也祇是廣東一個人，何去何從，先生當知所擇。仲甫聽了我的話，默然一回，說我們看罷。自從這次他離開廣東以後，一直到民國十五年一月國民黨開第二次全國代表大會，我們才重相見。

我看見廣東的緊張局面，更使我急於離開廣州，於是立卽籌備赴美，有一天早上，汪先生約我至他家內談話，說廣東法政專門學校校長金章已經離職，要我繼任，徵求我的同意。當時胡漢民先生主張林雲陔，而伍老博士則主張葉夏聲，汪先生告訴我，他和廖仲愷先生倒主張我長法專，因我可以專心辦教育。汪先生並且告訴我，當日下午就要離開廣州赴香港往浙江見盧永祥。我告訴汪先生，我久已想出國，一切都已預備，並且已在交涉署取得護照，現在所餘者僅是旅費問題。汪先生也不強我所難，更給了我一封信去見新任廣東財政廳長程天斗，就此我們便分別，直至到後來我在十四年回國之後才見面。

陳烱明終於叛變砲擊觀音山總統府，並通電請孫下野，叛變那天上午　孫先生率了兵艦回泊白鵝潭，砲擊陳軍，自此數十天廣州終日處於一個震撼飄搖的局面。這樣砲火連天的綿亘了數十日，孫先生遂回滬上，陳烱明扭揑了許久，才由惠州回廣州。程天斗因事變走香港，我的留學經費又行擱起，不料因陳炯明的叛變，影響到我和陳仲甫的分裂，影響到羣報的分裂。那時上海消息非常之消沉，平山雖然似浪漫無所容心，但聰明却不後人，和我商議要我們舉他赴滬探聽消息，趁早脫離這個是非之地，我自然聽他的話，開了一次會，舉他爲廣州共黨的代表赴滬。我那時的確無法離開廣州，因爲我赴美的旅費還未得財政廳發給，而且平山旣去，廣州共黨更無人主持，並且我的家事還未了，我去之後，就算工讀有了着落，老母的家用託誰維持都是一個問題。在陳炯明叛變之後，我祇在報上得一個消息，說上海孫先生已派了許多委員籌備改組國民黨，陳仲甫也是委員之一，其餘都不知道了。

還有一件事我直到今日才願意順便公開的，就是廖仲愷先生被陳炯明認爲他這次下野的主動者，在叛變之前一日，騙他到石龍扣起還未放出，末後更解至廣州幽囚在西村的兵工廠，更使我逗留在廣州。說也奇怪，我和廖先生本來不熟，祇在教育會開會時見過幾次，他做他的財政廳長，我做我的敎授，風馬牛不相關。那時汪先生是廣東的教育會會長，廖先生和我都是評議員，我們沒有談過話，沒有交過言，祇在評議會上偶然相見。那時我很愛騎馬，恰巧劉毅夫跟了唐繼堯回滇，把他那匹老馬硬送給我，所以我每天早上都在東山的百子路跑了一回馬才上課。每天馳馬之時，也碰着廖先生回辦公廳。一個是乘馬，一個是坐車，路上碰見點點頭，由是遂發生一種不相交言的神交情感。而且從各方面所得的消息，廖先生非常廉潔，在叔季之世，而有這麼一個乾淨人，不由得不使我心折。我聽見廖先生被扣，心內眞是焦急萬分。我知道對於營救廖先生我是無能爲力，但相信可以盡萬分之一的人事。我不認識陳烱明，更不認識陳系的軍人，但我認識金章先生，金先生是法專的校長，外間盛傳金先生是陳烱明的幕後策士。我想此時不救廖先生，更待何時救廖先生。我是沒有把握的，但金先生素來敬重我，或者因我一言，有轉圜餘地。我從來沒有到過金先生的私宅，爲了營救廖先生之故，和他見面好幾次。末後廖先生是釋放了，我也安心了，由是我遂放心準備離廣州出國。這一段的經過，我從來沒有告訴過任何人，我旣沒有告訴過廖先生，也沒有告訴過廖夫人何香凝，更沒有告訴過廖夢醒小姐，倘然今日廖先生還在世，我更不會公開的自述。自然當日營救廖先生的不止我一人，何必貪天之功，以爲己力。就是我一人幹的罷，也不過路見不平，拔刀相助，無功可言。這是不是一種正義感呢？我更不敢說，反正是我的一種特別怪脾氣罷。

廖仲愷先生釋放之後，家事也處置完畢了，母親生活的維持託了一位杜先生，於是我候船出國。恰在這時張太雷啣了上海中共之命，並携了仲甫先生手書來粤見我。希望我立刻離粤往上海，因爲上海盛傳我有幫助陳烱明的嫌疑。我看見仲甫的信，眞是小說所說三尸神暴，七竅煙生，問張太雷是根據了甚麼證據，他說上海許多國民黨員都那樣說，而且香港的報紙也登載過。我說許多國民黨員到底是甚麼人也要指出，至於那張香港報是晨報，我也見過，附陳者首名是古應芬，而把我排在第六第七名，頭一名的古應芬就不是附陳，末後更往江門組織大本營討陳的。我沒有做過陳烱明的官，沒有拿過陳烱明的錢，並且也沒有見過陳烱明。陳烱明是紅是黑的，我都不清楚。廣東我是要離開的，但不能立刻，因爲出國護照還沒得美領事簽字，而且還要候船，我總不能跑到香港和上海等船期，我是一個窮教授，萬不能花了許多預備留學的經費無聊的呆住在上海。張太雷又勸我，要留學何必去美國，何不去莫斯科。我的肝火已動了，我爲甚麼要到美國的理由也不願再申說，祇說我聯陳不聯陳，陳仲甫應該知道，剛去上海的譚平山也應該知道，何以兩人知而不言，他們不止夠不上做朋友，而且更夠不上做人。至於我要到美國，也早在仲甫在學時候決定，何以贊成於前，而阻撓於動身的俄頃，是不是跟我開玩笑。我一口拒絕了張太雷，祇託他帶一封信給仲甫，這封信長至千餘言，現在也忘記了，問他還記不記得他問我聯孫或聯陳，問他還記不記得我的答覆。末後附帶罵平山，說我們做了朋友和同事多少年，連我的性格和主張都不清楚。我在廣東的行動都是公開的，他對我是知道淸楚的，上海這樣無稽之言，爲甚麼默無一語。人之相知，貴相知心，似這種賣友之人，連做尋常的朋友都不配，遑能論乎共同艱苦奮鬪。我聲明自今以後獨立行動，絕不受黨的羈束了，我也從此脫離共產黨了。翌日我們在一個木作樓上開會，我把這些經過報告了廣州共產黨，聲明卽日起不再負責。那時會場起了很大的震動，譚植棠劉爾崧發言最多，全體主張廣東共產黨獨立。我自問不願意再和共產黨一起，對於獨立與否我不贊一詞，祇是聲明脫離一切共黨關係，決心出國，末後譚植棠因爲幫我的關係竟被他們開除黨籍，兩年之後才復加入，而劉爾崧也受了嚴重警告，其餘黨員處分有差，這些事都是我到了美國或在回國之後才知道的。我既決心不再問共產黨事，遂於十一月上旬翛然附春九渡日本，過上海連岸也不上，省得麻煩，後來在日本一逗留便是三個月，在民國十二年二月十二才由橫濱渡美。

對於羣報的結束，我應該說幾句話交代。本來羣報的陣營就相當複雜，我在上文也曾述過，因着陳烱明的叛變，雁聲起了很大反感，發起老脾氣，天天在編輯室罵人。他所罵的自然是陳烱明和陳系的軍人，據茅連茹，當然牽到秋霖身上。他們兩個人私交本來很好的，至是雙方都有些不自然的態度。我佩服雁聲，也可憐秋霖，雁聲在羣報同人眼中本來是一個性情孤僻的怪人。但無論怪到怎樣，他在這個時候倒是不畏強禦，大義凜然。而秋霖呢？雖然平日同情陳烱明，但圍攻總統府，心內終不謂然，可是反對在心頭，苦處却說不出口。

正在無法解決之際，羣報的惡命運臨頭了。代陳仲甫而爲敎育委員會委員長的陳伯華先生，平常人都目爲一個好好先生，忽然注意起羣報。他說羣報是共產黨的機關，廣州在陳烱明掌握之下，不能任共黨宣傳，他提出兩個辦法，一個辦法是收買，一個辦法是封閉。這個嚴重的惡運臨頭，在平山未離粵之前我和他及植棠討論結果，祇好出頂，但是附帶有個條件，卽是出頂之後不能再用羣報名稱。現在彷彿記得頂費是三千元罷，除發還股東本之外，恰恰夠還債，大約他們早已把羣報的賬目算好，所以頂費出得不多不少。這一次也算是強制收買，我們辛苦經營的羣報不在莫榮新淫威之下橫死，倒在陳烱明叛變之後夭折了。

五

我到日本之後，倒碰見許多熟朋友，有些朋友是在橫濱的華僑學校教書，有些朋友是在東京讀書，還有些朋友在橫濱領事館服務，他們或者是在廣東法專的同學，或者是北大的同學，一時倒不覺寂寞。我在橫濱住了十幾天，到東京早稻田大學附近一家貸間和朋友居住，不到一個月，我又回到橫濱住在一家英日合壁的旅館候船，眨眨眼又是民國十二年一月了。

那時廖仲愷先生自上海來日，住在中國的公使館他的兄弟廖鳳書先生那裏，不知道他怎樣知道我在橫濱，他派了一個中國的海員到橫濱華僑學校找我，要我到東京和他見面。終於一天借着一個書畫展覽會參觀之便，我又到東京的中國公使館。我記得那時在座的除了廖先生之外，還有許崇清先生和我的親戚二人。我本來和廖先生很生疏的，這時在異國相見，倒非常親切。他告訴我沈鴻英和楊希閔的軍隊已佔領廣州，但沈鴻英是靠不住的，剛剛接電報，沈鴻英已被楊的軍隊驅逐至北江，廣東大概可告安定，我們可以回粵做些事了。他又問我以後怎麼打算，我告訴廖先生我還要到美國留學。廖先生很不客氣的勸我不要到美國，他說去了幾年，也不過如此，倒不如早回廣東做點事。我問他做什麼，他說法專沒有妥人接辦，你還是當法專校長罷。我默然了一陣，心想又是法專校長問題，然而當時我實在不好多說，因為我求知的心情是沒有人可以了解的。當時我在廣州教書，據社會的批評，似乎我已是一個名教授。在一個已博有社會微名的人，而說還要求學，是令人難得相信的一件事。可是學問不足，祇有自知，我不能以膚淺之學騙人，更不能以膚淺之學騙自己，但若再堅持求學之意，恐怕廖先生不相信，終於默然之後說：「再看罷。」見了廖先生之後，我遂回橫濱，一夜天氣很冷，忽然接到廖先生一封信，說希望我到熱海一行，因為那天在座還有幾個人，許多話不便談，現在在熱海可以多談幾句，如果來的話，希望接信之後即來，他在熱海也不會停留很久的。

我接了廖先生信之後，心裏很猶疑，我不怕什麼，祇怕廖先生又要我回廣東。但後來想想還是去罷，因為不見得廖先生會太勉強我，他真迫我時，我還可以把心情儘量告訴他。這次廖先生倒不提出我回粵問題，祇是詢問我國共合作意見，我告訴他我和斯里佛烈和張繼先生談話的經過，他沉吟了一下說，我們不妨和越飛談談。這時我才知道蘇俄駐華代表越飛也來了熱海。晚上三個人見了面，越飛告訴我蘇聯命令中國共產黨加入國民黨，實為完成中國的國民革命，而且越飛更鄭重的說，中國祇有實行　孫先生的三民主義，絕不能行共產主義。我問越飛蘇俄希望共產主義何時在俄實行，越飛只是搖頭不答。我問越飛六十年共產主義在俄會實現嗎？越飛倒很老實，說還是一個疑問。廖先生很滑稽的笑着說：「公博，你還有什麼話說，我們要做革命黨也要做現在的革命黨，不要做一百年後的革命黨，我們努力實行三民主義，不必再討論了。」廖先生這句話倒使我非常感動。不過我撇開國共的問題不談，我表示我祇能做一個黨的黨員，不能做兩個黨的黨員，因爲我的性格，既然不愛騙人也不愛騙自己。我回横濱之後，終於在民國十二年二月十二日搭美國總統號赴美，開船的第二日在船上還接廖先生一個電報，希望我趕速歸國，但是我既然決心求學，又焉好半途而廢呢！

抵紐約之後，我入了哥倫比亞大學的大學院，那時我又由哲學而改研究經濟。我研究經濟的理由，固然因爲經濟學上許多問題不能解答，尤其迫我研究經濟的，我那時已有一個信念，即以爲除了責任之外更沒有什麼道德，除了經濟之外更沒有什麼政治。前一個思想是我研究倫理學的結論，後一個思想是我研究各國政治史的結論。

我抵美之後，接植棠一封信，說上海的共產黨決定我留黨察看，因爲我不聽黨的命令，黨叫我到上海我不去，黨叫我去蘇俄我又不去。我不覺好笑起來，我既不留黨，它們偏要我留黨察看，反正我已和他們絕緣，不管怎樣，且自由他。但我和共產黨絕緣是一件事，而研究馬克思又是一件事，我既研究經濟，應該徹頭徹尾看看馬克思的著述。我一口氣在芝加哥定了馬克思全部著述，他自己著的資本論和其他小册子，甚而至他和恩格斯合著的書籍都買完了。我在美國第一年除了研究經濟史和經濟學史之外，其餘時間都用在馬克思理論身上。我最先發覺的就是馬克思所說中產階級消滅的理論絕對不確。照馬克思的理論有幾個階段，第一個階段是資本主義消滅了封建，第二階段，資本主義更消滅了中產階級，然後社會上僅存資產階級和無產階級兩大壁壘，最後的階段是有產階級自掘墳墓而無產革命成功。但是我們空想是無用的，我們要寫一本書，誰都可以提出相當的論據，我們必得要調查，從我的調查統計，美國那時距馬克思的共產宣言出世，中產階級不但沒有照他推想消滅，反而增加至百分之十二，其他所謂資本主義國家大致相同。這個原因，因爲在馬克思之後產生不少技術工人，這班工人的工資比其他自由職業者的收入還大，於是這班工人遂慢慢變爲中產階級，至於爲中產階級中堅的農民增加數還不在內。這樣馬克思引爲革命基礎的產業工人羣衆根本潰散了。

第二個發覺是馬克思的辦證法不確。辦證法是共產黨人所認的秘寶，在辯論中動不動拿辦證法來塞反對者之口。我研究辦證法的結果，辦證法固然不是馬克思所發明，也不是馬克思的老師黑格爾所發明，而是由希臘形而上學的學者斯諾所發明。據黑格爾的辦證，一切進步都由於矛盾，由矛盾而生眞理。A正面和B反面的對立便生了C的眞理。不久D又作了C的反面，兩相矛盾便生了E的眞理。這樣相反不已，而相生也不已，但我不懂馬克思爲什麼獨斷到了無產階級專政的正面便停止，而不復有無產階級的反面？因此我認定共產宣言不是眞理而是對工人的宣傳，既然他的理論不是眞理而是一種煽動宣傳，所謂科學的社會主義便根本動搖了。

第三個發覺，馬克思所謂剩餘價值也是片面的觀察，據馬克思的主張，一個工廠的盈餘，都是廠主剝削工人而來的，在一個小小的手工廠，這個理論還有點相似，但施於大產業則馬克思的理論完全失了根據，譬如拿一條鐵道來說罷，鐵道是獨占的事業，剩餘價值很多，但剩餘價值決非單由於鐵道上的工人日常工作來的。當建築鐵路時國家給他事業的獨占權，沿鐵道土地的強制收買，都是造成鐵路剩餘價值的很大原因。但我想爲什麼馬克思有這些荒謬理論呢？我更研究馬克思著書的時代，著書的地點，才恍然大悟。因爲馬克思寫那本資本論時候是在英國產業革命的初期，而馬克思又在那時因流亡卜居英國寫這本資本論。英國產業革命初期的確有這些剩餘價值現象，所以馬克思據爲定論，馬克思的資本論就算有價值罷，也祇如亞當斯密所著的原富和馬爾薩斯所著的人口論一樣的價值，時代一過，事實不同，而共產黨人奉爲金科玉律，眞是非常可笑。

我經過長時間的研究，我固然不贊成馬克思的社會主義，也不贊成亞當斯密的自由主義，我深深感覺在今日的中國捨民生主義實在無法可以建國和復興，我決然擺開馬克思所有著述，而專從研究美國的實際經濟着手，留待歸國參考之用。我在美國前後三年，中間也好和社會主義者來往，美國著名的社會主義者斯葛尼寧 Scott Neering 就是交遊中一個人。他那時還沒有去過莫斯科，對於蘇俄是懷疑的一個人，他祇是研究社會主義而不替蘇俄宣傳，我提出許多問題辯論，他也無法解答。我又提出三民主義和他討論，他倒承認是中國革命的一種妥實主義。

在美國當時的生活我也順便一提，我三年中在美國祇是去過一次波士頓，去過一次華盛頓，什麼黃石公園，什麼洛磯山，我都無力遊覽，爲着我的生活，寸步不能離紐約。中國方面是無法接濟學費的，我在夜間祇在所謂中國城的華僑學校做教員，月得八十元，藉以維持學費。美國華僑的堂鬬是駭人聽聞的，有所謂安良堂，有所謂協勝堂，各結黨徒，以煙賭爲業，或者每年發生一次堂鬬，或者一年發生數次堂鬬，兩方面偷偷摸摸開槍打死人。他們開起火，是不問是非的，如果一個姓李的給姓陳的打死，凡是姓陳的都在可以報復之列。大約這是廣東鄉村械鬬的遺風罷，也可以說是部落呑併的餘跡罷。華僑堂鬬是司空見慣一件事，我在紐約三年也碰過發生兩次，關心我的同學們都勸我不要到中國城，但是不教書又怎樣生活呢？我常對我的朋友笑說，你們的盛意是可感的，但去教書是可以打死，不去教書是可以餓死。打或者打不死，而餓是一定可以餓死的，我還是教書罷。

在美國三年眞是埋頭讀書，國內朋友很少通音問，政治上的朋友更是不相往來。一次陳秋霖來了一封信，才知道滇桂軍佔領廣州之後，他到香港替陳烱明辦了一個報館喚做新聞報。我覆信勸他愼重考慮，我不贊成陳烱明的爲人，這樣無意義的事也不宜再幹。後來遲之又久，秋霖又寄了我一封信，中間還夾着印紅色的新聞報，說他已經反正，脫離陳烱明，擁護　孫先生。他這次舉動，也算是一種非常行爲，是卽香港有名的「報變」。我想秋霖是可愛的，覆了一封信贊成他的行動。

倏忽三年，大學算是名義上研究完畢了，碩士學位已考過，應該考博士了。可是當前有一個難題，就是哥倫比亞大學的制度，凡是博士都要把論文印三百本送給圖書館才能得博士證書。我是沒有錢的，也不是淸華學生有公費印書的權利的，那本論文排字費就要美金一千元，我就想到廖先生的身上。廖先生那時已做了廣東省省長，我想大槪他可以幫我一個忙罷，去了一信，要求他給我一千元的印刷費。廖先生託人來了一個通知，說如果我回國，他可以設法滙我一筆旅費，若是考博士，他倒不願幫助，所以由廣東大學滙來美金六百元，恰恰足當回國旅費之用。我躊躇了許久，想想得一個博士頭銜終無實用，得了博士，不能歸國，也是枉然，決然捨去博士遵歐洲大陸歸國。

哥倫比亞是美國著名四大學之一，所謂四大學除了哥大之外，便是耶路，哈佛，丕林斯頓。四大之中，哥倫比亞大學的學齡最少，取得博士也比較容易，美國從前本來嘲笑哥大的博士爲半個博士，我旣是考了試而沒有證書更是半個之半個了。我曾經想寫一篇「四分之一的博士」來描寫我在哥大的生活，祗是因循至今還未執筆，現在索性不再寫了。

六

我是在民國十四年二月離開紐約赴倫敦的，此行不過藉回國之便順道遊覽，由倫敦赴荷蘭，轉柏林，遊巴黎，最後止於羅馬。自然因爲自己是一個四分之一的博士，少不免在各國參觀各大學，牛津大學、柏林大學、巴黎大學都去訪問一次，但實在說那都是走馬看花，毫無所得。抵羅馬時，讀報知道　孫先生在北京逝世了。我看了這段消息，還不敢置信，因爲　孫先生久病我是知道的，在美國時就有好幾次謠傳他逝世。可是翌日報紙又說俄國打算送他一具銅棺，這恐怕是眞的吧，到中國公使館去打聽，才知道這消息不假。　孫先生眞的逝世了，心情一時紛亂，好像中國已入於絕望的境地。心想廣東局面會變成怎樣呢，中國的大局又會變成怎樣呢，這麼一想眞是歸心似箭，立卽乘車至納波里，附一艘德國貨船回國。我當時實在無心與聞政治，但不知怎樣，中國的政治前途倒亂我的心情。

到了香港，才知道東江已下，廖先生正和加倫將軍於我抵香港之前一日由港赴汕頭，汪先生則以病留滯在上海，我在香港逗留了幾日，和秋霖會了面，問問他當日所謂報變的情形。數年不見，秋霖已是結婚了，秋霖的性質也變了。在羣報時代，秋霖好像不羈之馬，食宿無時，惟適之安，我還記得，我們常常在看完大版之後，跑長堤，步月亮，現在秋霖則在報館工作還未完畢卽匆匆忙忙回家。這種脾氣的突然改變，不止我驚詫，連一般朋友也驚詫，後來他和廖先生一齊殉難，人們還引他脾氣突變爲一種早死的預兆，自然我是不會相信這種迷信無稽之談，不過他的脾氣改變當時確使我非常驚異。

我回到了廣州，廖先生也由東江回來了，汪先生也自滬歸粵了，那時正在計劃着東江回師，撲滅楊劉，我名義上算是擔任廣東大學的教授（那時還未改稱中山大學），替大元帥府起草了兩篇文告，知道廣州戰事要發生，把老母送至香港，而著名的省港海員罷工正在那時醞釀。

我回廣州之時，遇見了植棠，才知道共產黨已將我的共產黨籍開除，他因爲有幫助我的嫌疑也被開除，近來又復了黨。我對植棠笑起來，這次的糾紛，我也不再算帳了，到底是我開除了共產黨，還是共產黨開除了我，竟是一種官司打不清的公案。共產黨對於我的行動報告也是分歧而奇怪的，據許多人在莫斯科所看的資料，我被開除的原因是爲着幫助陳烱明，而在北京俄國大使館所搜出的文件，則說我有無政府的傾向，至於何以脫離共產黨，原因不明（這種文件是後來我辦革命評論時，美國駐滬領事許士頓 Huston 拿給我看的）。我脫離共產黨的原因，直接知道清楚的祇有仲甫、平山、植棠，間接知道的祇有張太雷，就是在廣東共產黨面前，我始終沒有宣佈仲甫和我那一段談話。

共產黨知道我回粵，也曾召集一個會議，討論對付我的方法，當時最反對我的是以前最同情我的劉爾崧，他簡直反對我同廣州，但後來有人提議，我的為人要活動起來，反對也會活動，贊成也會活動，我的活動決不會因有共產黨反對而受限制，最好是設法使我忙於工作，這樣或者使我太過於活動而反限制其活動，這個提議者為何人，共產黨人不肯說，然而這個方法倒是一個聰明的方法，終於決議通過了。劉爾崧為什麼反對我同廣州，據後來得到共產黨朋友的報告，說劉爾崧已在工運有了地位，廣州工運當日由我一手做成，恐怕我同後，他對工人沒有把握，而且他正與各女工會的女領袖多數有了關係，抬出一個政治結婚的好招牌，更怕我抓着他那個弱點。

廣州的楊劉撲滅了，國民政府在七月一日成立了，廣東省政府也改組了，這些都與本文無關，不去贅說。和我有關的是我的工作，一個是軍事委員會的政治部主任，一個是省政府的農工廳，這兩個工作都是極繁重的工作，而又為共產黨最注意的工作。在軍事委員會的政治部就有兩個俄國顧問，一個是斯乃德，一個是馬墨耶夫，最後基散加代了加倫做軍事顧問時，更加上一個鐵羅尼。我底下三個處長都是共產黨人，這是在內的。而在外的，第一軍的政治部主任是周恩來，第二軍的政治部主任是李富春，第三軍的政治部主任是朱克靖，第六軍的政治部主任是林祖涵，海軍局的政治部主任是李之龍，全都是共產黨，這些主任都是軍事委員會決定之後交下來任用的，我對第四軍和第五軍的政治部主任我不願意再任共產黨了。我對第五軍任命了李朗如，至第四軍呢，正在物色人選，一天斯乃德對我說，我既不願再任共產黨人，那麼羅漢比較為宜，羅漢是黃埔的優秀學生，汪先生是可以同意的。我呈明汪先生後便委他去第四軍，那裏後來一打聽，羅漢也是共產黨，直至後來北伐軍出發，才改委了麥朝樞。

農工廳的工作也是異常繁重而困難，省政府還未改組，農工廳還未成立，已有沙基的慘案，已有香港的總罷工。香港的工人許多到了廣州，成立了罷工委員會，自然在罷工委員會內有着共產黨的主持，蘇兆徵差不多變了勞工政府的領袖。那時廣東的工運儼然分爲兩派，一派是共黨，一派是非共黨，共黨的工運是很幼稚的，然而非共黨的工運更是幼稚，兩派爭奪工會，爭奪工人，可以說無一工會不罷工，更可以說無一日不罷工。這兩派的主持人都是不可以情動，不可以理喻，露宿請願，集團遊行，更是司空見慣的事。共產黨對於工人所開的空頭支票太多了，起初要以罷工來吸收工人，終至不能兌現而不能指揮工人，我是一個農工廳長，職務是調停勞工糾紛的，照這樣有計劃的罷工和無意識的紛擾，眞是無從去措手。

廖先生當日不知爲什麼要我做農工廳長，我想大約知道我參加過共產黨，對於共產黨那一套把戲總有點知道，可以有些辦法的罷。我也是憑着這一套，不斷和他們衝突、交涉，但是無論如何，也只能相安一時。廖先生在未被刺之前，有一天也忍不住對我說：「平山的爲人，你得注意」。我笑了一下，心想平山倒容易對付，所難對付的是他後面鞭撻的人們，但我始終不言，因爲我不想他煩惱，就是說恐怕他也拿不出辦法，一切的困難，我個人擔上身上便算了。實在說，當日的香港總罷工祇想罷工一天，爲五卅事件的一種示威表示，但以香港英國政府小題大做，而廣州又碰上沙基慘案，便勢成騎虎。香港總罷工在北伐以後糊裏糊塗結束，不能不謂爲共黨的一種失敗。

我在廣州工作之時，眞是處在一個夾攻地位，共產黨是對我穩紮穩打，步步爲營，所謂顧問，簡直等於監視。而國民黨人則許多都以爲我是共產黨，處處現出了歧視的目光。但我這個人的脾氣，一不好分辯，二不好解釋，祇有埋頭工作，完成我崗位的任務。

汪先生和廖先生是知道我的歷史的，我回廣州時對汪先生說明我的經過，因爲，汪先生要我任政治部主任，我的主張和經過不能不向他說明白。廖先生面前我也說過的，因爲廖先生徵求我同意做農工廳長，我應該表明過去我和共產黨離合的事實。除兩位先生之外，誰也不知道我和共產黨的糾紛經過，就是我對兩位先生也沒有提過我和仲甫決裂的原因，在我辦革命評論當時，南京還咬定我是準共黨不用說，就是民國二十年底寧粵合作，古應芬先生在汪先生離粵北上之時，在他病榻上還苦苦勸汪先生要離開我，因我是一個共產黨。

我回粵之時，眞眞沒有想到從事政治。人最要緊是有自知之明，我不是說對政治沒有興趣，祇知我的性格不宜於政治。我有豐富的感情，有銳敏的理智，然而銳敏的理智有時敵不過豐富的感情。政治有時眞要冷要辣的，我的手腕或者可以冷和辣，然而我的性格不能冷和辣。自已失敗事小，國家貽誤事大。我爲什麼後來從事政治，完全是禁不起廖先生的一激。在我沒有回國之前，廖先生已對人說我富於能力，但太聰明。所謂太聰明，就是對於個人的利害太淸楚，他這句話是有絃歌之意，使之聞之的。

我回國第一次見他時，我們兩個人的對話，似乎也值得說說，因爲他有了那一席話，才使我到今日成爲政治的鬪士。

「好了，你回來了，就搭起擂台罷。」廖先生很高興的。

我默然了一陣，我不知廖先生意何所指。

「你回來打算做什麼？」廖先生見我默然，現出一些奇異神態。

「我打算到廣大當教授。」那時我在美已受廣大之聘，並且六百元美金旅費就是廖先生叫廣大滙給我，作爲預支修金的。

「我們不希望你當教授。」廖先生斬釘截鐵的說。

「這樣廖先生希望我做什麼？」我反問着，並說明我性格實不適於政治。

「恐怕你還有理由？」廖先生聽了之後說，「性格也可訓練的，有了決心，性格也可以改變。」

「實在說，過去國民黨沒有什麼人，而且我也看不順眼，我原來也是看不慣才不願幹。」我祇好直言奉上。

「惟其沒有什麼人，才叫你加入，有了人，我何必叫你加入。」廖先生非常懇切的。

我又默然，因爲我實在想把這幾年研究所得來教授學生，若做了別事，實在於我初心違背。

「你對於現在政治是滿意了？」廖先生有些不高興。

「自然不滿意。」

「不滿意是要幹的。」廖先生迫着問。

「我不相信眞幹的有幾個人。」我也不客氣。

「你總相信我罷？」廖先生大約知道已到題了。

「我是相信的。」我並不是恭維他，因爲我已從各方得來的消息，他眞苦幹。

「既相信我，那麼我們一同幹，成功也一起成功，失敗也一起失敗罷！」廖先生再不遲疑的拿出最後的斷語。

經過我們短短談話，在最後一分鐘我便下了決心從事政治。我知道廖先生批評我太聰明，同時我就下決心專做笨事。既不諉過，更不邀功，直到今日，我還是如此。而且我可以在此附帶自白，我本來也想過一種優美的生活，食好的，住好的，研究些學問，閒寫些文章。但下了這個決心從事政治，立刻人生觀都改變了，因爲要過優美的生活，儘可做商人，做銀行家，做自由職業者，本着我的聰明才力，我相信一定可以做得到。但是要做官了，官是國家的職守，國家要他謀大衆福利，而不是要他謀個人福利的，更不是藉着官來肥己自私的。而且我眞討厭軍閥和官僚，尤其討厭留學生搖身一變爲軍閥官僚。我也是一個留學生，今後應該替國家爭氣，替留學生爭氣，這個一念之決，遂變爲今日之我。窮是人人都怕的，我也怕窮，但誰叫你做官呢？我既然做官，又做了革命時代的官，不獨窮而無怨，就是死也是無怨。這或者是一種識力罷，我平常履險如夷，並不眞是膽略過人，實在基於一種認識，古語說膽由識生，這是我一生經歷認爲不磨之論。

我寫至此地，可以說說鮑羅廷了。人們都說鮑羅廷在廣東的權威很大，這是不錯的，因爲他有蘇俄在後台，而且把握了中國的共產黨。可是人們祇知其一，不知其二，鮑羅廷的操縱政治，還在於他的技術。中央政治委員會開會，他多數是列席的，對於小事，他都沒有意見，但每逢大案，他必預先和出席的人們個別交換意見，等到大家都無異詞，或大多數沒有異議時，他才以顧問的資格提出。因此彷彿鮑羅廷所提的議案沒有不通過，這樣傳聞一播，鮑羅廷眞似可以左右政局了。他還有空閒的時間，不像我們負責的終日忙於工作，所以有許多時間可以考慮，可以思索，每逢個別談話，他有許多材料，還有許多理論，怕麻煩的人終於折服了。除了共產黨不算，許多投機家便奔走於鮑羅廷之門，聲勢更加浩大，儼然鮑公館是一個小政府。我目中的鮑羅廷的確是一個能幹的外交人才，至於工作和理論我倒以爲中人而已，他雖然是一個外交家，並且擅長辭令，但事實終是事實，我畢竟和他衝突了好幾次。

一次在廖先生被刺之後，我繼任中央黨部的農民部長，截獲了中共對於農運共黨的兩個通令，所有重要報告只要報告於共產黨，而不必報告國民黨。我拿了這個通令和鮑羅廷交涉，我很沉痛的說：「如果這兩個通令是僞造的，我便沒有話說，如果是眞的，那麼共產黨對於國民黨應否如此？卽就我本人立論，如果不拿這個通令公開，我卽失了國民黨的立場，如果公開，馬上足使兩黨分裂，而危及革命的進展。」鮑羅廷承認這是中共的幼稚行動，並承認以後當爲嚴格的糾正。

又有一次是在民國十五年四月末的時候，鮑羅廷由俄國同學找我作個別談話，我因病辭却，但是接連幾天，信哪，人哪，電話哪，不斷的追來，我心想又有重要問題來了。我病稍愈之後，終於一夜在鮑公館見面。

「現在國民黨已到搖動的時期，我個人以爲非找出一個實際領袖不可，陳先生以爲怎樣？」鮑羅廷很沉着而嚴重的樣子問我。

「黨的實際領袖不是有了嗎？軍事的領袖當然是蔣介石同志，政治領袖大概恐怕不出汪精衛同志和胡漢民同志。」我這樣說，心中一方面想鮑羅廷是不是找我開玩笑。

「陳先生你誤會我的意思了，我不是說軍事和政治的領袖，是說黨的領袖，黨自從孫博士（鮑是這樣稱呼　孫先生的）逝世了，須得一個來繼承。所以我的主張應得再舉一個總理，如果礙於總章，我們叫他是執行委員會的主席。」鮑羅廷這樣解釋。

我說：「這不是違反了黨的總章嗎？」

鮑說：「總章是法律問題，目前需要領袖是革命問題，我們爲了革命的實際，不能不犧牲點法律。」

「總章不也是應革命實際而立的嗎？」我這樣答，這時我已引起注意，想鮑羅廷的花樣眞多了。

「不錯，總章是應那時的革命實際，目前要一個主席是應現在的實際，爲要革命陣線的不破裂，陳先生總得犧牲了法律觀念罷！」鮑進一步的追問。

「誰來當這個主席呢？汪精衞同志既蕭然而去，胡漢民同志又怫然而行，北方老同志不肯來，目前祇有蔣介石同志可以擔任。然而兩月以來，羣情還是惶惑不定，我想介石同志必會謙退而不肯就，那麼這個問題如何解決？」我十分疑慮的問。

「我想推舉張靜江先生。」鮑不猶疑的答我。

「張靜江先生身體不大好，恐怕不會幹罷！」我更憂慮的問。

「這是另外一個問題，但主席非張靜江先生不可。你知道孫博士一生是不會哭的，孫博士在北京臥病之時，張先生被抬上北京去見孫博士，孫博士一見他便流淚了。」鮑這樣說。

「這是什麼解釋？」我更迫一步的問。

「你不要看輕這一哭，這在革命史上是佔極重要的一頁的，陳先生請你注意實際，不要注意黨的虛文，大家都贊成了，請你不必固執。」鮑終於搓着手很焦急的說。

這次談話，自然沒有結論，也毋庸有結論，我那時還不是中央政治委員會的出席委員，僅是列席的委員，鮑怕我反對，祇是作爲一種通知，暗示我不要發生異議。實在我當時對於主席的是否設立，絕沒有成見，祇是在三月二十之後汪先生去國，而發生這樣嚴重問題，我恐怕黨更要糾紛。至於張靜江先生的被提出，是否出自鮑的本心，我無從知之，但是我可以斷定就是別人授意的罷，鮑是贊成的，因爲國民黨的分裂，卽是共產黨之大利，這一層可以說絕無疑義。後來張靜江先生畢竟被舉爲中央常務委員會主席，黨畢竟分裂而有寧漢分立之變，而且就以張靜江作主席爲分裂的藉口。當日開中央政治會時，我簡直開口不得，譚延闓先生蔣介石先生首先都贊成了，我還有何話可說。

七

我這個人最奇怪，雖然共產黨對我那樣的注意，我倒持着人之欲善誰不如我之心，始終以爲他們要完成國民革命之後才有異動的，我對共黨倒沒有首倡分裂之意。國民革命軍終在十五年七月出師北伐了，我就任北伐軍的政務局長，把政治部主任讓給鄧演達。在戰爭的進行中，國共幸而沒出過亂子，不過共產黨已隨戰爭的進展，抓羣衆，抓工人，抓農民，當時無論國共也已前知兩黨終有一日破裂，但誰也隱忍不願在北伐未完成之前反臉，長江是到達了，漢口是下了，而武昌也破了，共產黨大大的活動起來，在武漢當時，人家批評武漢政府是共產政府，這一點我是不承認的，但是當時共產黨確是目無政府，武漢方面的總工會勢力非常之大，擁有類於軍隊的糾察隊，有槍械，更可以拿人，可以辦人，而且他們爲要吸收羣衆，最大的武器是煽動罷工，初下武漢之時，一個月中各工會的罷工竟達三十餘次，武漢當時眞是人民惶懼，鷄犬不寧，甚至外交部長陳友仁先生也對我說，爲什麼不拿辦他們？但我怎樣可以拿他們呢？我只管財政，鄧演達才管政務，鄧演達正醉心於無產革命，而當時湖北的省政府還未正式成立，我主持財政委員會，鄧演達主持政務委員會，兩不相涉，各不相妨，我祇能調停，不能直接行動，我祇找着總工會的劉少奇，說你們的計劃我是知道的，不罷工，工人不會來總工會請求援助。你們也不能吸收工人。但這樣罷工是會搖動國民政府，並且妨害國民革命的。你們若再胡鬧，我祇有不客氣。雖然經過我那樣詞嚴色厲，罷工之風稍戢，但共產黨要擴張勢力，依然抓羣衆，抓軍隊，兩湖的鄉區，共產黨更開始沒收土地，共產黨的勢力，眞足以傾倒政府。

在七月中旬又和鮑羅廷激烈的辯論過一次，第一個焦點是國民革命的領導權，第二個焦點是共黨所主張的階級鬪爭。我對於第一個問題的主張是：無論那一個革命，若要成功，首要確定革命的領導權，而革命領導權的誰屬，則不能不看人民的需要。中國目前如果需要共產革命，則革命領導權當然屬於共產黨，國民黨無可與爭。中國如果需要國民革命，則革命領導權當然屬於國民黨，共黨不能攘奪。否則革命惟有失敗，終至覆亡。照我的觀察，中國共產黨縱使不至攘奪中國國民黨的領導權，也有企圖共同領導的趨勢。自國民黨改組以至今日，國共兩黨惹起無數糾紛，分析原因，固由於爭羣衆，爭農工，不過一言蔽之，爲爭國民革命的領導權。所謂互派代表，都是空言，結果惟有失敗。我的第一主張，國民革命的領導權應該專屬於國民黨。

我對於第二個主張是：階級爭鬪是一種事實，如果有階級爭鬪事實，我們反對也會爭鬪。如果沒有階級爭鬪的事實，我們就是拼命提倡也鬪不起來。照馬克思的觀察，階級爭鬪自有他的歷程，其最要條件就是中產階級消滅，使社會上祇餘一個有產階級和一個無產階級，形成兩大壁壘，然後始謂之科學社會主義的階級爭鬪。中國是一個半殖民地的國家，產業工人的無產階級僅二百七十萬，我們目前絕不能單單注意二百七十萬人的利益而犧牲三萬萬九千餘萬人的利益。此二百七十萬的無產階級，數量既非龐大，其質量到底幾何能夠做社會革命的部隊，很成一個疑問。至於中國有產階級，我只能諡之爲有錢的個人，決不能叫他們爲有產階級，因爲他們沒有經濟的政治組織，尤其沒有操縱社會生產和消費的權能，實際支配中國的還是外國的有產階級。所以就中國來說，有產階級也沒有組織和訓練，無產階級也沒有組織和訓練，而最足影響中國社會的還是宣告中立的中產階級。中國現狀如此，如果提倡階級爭鬪，其結果形成多數階級的混鬪。此種階級混鬪的終極，第一使民族主義破壞，演成國民革命的危機。第二使小資產階級脫離革命陣線，減少社會的資本和生產力。第三使社會多數階級互相仇視，民權主義無法實施。第四生產低落、無產階級愈減功能，一方面不能建設國家資本，一方面更是妨害民生主義的萌蘗。

此外我更根本嚴酷的批評馬克思，申說馬克思理論不確的各點。鮑羅廷對於第一個問題，口頭上承認國民革命的領導權當然屬於中國國民黨，然而並無具體方法。對於第二個問題，始終贊同階級鬪爭，而否認階級混鬪足以釀成國民革命的危機。末後他更補充一句話，凡放棄階級鬪爭的就不是共產黨，他是共產黨所以不能放棄階級鬪爭。這次我們談話雖然不至於面紅耳熱，兩方都避免運用傷害情感的言詞，不過我們兩個人已至短兵相接，我相信國民黨沒有幾個人像我那樣在理論和事實和他激烈辯論過的。

武漢方面終於在十六年夏天繼南京方面淸黨，現在囘憶起來眞是不勝感慨。實在那年三月，如果蔣介石先生肯聽我的勸告，早由南昌移駐武漢，必不至有三中全會的劍拔弩張，寧漢也不至於分立。如果在汪先生囘國之後，介石先生不急急先成立南京政府，國共問題早有解決方法，也不至於有寧漢的對立。不過這些史實，我目前也不願談，祇好留待他日有編史之責的平心靜氣去下斷語，我寫完這一段話，不禁還感嘆一聲：「雖曰人事，豈非天命哉！」

現在我且說清黨的當時罷，武漢清黨時候對於共產黨還非常客氣，在七月十三日共產黨發表退出國民政府的宣言，十五日國民黨通過制裁共產黨的決議。十三夜譚平山還找我作最後的談話。這一段談話可以當國共分裂的最終談話，也可以當我和平山個人一段決別的談話。

我說：「現在國共已到不能不分的時期，我們是十年的老友，並且是三年來在國民革命共同工作的同志。今日共產黨已發出退出國民政府的宣言，則他日我們能否相見，很成一個疑問。今日我們談話，你應該離開共產黨的地位，我也離開國民黨的地位，以純粹革命黨的資格來談話。因我很相信我們為革命並且為羣衆的需要而革命，斷非專站在黨的立場而革命。其次今日談話的焦點，我專討論國民革命的領導權和農民暴動沒收土地的方法，其他枝節，我們當摒而不談。」

平山說：「這是我同意。對於第一問題，革命領導權當然屬於中國國民黨，但今日有一先決問題，是中國國民黨到底尙能否革命。中國國民黨能不能代表農工及對資產階級的利益，而建設一個狄克推多的政府？」

我說：「如果談到這個問題，以我隸於國民黨的立場，當然否認你的疑問。而且能不能革命是個人的問題，而不是黨的問題，若就個人立論，我不能肯定國民黨人個個能革命，但同時你也不能肯定共產黨人個個能夠革命吧！但現在我姑且承認國民黨不能代表農工和小資產階級以建設強有力的政府，那麼我們應該如何呢？」

平山說：「那麼我們應該改組國民黨，或另組第三黨。」

我說：「改組國民黨或另組第三黨，我以爲也有相當討論的價值，但到底中國共產黨還應否存在？」

平山說：「中國共產黨還應該存在。」

我說：「我們離開黨的立場討論，就工作方面觀察，我看不出國民黨和共產黨有什麼分別。國民黨要國民革命，共產黨也要國民革命。國民黨的成分是農工和小資產階級，共產黨的成分也是農工和小資產階級。現在既認國民黨不能代表農工和小資產階級的利益，才要改組或另組第三黨，那麼這個改組的國民黨或第三黨當然可以實際代表農工和小資產階級了。我不懂得爲什麼共產黨還有存在的必要和理由？」

平山說：「因爲怕第三黨不能眞正代表農工和小資產階級，不得不拿共產黨來推進這個第三黨。」

我說：「你這種理論，完全證明共產黨不肯放棄國民革命的領導權。我們既以國民黨不足代表農工和小資產階級，所以要改組或甚至另組第三黨。現在我們又不能信任第三黨，必須再以共產黨的組織來推進，不難又以第三黨不足代表農工和小資產階級而組織第四黨，或更組第五黨第六黨。這種奇異的推進絕沒有窮期，而國民革命的壽命已爲此一組再組所消滅。」

至此我已承認對共產黨討論國民革命的領導權，已無可再談，我們於是再進而談共黨以農民暴動沒收土地方法。

我說：「今日國共所爭焦點，除了爭奪領導權之外，要算土地問題。國民黨的主張是以政治的方法來解決，共產黨的方法是以農民暴動來沒收。今日土地問題已不成問題，只在解決此問題的方法。資本主義的英國已適用軒利佐治一部份的方法，希冀土地有相當解決，至於蘇俄也由耕者有其田的策略，企圖移轉土地的所有權於國家。但就我個人的經驗，中國目前土地問題，不在耕作的土地，而在於耕作的資本。河套甘新，豐腴土地，寂無人耕，察哈爾每畝土地的價值不過七角，張家口附近則竟兩角，黃河以北，我以爲絕不成問題。至於黃河以南，我們也知人浮於地，但我居住江西三月——江西當然可以代表長江的農業區，據我調查，滿千畝者全省不過十家，滿五百畝者平均每縣不滿三家，滿一百至五百畝者平均每縣不滿五家。此所謂一家的人口平均皆有十人至二十人。如果說到純粹的沒收，則此種人家自己分配，每人也不過十畝。如果說到有土地的皆有大罪，則暴動起來沒收土地，也不過移轉私人土地的所有權，對於國有土地，還是很遠很遠。我以爲在長江以南解決土地問題，只有待革命完成，第一將過剩的人口移送於北方，其次則速行建設國營企業，消納無土地的農民。否則甲攘乙奪，暴動將無窮期，而革命政權將亦隨暴動而失落。」

平山說：「有歷史到現在，沒有以政治方法解決土地問題的前例，只有以農民暴動起來沒收。」

我說：「如果能一次暴動來解決土地，我也相當的贊同，因爲革命也是暴動，不過革命是有計劃的有條理的，暴動是無計劃的無條理的。然而照我的經驗，和我在長江流域的觀察，決不能以一次暴動解決土地問題，並且中國的農民問題，還有耕作的智識問題，地方自治問題，決非簡單的分配土地可以解決。」

平山說：「如果第一次暴動不能解決，則當爲第二次的暴動。」

我說：「如果第二第三次暴動都不能解決，那麼再用何種方法？」

平山說：「由第二次以至於無數次的暴動，必以農民自己能夠解決爲止。」

我說：「你的理論是你自己的理論呢，還是莫斯科的理論呢？」

平山說：「這是莫斯科的理論。」

我說：「如果單是你的理論，我也不再辯論。如果是莫斯科的理論，那我不能不加以糾正。我們要知道我們爲什麼要革命，就因爲要解除民衆的痛苦。但革命期間，當有革命的損失，例如生產的停頓和生活的變化，就是革命的損失。革命會不會失敗，完全靠着革命後的措施。如果革命後能維持秩序，塡補損失，革命卽可成功。如果革命以後，不能維持秩序，不能塡補損失，反動卽可突起。我個人不承認反動是一個壞名詞，因爲革命沒有方法和沒有力量才有反動，如果革命有方法有力量，反動必無從而起。像你所說一次暴動不能解決，可以第二次暴動。第二次暴動不能解決，可以第三次以至於無數次的暴動。那麼恐怕第三次暴動還沒有起來，四方八里已起反動。我的所謂反動，並不指反動派這樣簡單，就是革命黨的本身見沒有辦法可以維持革命的力量，也會反趨於反動的傾向。根本一句話，關於土地問題，國共兩黨的方法完全不能相同。共產黨爲什麼主張農民暴動沒收土地，就是不信任國民黨的方法，換一句話就是破壞國民革命的方式。」

以上和鮑羅廷和譚平山的談話，我曾載在我所著的「國民革命的危機和我們的錯誤」，及「最切要的只是軍事和財政統一」中，經過這次談話，我和平山便分手，直至民國二十七年春天國民政府退至漢口才復相見。根據平山的談話，暴動本是莫斯科的政策，就不是莫斯科直接命令罷，最少也是中共主張而爲莫斯科所贊成，然而平山畢竟因着南昌暴動被開除了，他的開除黨籍自然不完全因爲暴動而是爲着還套着國民黨行動委員會的招牌。李立三也因爲主張暴動被視爲立三路線錯誤而被開除了，他的開除黨籍自然也不是完全爲了土地問題，中間還有帶着共黨的內鬨。莫斯科已承認了暴動是一種政策，又以暴動而開除了譚平山和李立三，大約莫斯科經一次轉變，必定要平白犧牲了幾個人，如果平情論斷，可以替平山和立三叫寃枉的。但最可惜的就是我們談話的當時鄧演達不在座，他已於前兩日和鐵羅尼假道西北赴莫斯科，倘然他在座知道平山所主張那種的第三黨時，不知道他還會不會那樣愚笨要組織第三黨。

在武漢淸黨的前夕，空氣非常緊張，凡是徘徊或者猶疑的分子都像在轉變時代的巨輪中，磨碾了去。一個大轉變時代眞是不可思議，許多人的態度轉變，其突兀的程度有些不可方物。鮑羅廷是辭職由西北轉新疆回俄去了，第三國際的代表路易也走了，鄧演達偕着政治部顧問鐵羅尼往莫斯科了，所留下的加倫將軍還住在武漢，至寧漢合作時才由漢至滬歸俄。孫夫人宋慶齡平日言論大不滿於共黨的行爲，我在南昌之時，她來信希望我早日回漢口，因爲共黨太跋扈，不能不制裁，但一聽正式分共，表示不同意。外交部長陳友仁先生說到工人運動便頭痛，到了中政會決議分共，反又贊同孫夫人的主張，辭外交部長翛然而行。我們在那個時候，對於不贊同分共的都分別優禮送行，武漢的分共在匕鬯無驚之中不數日而諸事大定。

八

政治是殘酷的，黨的鬬爭尤其是殘酷的，我們對於這次分共很是客氣，現在回想起來，眞是書生的氣息，溫情主義者的行爲，可是共產黨倒對我們不客氣了。共產黨首先對我們開火，著名的南昌事變就在分共之後不久發生。

我們未曾分共，共產黨已有嚴密佈置了。他們知道最易藏匿的地方不是他們平素運動的工人，更不是廣大羣衆的農民，而是手裏拿着武器的軍隊。共產黨在廣東就注意第四軍，尤其注意在北伐中號稱鐵軍的張發奎先生，在廣東時就派了一個姓廖的共產黨人做了他的政治部主任。張先生是不會加入共產黨的，但是容易接受人家的高帽，好以極左的軍人自居，恭維是極容易的事，這一班共黨先生們投其所好，日夕向他包圍，使張先生深認共黨是他的好朋友。武漢分共，張先生奉行中央命令沒有異詞，但很想以共黨的安全保護人爲己任，因此譚平山、高語罕等都潛入他的軍中，何況四軍裏頭更有葉挺和葉劍英之流是百分之百的共產黨，歸四軍指揮的更有著名共黨的賀龍。我們都替張先生躭心，張先生倒自拍胸脯，說他有把握，共產黨絕不敢對他叛變。

在武漢分共之後，武漢政府組織了東征軍，擬東指南京，先求長江統一。張先生擔任了右翼軍事，師至九江，他却自請回粵，不再往東行。他的態度變化，固然因爲李濟琛先生派了陳可鈺到九江，勸他不要打南京，回粵休養，同時也受了自稱左派朋友的慫恿，等他回到廣東，對他再演黃雀在後的陰謀。我們到了那時，眞是無法可想，算算他就是中途退出，軍事也不至於沒有辦法，故也且自由他。殊不知賀龍一至南昌，便暴動起來，率軍離開張先生去廣東的陸海豐了。張先生一聽前軍有變，在九江坐了專車親往鎭壓，剛至半途，却爲他的部下架起機關槍阻不許行。他自己下車大喊我是張總指揮，而士兵都說，我們不知道誰是總指揮，祇知黨的命令，張先生知道了那時並非他自己能夠鎭壓的，急急回車，他眞心灰意冷了，回到九江，把剩下的軍隊交給軍長黃琪翔率領回粤，自己個人乘了輪船至上海先回香港休息去了。

在南京特別委員會成立時，我因反對這個非法組織也回廣州了，中間還有四軍的驅李運動，因於本文無關，留俟他時再述，至十一月十一晨而有廣州共產黨的暴動。張先生固然太信共產黨，而黃琪翔先生尤其相信共產黨，不止他相信共產黨，凡與共產黨接近的都是好人。南昌事變似乎不足搖動他們的友誼，依然信任葉劍英，信任張雲逸，終於在十一月十一早葉劍英首先率領四軍的敎導團在沙河暴動，焚燒廣州，這一段事實我在「軍中瑣記」中已有記載，現在略而不述。

共產黨不是友誼可以感動的，也不是鄉誼可以影響的，爲着友誼和鄉誼，朱培德先生吃了朱德的虧，朱培德是雲南人，朱德是四川人，雲貴川三省人在外邊都是引爲同鄉的。本來軍隊中驅逐共產黨在武漢方面開始於朱培德的軍隊，自長沙馬夜事變，國共兩黨還想設法彌縫，明知終久必分，但希望在北伐完成之後，再和平分手。可是在六月底南昌朱培德的第三軍已發現「請共產黨離開第三軍」的標語，政治部主任朱克靖很狼狽的帶領其手下工作人員逃回漢口。第一件事是要設法處置的，朱培德來電汪先生指定要中央派我至江西一行，大約他要我去的原因，第一我任江西政務委員會主任時，他正任江西總指揮，彼此有相知之雅，而且在廣東時候，彼此就合得來。第二我既是中央委員，而又在武漢。中央爲着這事終要派人調查處置的，與其派別人恐怕傳聞錯誤，不如我去處理還可以比較公平。我到江西之後，第三軍凡是公開的共產黨員都離開了，然而黨部、農會和工會還充滿共黨分子。我告訴朱先生最好還是聽中央命令，萬不可輕於舉措；致又釀成長沙馬夜事變的怪劇，朱先生還老成持重，聽我的勸告。不過使我感覺奇怪的，朱德還是任他的教導團長，我問他爲什麼朱德可以留在第三軍，他說朱德有同鄉之誼，思想也比較純正，朱德是不會反他的。他自己既然有把握，我又事事聽之中央，還有什麼意見。不料南昌事變，就由朱德率領導教團，引導葉挺和賀龍暴動起來。迨至所謂行動委員會率領暴動隊伍由江西退至海陸豐時，朱德大概知道軍事必敗罷，把自己一團軍隊撤至廣東的北江，改名王明來依范石生師長。范石生是在民十一年跟楊希閔的滇軍由廣西東下驅逐陳烱明的，在我們解決楊劉時，范石生率師正企圖回滇，脫離楊希閔，駐兵廣西，所以不在解決之列，至到我們北伐，他也回了廣東駐防北江。范先生是雲南人，恐怕也如朱培德的見解罷，把朱德收容了，並且替朱德掩護了，但後來朱德知道江西共黨入了瑞金，不獨把自己的隊伍帶着走，並且把范先生的隊伍也拖了不少走，弄到范先生潰不成軍。後來范先生不知怎樣來到上海做起中醫，在黃膺白先生病危之時，我去看他時，在宏恩醫院碰見，矯矯的軍官一變而爲恂恂的儒醫，人說不爲良相當爲良醫，而范先生則變爲不爲良將而爲良醫了。

最奇怪的，共產黨的先生們對於有力量的人是怕的，對於客氣的人倒是攻擊最烈的，當時我們總以爲政治的鬪爭不在於個人，而在於政綱，所以在武漢分共之時，非常客氣，雖然分共，同時還下令保護不違法的共產黨人，而共產黨首在南昌暴動，繼在廣東暴動，目的就在以政治方式鬪爭的我，和待其過厚的張發奎。在廣州暴動時，雖然尋不着我，却以廣東蘇維埃主席蘇兆徵的名義大張佈告，說已拿獲陳公博槍斃，那時我正在河南士敏土廠調兵遣將，過河的偵察兵送上那張佈告，我失笑起來，這種「亦且快意」的事，惟有幼稚的共黨才做得出。

尤其奇怪的，在理論上共產黨倒不怕當日的南京，而最恨他們所謂國民黨左派——我自始至終沒有自稱過左派——因爲他們以爲右派是沒有理論是不怕的，惟有左派才有理論，所以深惡痛絕。在我失敗蟄居上海辦革命評論時，共黨非常注意。共黨假名左翼的文藝刋物羣起對革命評論攻擊；那還不夠，更派許多共產分子潛入大陸大學讀書，有一次還想縱火燒燬大陸大學。就是大陸大學的學生雙十節在上海天后宮開一個游藝會，共產黨還出動許多人擾亂會場。他們的計劃我預先接有報告的，但使我有些難於處置。那時我和南京已立於反對地位，決不願事急去求他們，我更不願報告租界的巡捕房，我不但不願求到外國人，而且租界當局已經對大陸大學含有敵意。但學生的遊藝會早已宣布，勢難中止，好！自已辦罷，把一班學生分別配置在各據點，等他們傳單一散便動手拿人。人是拿到兩個，別的共黨同志們都鳥獸散了。那天晚上倒很布置得宜，台上的演劇還鑼鼓喧天，台下的觀衆還談笑自若，而將一場全武行於手揮五絃目送飛鴻之中，平定下去了。今日上海的電影明星袁美雲就是當日在台上和他姊姊袁漢雲演投軍別窰的一個人，他那時還是九歲的童伶，現在已由平劇轉到電影，且作了明星了。倏忽又是十餘年，我想我眞是老了罷！

自寧粵合作之後，我剛由海外歸來，參加南京政府，以後國共已由黨的鬭爭入於軍事鬭爭，我個人和共黨直接上無甚可述。我到南京之後知道陳仲甫夫人高君曼女士貧病交困，我到過他的家中。她太悽慘了，住在城南一間草屋，臥病在床，傢具破碎不全，絮被也支離散爛。我眞爲之淒然，衹有盡我所能的接濟她，君曼夫人因病久失醫，終於逝世，我又囑仲甫的朋友潘先生爲之營葬，草草盡一點朋友之責。

仲甫忽爲被捕禁在南京獄中，仲甫先生雖然被莫斯科認爲托洛斯基派而開除，但托洛斯基到底還是共產黨，所以依然被捕了。在未判罪之前，我入獄看過他一次，判罪以後，也看過他一次，仲甫先生在京的舊朋友很多，大家已忘記他是一個共產黨，還待他是對於新文化曾有功勛的一個人，雖然名爲監禁，倒很自由和舒服。我見他時，眞是頭髮禿白，形容憔悴，仲甫先生本來有些禿頂的，現在年力漸衰，更禿白可怕，我自然不願再提往事，祇是關心他的生活如何。仲甫又表示感謝我招呼君曼夫人，我祇有唯唯，心內有說不出的悽愴。中日事變，仲甫以政治犯的原故釋放了，一天我在佛海家裏和他吃飯，我們祇談中日問題，更不復談國共。我在廿七年十月底在大場失守的第二日奉命往意大利晤墨索里尼，廿八年二月歸抵漢口，自後更沒有機會相見，我在成都時還聽見他住在重慶附近鄉間。後來到了國府還都，佛海告訴我，仲甫也贊成和平，祇是無法脫離內地，不久便聽見仲甫逝世了。我們兩個人雖然有過一重公案，究竟沒有恩怨可言，聽見他逝世，不禁有人往風微之感，假使仲甫能來，或者我們還可以共同做一番事業也未可定呢！

譚平山呢，在漢口時我也見到了。以前我在南京實業部時，知道他住在歐洲比利時，他的困苦，大家是知道的，我曾接濟過他一次，對於他的兒女在滬求學，我也曾爲小小幫忙。人到中年，哀樂備嘗，恩怨都了。平山爲人什麼都好，祇是責任心過輕。當日在上海他不替我辯誣，我想也不是存心搗我亂，恐怕是怕麻煩，他對黨事還是不大願負責，對於朋友閑事更是懶得管了，我早已不想做共產黨，這一段經過還是忘記算了。我們在漢口談過幾次，我的經過他大約全知道的，至於他的近狀我也不再問。兩人談談國事，一次我們還在一家飯館吃回魚，飲酒揎拳，歡笑如昔。我祇間接聽見他替蔣先生草過一個方案，因爲那個方案後來還交張羣先生修改，我也被邀參加的。平山年紀雖然祇比我大幾歲，但看來眞老了，頭髮本來已鬢有二毛，我們相見時更斑白而稀少。酒量也減了，豪情也盡了，班荆道故，不禁感慨系之。

張國燾先生也在重慶相見了，我們知道他已脫離共產黨，還替蔣先生做反共的工作。國燾先生和我分別十七年，看他長得胖胖的，談起話來矜平躁釋，絕不像在上海開代表大會時那樣鋒芒，倒像言必規行必矩一個紳士。氣質眞可以隨時代變化的，我於國燾先生尤可見之。

朱德和葉劍英也在我未赴歐前在佛海家見過了，佛海一天約我見見朱德和葉劍英，說他們已到南京，和他們談談也很有意思。一夜顧祝同先生帶了他們來，朱德似乎矮了許多，顏色也蒼老，葉劍英還是舊時的神氣，沉默寡言。我想起葉先生在廣州暴動時致我於死地，而今日倒客客氣氣的談話，不由得心內好笑起來，但他們今日變了一個生客，我又怎能笑出口呢，祇好談些不着邊際的話。朱德說我不會老，大約是滋養料充足之故，我祇好微笑，人之易老與否大半原因在遺傳，但我又何必根據唯物史觀和他作遺傳學的辯論。葉劍英很沉默，一半是他的脾氣，一半大約也有些不好意思，我想他和我見面時，也會想到廣州當日兩方拼命廝殺的情形罷。

在漢口的參政會內，我見了不少共產黨人，參政會內有十個共產黨的代表，老朋友的董必武、林祖涵、鄧穎超，全都在會場見過，但是除點頭之外，沒有交過言。那時在參政會內，我雖然不是參政員，但被指定爲國民黨參政員的指導者，張君勱先生笑我是英國國會的 Whipman，指導者的職務，他們是知道的，恐怕因此更不會和我有好感。

我參加和脫離共產黨的經過就是如此了。在西安事變之後，在廬山談話會之前，我在南京忽然接到錢大鈞先生由牯嶺來一個長途電話，說蔣先生要我到廬山，廬山本來被人認爲終南捷徑的，我自廿一年到南京，終我在實業部之任沒有到過，這次既然有要事，祇好一行。在廬山蔣先生和我談完一般事之後，說共產黨的人你有見過嗎？我說沒有見過。他問我還有熟人沒有，我說就有也祇是如林祖涵董必武舊人，若新進如陳紹禹等，我祇聞其名，未見其面，蔣先生默然，我也告退了。蔣先生是不是要我和共產黨聯絡，我不知道，但是我的爲人不能用權謀術數，更不願見口是心非的朋友們。而且當時我已看透國共合作是一種把戲，共產黨抬出民族招牌也是一種把戲，我既不願而且不慣玩這套把戲，不要說主角我不來，就是跑龍套我也不幹，祇好在台下一個角落看看算了。現在重慶方面的國共鬭爭果然由溫火而至白熱了，我們且看看下文罷，然而爲着屢次的捭闔縱橫，中國的命脈也因此削弱盡了。

民國三十二年稿

改組派的史實

這篇紀事，與其喚做改組派的史實，不如喚做改組派的史略還來得切當，因爲屢經變亂，一切文件都遺失了，改組同志會的名册也燬滅了，甚至於革命評論的參考材料也不在手上，當時有許多言論足資印證的，也無從去找了。

改組派實在不是我們當日自己的稱呼，我們祗有「改組同志會」，而沒有什麼改組派，「改組派」三個字第一次出世的時候，還是蔣介石先生在北伐完成時北上在北京黨部歡迎會上罵出來的。關於改組派名稱的來源既已表明，以下便談改組派的史略。

許多人以爲改組同志會的領導人是顧孟餘先生和我兩個人，至到今日，這重公案還未分明，其實這是傳聞失實，改組同志會的上級機關是所謂「粵方委員」，至於什麼是粵方委員，今日時代遼遠，社會人士已經淡然若忘，我祗好簡單一提，因爲不知道有粵方委員，那麼便無從知道改組同志會的中樞機關。

粵方委員得名之由來，是在民國十六年底張發奎先生驅逐李濟琛先生之役。十六年寧漢合作，蔣介石先生下野，武漢的中央遂應李宗仁和白崇禧兩位先生之請，東遷至南京，但突然發生一個國民黨特別委員會，我們認為這種舉動足以破壞國民黨的法統，於是汪先生和顧孟餘先生復西上廬山，我個人則回廣州。那時眞可以說人心渙散，中樞失主。這種紛亂的局面，促成汪蔣第一次合作之局。汪先生不久便以李宗仁和唐生智搆兵之故，不能在廬山靜養，重以李濟琛張發奎兩位之請，又行回粵。一般不滿於南京特別委員會的委員，如顧孟餘、王法勤、何香凝、王樂平、朱霽青、陳樹人、甘乃光先後來粵。

因於全黨各方面的要求，國民黨遂在上海召集第四次全體委員會預備會議，汪先生在粵偕李濟琛先生北上開會，在這個預備會中決定兩件大事，第一件是取消南京特別委員會，第二件是蔣介石先生復任國民革命軍總司令的職務。在汪先生起程之第三日，張發奎軍起而驅逐李濟琛，這一段政治史的經過，我不想在此詳寫，而想將來有機會時再另文紀述。又越若干日而共產黨暴動，廣州淪於共產黨手內三日，然後由張發奎的第四軍和李福林的第五軍肅清，共產黨暴動和我們調兵遣將的情形，我已有一篇記載，寫在我所著的「軍中瑣記」，我也不再說了。

自我們收復廣州之後，京滬方面起了極大的衝動，一切的攻擊都集中於我個人的身上，這個原因也很簡單，第一特別委員會雖然取消，而參與特別委員會的人物却依然盤據南京要津，認定反對特別委員會是我在那裏興風作浪，至此根據了有仇不報非君子的格言，向我攻擊。第二，廣西系下的軍人，如李濟琛、白崇禧、黃紹竑各先生，以及胡漢民先生系下的要人，蘊着廣州驅李運動的新恨，至此有詞可藉，痛快一下向我下個總反攻。第三，就是蔣介石先生底下的人，雖然知道汪蔣合作，雖然知道張發奎軍的崛起反李是蔣先生所預知，然而附和着攻陳，總是一種正中下懷而無傷大雅一件事。因此萬方有罪，罪在陳公博一人，張發奎因爲是一個軍人，倒被諒解了，而陳公博倒因爲是一個文人而罪無可恕。

當時在廣州方面，軍事已處於夾攻的絕地，廣西和二陳以靖亂爲名，陳銘樞和陳濟棠的軍隊自潮汕移師西下，而黃紹竑的軍隊自梧州奉令東征，張發奎的軍隊交給薛岳帶往東江，我則偕張發奎下野，以謝疏於防共和失守廣州之咎。在京滬方面，政治更處於環攻窘境，最奇怪的，是一般政論——還不敢稱爲輿論——不責備我驅李，不責備我失守廣州，更不責備我消滅共黨恢復廣州爲有罪，而說我是勾通共黨焚殺廣州。我在廣州那時的確有些灰心，固然失察之咎，罪無可辭，然而軍事握於黃琪翔手中，似乎張發奎也不能過問，政治則談不上建設，一切所謂廳長縣長不是軍隊中人，就有濃厚的軍隊背境，我想應該下野罷，所以我絕無猶疑，翩然引退，遂至滬上。

我來上海大約是十七年一月二十五六，那時的心情，非常消極，眼見政治是失敗了，革命也消沉了，蟄局貝勒路幾個月，日夕所思索的，是如何可以使革命復興。當時也不想至南京，也不想遊海外，而是深思焦慮，怎樣可以在清黨之外，更把共產理論肅清。然而主觀上黨不健全，而想消滅共黨，這是一件不可能的事。因此考慮結果，還在國民黨本身檢討。那時孫伏園先生在上海辦了一個雜誌喚做「貢獻」，是一個文藝的刋物，我檢討國民革命的失敗，認爲國民革命途中我們有了不少錯誤，所以草了一篇「國民革命的危機和我們的錯誤」，登在「貢獻」。

不想這篇文章發生了各方面的反應，一般國民黨的少壯派認爲這篇文章是國民革命以來第一次的總檢討，由是很像洛鐘東應，銅山西崩，更有許多黨員要求我辦一個刋物，以爲各黨員發表意見的園地。其實當時國民黨的黨員也太煩悶了。淸黨是贊成的，但一般元老以爲淸黨便萬事皆了，對於共產黨的理論和宣傳是無人過問的。絕俄是贊成的，然而革命路線應否改變，也是無人去討論的。國民黨已暮氣沉沉，很有民元由興中會改黨，變了官僚軍閥集團的氣象。一班元老或者沒有這些感覺，而少壯青年們關心革命前途的，至少認爲有圖挽救之必要。

「辦刋物」，「辦刋物」，已成了一班革命黨員要求的聲浪，「革命評論」週刋便在這個要求聲浪中，於民國十七年五月間出世。在出版的當時，我們也有過一些討論，我主張一切文章要堂堂正正自己署名，而顧孟餘先生則主張用化名，這個不同主張，經過若干次討論，還沒有結果，最後決定我還辦我的「革命評論」，顧先生辦他的「前進」。革命評論的陣營，有許德珩、施存統、劉侃元、蕭淑宇，最後加入黃惠平。前進的陣營，有潘雲超、王樂平，此外還有許多化名的黨員，這樣在野國民黨員的刋物便出世了。

革命評論的態度，並不像外間所傳是左派的刋物，也不像外間所傳有過激的理論，據我最公平的批判，是一個不隱飾、不避諱的合理批評和貢獻。我的爲人，當時也有人上我尊號是「準共產黨」，也有人恭維我是極端左翼。但是我最是中庸不過的，因爲我每每批評一事，必定先自己想想，假使我辦這件事是不是這樣，能不能那樣，如果我想過辦不通，我必不批評。同樣的每每批評一個人，也必定自己想想，假使我設身處地是不是這樣，能不能那樣，如果我想過做不到，我也不批評。我一生固沒有試過虛構謠言，以便政治上的私圖，也沒有試過責人太嚴，強其任自己不能辦之事。無如當日南京當局最討厭的是合理的批評和貢獻，因爲肆口謾罵終不會有人同情，妄做謠言終與事實相反，惟有合理批評，使當局不能隱匿，不能反駁，不能自解，於是革命評論便出至十八期宣告夭折了。

革命評論橫死的原因非常之多，第一是專爲合理的批評不爲當局所喜，已如上述。第二，剛剛出至第二期，便遇着濟南事件，我對黃膺白先生很下了痛切批評。膺白先生少不得芥蒂在心，而使蔣介石先生開始對革命評論厭惡。第三，當日在上海的刋物眞是如火如荼，自然這些刋物非革命評論所能左右，然而這些刋物既以事有必至，理有固然，自然論調和革命評論有點殊途一致。當日京滬的刋物，除了革命評論和前進之外，還有劉叔模等的「呼聲」，趙惠謨等的「夾攻」

；以及章乃器所辦的「新評論」。這些刊物的作者，我都不認識，而他們的論調，却和革命評論相呼應。因此南京一班元老以爲我們要在上海造反，吳稚暉先生曾經大聲疾呼，說「人家評論不已，作起呼聲，衝上前去，前進又前進，貫澈他們夾攻環攻的政策，蠻幹得來如火如荼，我才自衞的反抗幾句」。這些元老恐怖的心理，也足以使革命評論非停刊不可。第四，尤其是使南京當局難於忍受的，是我和吳稚暉先生大開筆戰起來。吳稚暉當日以反汪大將自局，自然連帶對我沒有好感。恰值南京又開五中全會，新聞記者來問我是否出席，我本來也奉命不出席的，因記者來問，祇好答以出席與否，尚未決定。不知道吳先生怕我出席呢，還是借故尋鬧呢，這一段小小在報紙上的談話本來無關宏旨，而吳先生却大光其火，來了一篇長文章。我當時雖然三十以外的人，還脫不了少年盛氣，看見吳先生日日罵汪先生，已經惹動正義感的肝火，這次吳先生竟是找上門了，眞是所謂正合孤意，如何願輸。如此一來一往，兩方都寫了三四篇文章，吳先生固然還拿出他的潑辣本領，我也破格同他儻懶口吻。卒之蔣介石先生在報紙發表談話，吳先生也借此下場，而革命評論夭折了。第五，還有不可恕的，是我還辦了一個大陸大學，當時的確是一個青年的大本營，叫囂的青年，竟然恭維是黃埔第二。當時大陸大學的處境眞是困苦顚連，南京當局的嫉視，共產黨的搗亂，租界巡捕房的尋釁，可謂無日無之，要停大陸大學，不得不先向革命評論動手，這也是革命評論致命原因之一。

革命評論不是無故停版的，在吳陳筆戰之後，一日宋子文先生約我在海格路唐先生處談話，勸我不要再辦革命評論。我知道宋先生是奉命來勸導的，但我答以革命評論可以自存，不能受任何方面的干涉，這一席話談過之後，意外的災禍便紛至沓來。第一件事，上海的書店已受密令不肯替革命評論代銷。其中有些同情革命評論仍然暗中銷售的，便有人指揮馬路上的英雄，用石頭把書店的玻璃窗擊破。書店代售一本評論，不過只得回扣五分錢，碎了一塊玻璃起碼便丟了幾十元，老板以血本攸關，祇好婉詞不幹。不要緊，書店不肯代賣，還有攤販，可是馬路的英雄，甚至加入了巡捕，發見代售革命評論的攤販，必使他受一頓毒打，如此攤販以性命攸關，也謝絕代售了。第二件事，郵政局受了命令，把寄往外埠的革命評論全都扣起來。有一天市黨部一位黨員來見我，說市黨部的厨子對於我感恩不淺。我不禁悚然一驚，如何我會有恩於那厨子。原來郵政局所扣的革命評論，全都送市黨部，刊物既然無用，厨子遂拿它當柴燒，厨子是包飯的，柴火當然算一種開支，既有了革命評論作了代用品，厨子平空省了一筆柴火費。第三件事，全滬的印刷局也同時接受命令，不許印刷革命評論了，誰印革命評論，誰就有危險。印刷老板是以營利為目的的，不是以賭命為目的的，兩利相權取其重，兩害相權取其輕，何況這次是命與利之分，自然捨小利而圖苟全性命了。革命評論處在這個山窮水盡之境，祇好停版，我當時曾在報上登一段停版廣告，現在忘記了原文，大意說：「革命評論宣告於某月某日停版，其理由不願說，不便說，亦不能說，請求鑒原」。

革命評論是停辦了，而革命評論的影響已普及於全國青年。革命評論當時的確聲勢浩大，影響所及，全國騷動，外國記者索可洛斯基 Sokolsky 在字林西報接連登了兩日頭版論文，說革命評論每期出版五萬份，照中國慣例五個人看一份刊物，已有二十五萬的青年讀者。路透社記者也爲着這事曾以長電致倫敦泰晤士報，渲染當日革命評論的聲勢。自然他們的舉動是不一定善意的，僅是一種事實描寫，促起各方面的注意罷了。其實革命評論最多出版三萬五千份，沒有他們描寫那麼聳人聽聞，不過出版的量數，的確爲當日雜誌中之冠。

革命評論是停版了，可是革命青年的情緒是無從遏止的，各方面的革命青年都集中上海，要求一個組織，所以在十七年的冬天，召集各方面的人物，經過三天的討論，遂成立中國國民黨改組同志會，這個會的綱領大概根據我所著「今後的國民黨」和「黨的改組原則」兩篇文章。同時我接到汪先生由巴黎給我的電報，希望我往歐洲一行，我遂於十八年一月廿四日自上海動身，以後同志會的事務，都由王法勤、王樂平、潘雲超、朱霽青主持，以後上海成立軍事委員會，和各省市黨部聯合辦事處，都是後來的話，我歸國以後，初則在香港主持兩廣的軍事，繼則北上參加擴大會議，對於所謂改組派，祇是浪得虛名，上海的大計，我很慚愧，我的確沒有負過艱巨的。

我在十八年三月一日抵法國馬賽，汪先生派曾仲鳴先生來接我，告訴我幾件消息，第一，李濟琛先生終於在三全大會前以吳稚暉先生跪請入京，致被囚湯山。第二，吳稚暉先生以營救李濟琛不獲，當蔣先生面前碰死，武漢方面李宗仁、胡宗鐸他們已開過追悼會。第三，南京方面已向武漢進兵，唐生智和張發奎等皆被起用。在歐洲祇有兩個多月，中間曾有一次至倫敦逗留兩星期，和英國將登台的工黨會面，五月八日又在馬賽登船回國。

在香港以主持兩廣軍事，一住便大半年，其間軍事行動有足紀者，張發奎和薛岳在宜昌起師回西南，張桂軍合師攻粵，然而因着內部的矛盾，都告失敗，因此在十九年春又奉汪先生命北上和王法勤會晤閻錫山先生，並與謝持、鄒魯、覃振、傅汝霖諸先生見面，終成擴大會議之局。這個局面終於在秋天又瓦解了，那時改組同志會對外的各省市黨部聯合辦事處早已由滬遷至北平，我們全體都赴太原，九月分別由晉移津，這個局面很多可以紀述的事實，我打算將來再另行紀述，留待異日發表。

在擴大會議失敗後，我是在十九年十一月中離津回香港的，同志中自然希望我能留在天津主持刊物，不過當日我的確有些疲勞，而且更有些心灰意冷。第一，改組同志會根本即不健全，自擴大會議開後，無形經已解體，何況當時各方似乎都對改組派同志不滿，以爲有了改組派，黨便不能團結。第二，擴大會議的結合，本拉攏而成，北方的政治似乎不是幹的，而是要的，根本和我的性格不合。第三，我當時的環境頗有實不至而名歸，我是唱慣跨刀的，實在不想挑大軸，我再戀戀於殘餘之局，必至體無完膚。我也不是廻避責任，的確當日無責可負。心想我的學識經驗還是不夠罷，倒不如遠遠找個地方，修心養性，澈底檢討一次中國的前途，和今後的路線。在香港正在候船出國，於二十年一月讀報知道汪先生有解散改組同志會的宣言，我立刻草一個電報交駐港辦事處夏威先生，請他轉電汪先生，贊成這個主張，於是在一月遂放洋出國，計改組同志會成立於十七年冬，解散於二十年春，為期整整兩年，改組派的史略，不過短短如此。

社會上的傳說，改組派不是如火如荼嗎？為什麼不健全呢？那祗有個中人知個中事，現在事已過去，不妨拉雜書之，並趁此表示一些事後的感想。

㈠改組同志會成立會的初期，在理論上和事實上經過無數的波折。現在社會祗知道改組派的主要人是顧孟餘先生和我，然而我們兩個人很有許多不相同的地方。我是當時極力主張有組織的，孟餘先生則不大贊成有組織的。終以粵方委員多數贊成，孟餘先生才出而主持。談到理論，在名詞就爭過好幾次。我主張還以社會學的名詞，攻擊共產黨的理論，所以仍用「小資產階級」和「階級鬬爭」的術語，而孟餘非改為「小市民」和「各界」的字樣不可。這麼一來，使得各方面集會的人，都表示不滿，開始便有分裂的現象。

㈡改組同志會的委員是什麼人呢？各地來的代表都是資歷不深而地位相當，全都選為委員罷，會使分配不均，容納一部份罷，又必使各方不滿。討論結果，還以粵方委員為中堅，而以由各地來的代表，擇要選爲候補委員。這種調停結果，各方都認爲是一種不澈底辦法。而且粵方委員，中何香凝先生首先表示不願參加，今日她的思想怎樣，我不知道，而在當日的表示，她對於改組同志會是同情的，對於蔣介石先生是愛護的，對於共產黨是希望其反省的，對於農工和容共的政策還是贊成的。陳樹人先生是表示加入的，但陳先生有他詩人的風度，對於政治興趣似乎不高，談到政治鬪爭更似無此習慣，終日祇大做其閨人之詩，對於改組同志會似居於賓客的地位。至於甘乃光先生，始終和改組同志會做朋友，而不參加任何會議，我們在上海辦刊物，甘先生早赴海外作逍遙遊。這樣粵方委員便所剩不多了，人事之不健全，於此可見，假使當時沒有第三次全國代表大會的指派代表，各地青年也不會反對，各省市黨部聯合辦事處也不會成立，恐怕改組派僅是一種歷史上的名詞，連失敗的機會都沒有。

㈢改組同志會當時以政策爲對象，而不是以人爲對象，在當日成立時候，還是在汪蔣合作時期，因此改組同志會對於南京人物始終保持一種沉默靜觀的態度，直至蔣先生北上北平，天津市黨部和北平市黨部沒有歡迎標語，蔣先生認爲是改組同志會對他示威，於是在歡迎會上提出改組派大罵，改組派人對於蔣先生的態度才變。其實當日北方黨部都在實踐社和新中會手上，其領導人爲蕭忠貞和童貫賢，初與改組派無關。後來第三次全國大會開會，南京堅持一切代表均由指派，而粵方委員則主張選舉，由是改組同志會和南京始立於反對地位。迨至第三次全國大會有警告汪先生，停止顧孟餘黨籍一年，及永遠開除我和甘乃光黨籍的決議，同志會才與南京短兵相接。同志會成立之始，還沒有政治鬪爭決心，其後事勢推移，才與南京對立，一切處於被動，是為同志會主觀不健全原因之一。

㈣同志會成立時候，本注意於恢復十三年改組精神，和重新改組國民黨，則其注重黨的根本問題可知。無如成立之後，即有軍事行動，軍事是不擇手段的，初則和桂系合作，繼則和馮閻合作，對於黨的組織和訓練，無從提起。黨的改組本為同志會主要目的，後則專談方法，棄其目的，這也是失敗的一種原因。

㈤改組同志會本想網羅各方同志加入，但以交通不便，和秘密關係，很多革命同志事前不獲預聞。虛矯是中國人的通病，許多人既以事後加入為恥，於是多獨樹一幟，自命左派，甚至痛詆改組同志，自鳴其高，改組同志會當日若不解散，其流弊必至互相摩擦，非瓦解不止。

此外我最感覺苦惱的就是革命評論的基本份子，這一班先生有兩個大毛病，第一個是文人的通病，容易發脾氣，不是劉侃元和蕭淑宇發生意見，就是許德珩和施存統發生誤會。每有一次意見和誤會，就找我調停。我以為革命是大衆的事，是自己的事，不需要什麼人恭請的，然而不然，這一班先生們無不以諸葛自居，要劉玄德三顧草廬，還要高臥半天吟他「草堂春睡足窗外日遲遲」才起來。我時常笑他們中了三國演義之毒，但我確有些疲勞而不願日日學那冒雪訪賢的把戲了。第二個毛病，尤以施存統先生爲甚，既已「悲痛的自白」，在武漢清黨時脫離共產黨，也有過不少深自懺悔的文章，但說到眞以行動來反對共產黨，終不免足將進而趑趄，口將言而囁嚅。他這樣舉動，很像後來一般人民陣線的大人物，在共黨之外，而同情共黨，我當時實在覺得與之長此委蛇下去，終無是處，現在回想前塵，還代施先生有身其餘幾之感。

我自從改組同志會解散之後，居於歐洲幾個月，除西班牙外，西歐和中歐的國家，幾乎都足跡殆遍，末後以比利時生活程度稍低，遂卜居於勃勒塞爾郊外，動手寫我的「革命與思想」初稿。大概初夏罷，偶然在郊外小坐，買了一份倫敦泰晤士報，看見胡漢民先生被扣，安置於南京湯山，不覺感喟默嘆了一聲，以後又知道廣東非常會議成立，然而我依然迄不爲動。至到九月，接了許多國內同志間接來信，才打算起程歸國，舟過哥侖堡，而瀋陽事變起，夜間在舟上甲板望望天涯，吟了一首詩：「海上淒清百感生，頻年擾攘未休兵，獨留肝膽對明月，老去方知厭黨爭。」那時我以國事至此，決心不再辯黨的是非，誰對誰不對了。二十年冬至南京，以至二十六年，我始終站於黨爭以外，什麼CC，什麼革新社，我都認爲沒有意義，而是小孩子吵鬧的小事。至於二十七年夏天在漢口，當時各方面似乎有些覺悟，陳立夫和陳誠兩位先生到我所住的德明飯店談話，希望黨的統一，陳誠先生曾說「以往黨的糾紛，應該由我們三人負責。」我笑說：「民國二十一年以前，我可以說完全由我負責，二十一年以後，我可以說完全我不負責。」立夫先生也說：「近年黨的糾紛，公博先生的確沒有責任。」我在改組以後，我有一個信念，以為黨若是弄不好，國家隨着沒有辦法。特別委員會，我認為破壞法統，所以我反對。第三次全國代表大會指派代表，我認為破壞黨紀，所以我反對。然而不料這種正義感倒召起數年的滔天大禍，現在回憶起來，確有些何苦如此之感。

改組派的史實就是如此，不過雖然短短兩年，却做過了許多驚天動地的事，為功為罪，我不願加以批評，深願有日有人能夠多找些文獻，再編一本紀實，亦使「後之讀者，亦將有感斯文。」

民國三十三年稿

補記丁未一件事

小序

我爲着這一篇「補記」，心內眞是非常躊躇，不但是躊躇，而且經過長期間的躊躇。好像我不寫這一篇補記，在我一生中還有一件重大未了之事，寫這篇補記罷，又反乎我父親的志願，三年無改於父之道，是古人給予我們的教訓！古人所謂三年無改，意思是最好永遠不改，若要改時，最少也得三年。這篇補記原在可寫可不寫之列，所以我便躊躇越來了。

辛亥以前，我在香港報館工作，從來沒有對人談過丁未那件事，也沒有在報紙上寫過丁未那件事。辛亥以後，父親出了監獄，他素來不以老革命黨自居，從來沒有對人談過丁未那件事，也沒有叫我記載過那件事。在辛亥以前，我若向人談及，總覺得有點乞憐，乞憐我是不爲的。在辛亥以後，父親更不向人談及，以爲一涉往事，不免言功，言功是父親所不屑的。我還記得在民國元年，中央政府組織一個稽勳局，乳源的傅先生，連縣的彭先生，曾向父親提議過，要向稽勳局陳述過去的功績，父親笑笑說：「論及丁未那件事，我不但無功可言，且有罪可議。丁未那次如果可以言功，那麼這次辛亥革命諸人怎樣去獎賞，如果我坐過四年牢就可以算功，那麼死難諸人又何以去酬庸。」這一番話，說得傅彭一班先生們無詞以對，我是記得清清楚楚的。父親既抱不言功的志願，我眞不好把這一番事蹟去渲染。為着父親的志願，我既不能對於往事妄事舖張，而且一個人子補述父親的一角生平，實在不容易下筆。譽墓之文是人人會作的，而且很容易作的，獨至平舖直敍寫實之文，就難於動手。父親早於民元逝世了，他又抱有不肯言功的心事，寫得燦爛，是違親之志，寫得平淡，又有失實之嫌。

並且我自己更有一個性格，我最怕人譏諷為「潘岳文采，始述家風。陸機詞賦，先陳世德。」後生頂着先人餘蔭來驕其儕輩，我是認為有玷門楣，如果更藉着先人的功業來獵取地位，那更是自甘菲薄。同時我的見解也正和父親相同，我們做一件事，祗問其應為與不應為，不應計算成敗利鈍，敗固不能謂之犧牲，成亦不能算為功績。父親既不願說，我又何必再言。然而丁未一件事是一件事，又是我始終其事的一件事，我若不記，則天壤間似乎缺少了一頁史實。我若不補記，則以後更會湮沒不聞，我不願誇張說是「丁未之役」來聳人聽聞，我祗書為「丁未一件事」以紀往迹，我想這樣平實直陳，大約總可以毋違親志罷。

我躊躇許久，終於執筆了，我極力的搜索已經模糊的記憶，更極力的避免誇張的描寫。可是因爲上述的關係，下筆時未免過於矜持，使得當時如火如荼的一時事實，倒爲矜持之態所掩，這是不能自諱的。

我祇是補記事實，不是渲染功勳，平淡就讓它平淡罷，祇求實實在在的補記便算了。還有些事實已見於「少年時代的回憶」，爲着避免複述，很多應記的也從略了。

△　△　△

雖然這篇記載名爲補記丁未一件事，實在起源却在丙午的春天，父親和我爲什麼有這一次的行役，我想既然要補述，還是從頭說起罷。

記得庚子年某一天早上，時候是七時至八時左右，我剛從床上起來，預備上學，食了一碗白粥和兩條油條，母親正給我打辮子，忽然轟然一聲，屋內微微震撼一下，那時整條我們所住的衞邊街都騷動了。有些鄰居說是地震，有些鄰居說是地雷，更有些鄰居說東門外的火藥局失事，這一陣騷動不久便寧息了，我也挾着書包上學，那年我正是九歲。

午間歸來吃午飯，父親在食飯時候告訴我是撫臺衙門後園的炸藥爆發，自然父親不只是告訴我一個人，小孩子是不懂事的，告訴我也沒有用處，不過父親最好發牢騷，對着朋友發牢騷還不夠，然論午飯夜飯，在桌上總得對母親，姊姊和我，大發傷時憂國的論調，很像我們幾個人是羣衆，而他是一位演說家。那個埋藏炸藥的地洞是他親眼看過的，而撫署崩塌的後牆也是他親眼看過的，那早他的結論是，照這樣外侮紛乘，朝政不修，以後這類事還正多着，並且感嘆一聲，可惜擊之不中。

沒有多久，這次炸案是破獲了，主謀的是史堅如，史先生是被斬了。史先生被殺，父親沒有去看，祇聽聞許多關於史先生的謠言，有一次我正放學回家，聽見父親和一個朋友正在書房辯論着。那位朋友說史堅如的死是可惜的，但是他生有死相，因爲他是一個白面書生，皮膚很白，但自頸以下，皮膚全是黑色，所以命裏註定要斬首。父親大怒說這完全是廢話，是謠言，史先生死得轟轟烈烈，我們不應在他死後還來這樣無稽的汚蔑。

撫署的炸案是我有生以來第一次聽見爆炸聲？小心弦震動了一下，種下了以後革命的思想。但同時很奇怪，爲什麼父親對於那位史先生寄予特別的同情，以後對於父親的言論和行動，我的小心兒免不了加了特別注意。父親那時對於西太后特別反對，對於李鴻章也特別反對。他對西太后發生惡感自然是中於一般輿論，說她在國步艱難時，不應大興土木建築頤和園，並且說歷朝之亡都在婦人，唐代的武則天就是一個顯例，西太后實在罪浮於武則天。至於他深惡李鴻章，則以爲凡是外交都派了李鴻章，而外國人也特別喜歡李鴻章，凡是外國人所喜歡的人，必不利於中國。父親這種理解實是當時社會最普遍的理解，在當時的普遍傳說，今日回想起來，實在也太淺薄，然而也不能說全不合理。

父親當時的朋友，最普通是一般武官，以後慢慢便疏遠起來，而和一般所謂新人深相結納，內中特別要好的要算乳源的秀才傅佐高。傅先生是一位秀才而信奉基督教的，父親和基督教是枘鑿不相入，而與傅先生却是深交，傅先生從來不和父親談教義，專和他談世界的大勢。我那時知識初開，求知心切，從兩個人的談論中，知道些世界的粗淺知識，知道外國的海陸軍，更知道中國不過佔世界地圖的一部份，而尤其奇怪的知道中國皇帝是外國人，這一點最使小孩子不能服氣，而旦夕去讀朱洪武演義，因為佩服朱洪武能夠把外國皇帝趕走而自己做皇帝。

恰巧教書的先生梁雪濤自命是康梁的傳人，那時清議報似乎已出版了，那位梁先生在講解經義和歷史時候，不時說說康梁故事，尤其最喜歡講的是「戊戌政變記」。我對康南海沒有什麼印象，但對於戊戌政變不成，而至有義和團之役有深切的影響。總以為戊戌事件和庚子事件有不可分的關係，如果戊戌事成，則庚子之難不作，因此也痛恨起西太后，而同情光緒皇，但想想中國的皇帝是外國人，心內又發生莫名其妙的矛盾，總有些茫然不知所措，這一個謎直至兩年後才得到相當解決。

這樣父親一直罵西太后，梁先生一直宣傳康梁，我一直讀書，倏忽又過了兩年，在癸卯那一年的十一月左右罷，父親神態有些緊張了，我的母親是一個善良的太太，老守着內言不出於閫的，到那時也有些異樣了。我記得那時我的家住在大北門內的長泰里，是相當冷靜的地方，那條長泰里雖然號稱為里，却是一條大街，可是對面是一家公館的外牆，那條里祗一面是屋，來往的行人平時就不見得熱鬧。十二月初旬，便有一箱箱的東西搬進屋內，父親指揮着家人，有些木箱放在床下，有些木箱放在儲物的空房。從我父親的口氣聽出，那些箱內都是罐頭食物，有些是罐頭牛肉，有些是罐頭餅乾。到了臘月，送禮物是一件很尋常的事情，何況十二月十一日是我母親的生辰，但為什麼這樣多呢？而送來的都是牛肉和餅乾呢？我一方面在懷疑，而一方面也不敢問，有時偶然開口，父親總是疾言厲聲禁止不許談。我最認為神秘的是擱在床下那些箱子，既和牛肉的裝箱不同，也和餅乾的箱子有異，一次我偷偷打開全是很新的剪刀。那時傅先生來的次數更多了，有時深夜一個人來，有時帶着兩三個人來，我心內已知道有事，然而還是始終不敢過問。

臘月將盡，我也解館了，閒的時候多，在家的時候也多，父親和母親雖然不大談政治，但那時已似有重大的事要發生，並且議論着過年是不是往香港。有一天夜裏我在書房看書，聽見父親和傅先生正計議着軍事。傅先生似乎談論着四鄉要來許多人，而父親則注意於那班人是否能服從和統率。我心裏有些明白，雖然不知道內容，可是知道父親並不會出來帶兵，更不會做官，因為那時父親已不大和官場人來往，總督衙門也有半年多沒有去，這樣統率許多人要做什麼呢？眞成了一個疑問。有一天我忍不住偷偷去問鄧錫英，鄧錫英是行伍出身，跟了父親許多年，並且積功保到了千總，我們習慣稱呼他老鄧，他在家內是以中軍自居的，那時的中軍就是今日所謂副官長。他不用說話而以苦笑答覆我！「好少爺不要管罷，軍門要造反了。」他那時的情緒，到底是贊成，還是反對，我不敢說，但使他縱然不贊成，也絕不會反對父親，那我可信判斷不誤的。

新年越發近了，從各方面的推測，雖然父親始終不和我說明，我已知道黨人要在事成之後推我父親做軍事領袖。大約我父親對於這事是沒有異詞，但他到底是軍人，他所憂慮的，發動的人未必能聽他指揮和支配。這次造反母親應當知道的，最少也應知道大概，爲着兒女安全，是否暫時離開廣州是一個問題。她雖然不大迷信，拜神求佛一年之中也會上幾次廟的，她自己沒有把握在得了父親允許，便到蓮花井關帝廟去求籤。那一紙籤文到底是第幾籤，我全忘記了，祇記得頭一句是「北山門下好安居」，父親便說那不必搬家了，長泰里是在大北門內，那不是北山門下好安居嗎？這樣憑一紙籤文的決定，我們便沒有搬家的企圖。在父親的判斷，以爲一定事成，而家也沒有危險，焉知道後來失敗，而家倒沒有被拖累呢。我不憚詳寫這一段經過，並非提倡迷信，實在因爲當日的印象太深而事又太巧了。少年剛在十二歲，而有這樣重大的事，使我終身不忘，不但當日的情形還似在目前，連那無關宏旨的籤文首句也都記得。

我又知道，起事是在大除夕，廣州的習慣，每年除夕大家都買些牡丹、水仙、吊鐘花來陳設過年，雙門底是一個臨時花市，那就是上海的南京路，那夜買賣是做到天亮的，雙門底今日變了永漢路，每年在大年夜時直是人山人海，萬頭攢頭，可以說是除夕元宵兼而有之，我每年除夕都跟着家人去買花，趁熱鬧，但父親已預先關照，那年除夕不許我們小孩子出門，尤其不許至雙門底。

我慢慢又知道他們起事的方法了，他們乘亂閧閧時候，拿剪刀先把人家的辮髮剪去，這種舉動表示着革命的符號，並且被剪的人縱不是同黨也得裹從。那些木箱擱在床下的都是剪刀，而在儲物房中的牛肉餅乾是起義時，恐怕戰役延長，拿來作糧食的。我心裏想是不是水滸傳內的大名城，心中祗是盼新年的來臨，也沒有感覺危險，更沒有什麼恐懼。

在起事前的第二天，在一個下午將近黃昏時候，傅先生帶着灰白的臉色跑來，說事情已經敗露了，已經有幾個人被官兵抓去了。保護沙面（那是廣州的英法租界）而駐紮在西橋的楊副將已被命在芳村教堂起獲軍火和其他軍用品了。傅先生的報告，還是我事後知道的，至於他和父親如何計議，我當時是絕不知悉的，祗知道在傅先生走後，父親督着家人把十幾箱剪刀推落在後院的井中，至於餅乾和牛肉就封儲物的房內，此外還有幾箱的外國天鵝絨便帽，廣東喚做㗎帽的，也原封不動，放在儲物室。我還記得，母親帶着懷疑的眼光問父親：「這樣你以為便穩當了嗎？」父親笑笑說：「我以為也將就了，憑我這塊提督頭銜，諒他們也不敢搜我家。倘若真來，那只有聽天由命。」

這次流產的革命行動便這樣終結，我當時祗知道拿去的人都砍了頭，傅先生跑去了香港，社會上也不大傳說，報紙則祗有羊城日報和廣雅日報也沒有詳細記載，我的家更沒有人來過問，可以說是匕鬯無驚。到了大除夕，雙門底還是人山人海，我和鄧錫英在人山人海中擠去擠回十幾次，過了十二點鐘才回家，父親早於九時便睡去，我也在除夕的萬家鞭炮中蒙頭大睡，這是一次的經過。

這樣無話即短的又過了幾年，父親對於我已不諱莫如深，而且知道我對於那年除夕的事都清楚，更不對我隱秘。他和北江會黨與舊日部下通訊也交我處理，至此我才知父親的舊部是由廣西帶回來，而復員在連山英德淸遠一帶，又知道父親早和會黨有關。這些散兵是和會黨有不可分的關係的，正所謂聚則爲官兵，散則爲會黨，那年傅先生之所以介紹父親和香港黨人合作，就因爲有那一種的關係。

丙午的春天到來了，傅先生早因風聲鬆懈，又來往於廣州香港間，大約他們認爲在廣州起事沒有多大希望，變計要從東江和北江起事。廣東的東江是惠州，潮州，嘉應州一帶，北江是韓韶州，南雄，連州一帶，父親所擔任的起義地點是北江。我父親擔負北江軍事的原因，其一是舊部散處各方，容易召集，其二是祖居原在乳源，總有些子弟兵的憑藉，其三是北江北通湖南，西連江西，進退可以自如，因此父親便認定北江是一個極好的起事地點。

這次計劃是經過兩三個月時期考慮的，我父親在兩三個月內就來往香港好幾次，大概供給軍械是香港，召集舊部是父親，運輸軍械是傅先生，而起義地點是在樂昌縣的坪石附近。對於軍事，在湖南的宜章取守勢，以湘南的會黨擾亂湖南，以牽制湖南之兵，由坪石直下樂昌，再分一枝軍由英德上溯，以奪取韶關爲目的。等到取得韶關以後，率兵直下清遠，以待東江之師。這一次的計劃，也可以說是會師廣州，至於擔任東江軍事是什麼人，我是不知道的。

舊曆的四月，廣州已是炎夏了，有兩個姓陳的會黨由北江來迎我父親，這也是預先約好的。這樣在四月十七日父親帶着我和鄧錫英，偕同兩個會黨僱了一艘河西船由廣州溯江北上。那時粵漢鐵路還沒有通至韶關，父親主張附船的理由，說便於沿途一觀形勢，而且在途上還可以和會黨接洽。這條水路現在恐怕沒有人走了，有了火車，誰也不願走這樣遙遠的水程，這次水路由廣州經過所謂天下四大鎭的佛山，三水，蘆包，清遠，英德，而達韶州，路上沿途躭擱而又碰上北江發水，足足走了十五天才到達。

一日將近黃昏，船到了琶江口，父親便命船家停船，那船家說那個地方是有名的土匪出沒之區，萬萬不能停。父親說你們怕嗎，刼了船我賠你們便了，船家沒有辦法祇好停下來。暮色四合，我們剛在夜飯，遠遠便看見無數火把向着江口來，船家跑進艙內報告，那是強盜來刼船，我看了船家的臉色，也不禁有些凛然。那兩個姓陳的會黨說他們是來接父親的，站在船頭大聲招呼着。火把光下出現了幾個首領來請父親下船，父親到了岸上，慰勞了幾句話，並說到村內不便，而且後會有期，那些人更送來兩罎酒，四條火腿，說是送我們船上作路菜。父親回到了船中，火把還堆着不散。父親很奇怪，問那兩個姓陳的，他們爲什麼留在岸上，那兩個姓陳的遲疑一下，遙着對江兩條船說：「大概他們要打那兩條船的主意罷！」父親那時似乎有些怒意，說：「今天我在此地，斷不許他們胡爲。」那兩個姓陳的在船頭打了一個招呼，我也不知道他們說什麼，那一大堆火把一下便散開，在黑暗中很快的便消失了。我們船上的船家，那時已恢復人色，幫着搬酒和火腿，那夜便這樣安然渡過了。

我們在韶關停泊在西河，父親上岸拜了一次客，那是他的舊同僚南韶連總兵雷鎮穀，他在下午也照例回了拜，翌日換船往樂昌，由樂昌換船到坪石，我們在離坪石之前半天，便上船換馬到遼水鄉，這一段行程就這樣完畢，而船則愈換愈小，路愈行愈難了。

我們在廣州出發的是河西船，所謂河西船就是韶關河西的船，在中艙起立是要低頭，但還可以坐在椅上。由韶關至樂昌，船是比河西船具體而微，固然不能起立，也無法可以放椅。由樂昌至坪石簡直是小艇，坐臥食均在船艙的木板，連抬頭都似有些費事了。這條水道是有名的十三瀧險灘，江中時見大石，勢如伏虎，兩壁都是懸崖，而江流湍急，又似奔馬。我尤其感覺奇怪的，船由樂昌開行不到半日，船夫都脫得一絲不掛在搖船。我真奇怪到要叫出來，我父親望着我說，你覺得奇怪罷，等一會你便明白了。我自念也許這是一種風俗，也許是少見多怪，看見一個個赤條條的船夫，很似糊糊塗塗到了小說上的非洲。

不一會我眞明白了。原來這條江淺得水清見底，但因奔流太急，更沒有一條游魚，到了水不可沒膝而又奔湍時，船夫無法更搖船，祇得赤着身下水，把船扛起送上攤去。搖船、撑船、牽船，我在珠江都見過的，在書上也可見到的，獨至扛船還是頭一次初開眼界。船夫着了褲扛船，容易被水沖刷，所以索性一絲不掛，來作「浪裏白條」。我問父親，怪不得船夫都是男人，沒有女船家，恐怕就是覺得不雅罷，父親笑笑指着對面搖來的船，說：「那對面來船，搖船的不是女人嗎？見慣不驚，祇是你見識太少罷了。何止船家有女人，就是搭客有女人也無可奈何。我還記得曾國荃調任兩廣總督時候，就携帶女眷由此道南下。當時他看到這種情形，大怒說船夫侮辱官眷，要送他們到樂昌縣各責一百板，後來經人說明，也就釋然，每個船夫還賞給一百文制錢買一條薄布遮蔽下體。不過這一塊薄布又能遮多少呢？還不是一個樣子罷了。」父親又繼着笑笑：「這個例子又被曾國荃弄成了，以後凡有女眷附船，都要每人賞給一百文，否則船夫還要做出許多怪狀呢！」

我們最終是到了目的地了，來接的有三十餘人，備了五匹馬，這是我們到了韶關以後派人從陸路去送信的。來接的人還携帶武器，但我一看都是粉槍，毛瑟僅有兩支，這使我不由得心內猶疑起來，用這些槍枝來起事，在我看來是似乎太兒戲，但想到傅先生在廣州說過，香港當陸續運來快槍，心內重又興奮起來，那起岸的地名喚做官埠，是在坪石之南，我們住居的地方名喚方塘，離官埠約有四十里，沿路都是巒山起伏，亂林雜生。方塘的形勢相當險要，處於萬山叢中，周圍平原三四十里，下臨一條河喚做遼水，這是那地名爲什麼喚做遼水鄉的由來，當前一座山喚做石子嶺，控制下河的要道有一座龍王廟，我們便權借這廟作發號施令的機關。大約事前他們都有相當準備，廟的司祝也是會黨中人，方塘還有兩個監生，算是地方紳士，還趕來招待我們，以後更在村內找一所房子，作爲我們的寓所。

父親告訴我，方塘原來是我們舊日的故鄉。故鄉總有田園廬墓的，可是田園廬墓早就破的破，賣的賣，祇賸下遠祖的墳墓，這因爲祖父早就離鄉遷廣州，父親一生回鄉也不過幾次。父親雖然很少到北江，他在廣西提督任內的官兵倒有很多在故鄉招募，父親這次先要回乳源，無疑的想拿子弟兵做基幹了。

我們到了方塘不久，便計劃着如何招募士兵。我們是不能公開募兵的，父親的打算一面召集舊部，一面聯絡會黨。廣東沒有所謂青紅幫，獨有的是三合會，或名爲三點會。廣東的三合會很普遍，不止蔓佈於廣東，而且勢力及於湖南和贛南兩地。父親以爲光是聯絡三合會還不夠，必須擴大三合會的組織。這可使我苦了，三合會也有一種會章和隱語，父親要我謄寫三百本，分發各地的小單位。起初我寫的很快，一天可以寫三四本，末後便一天慢似一天，因爲我除了寫三合會的章程以外，還要掌理文書，而且那種章程和隱語都俚俗不堪，起初鈔時感覺有些興味，末後越寫越覺粗野，竟不想下筆了。我發出一個奇想，向父親條陳，應該把它修正，易爲文雅之詞。我父親堅持不可，說這是數百年傳下來的古規，而且那章程和隱語都普遍了，不祇不能修正爲文詞，甚至連一個字都不能更易，否則失了作用和效力。這樣的司書工作我直埋頭幹了兩個多月，天氣悶熱，夜裏點着土油燈在抄謄，村內識字的人不多，父親更不信任他人，只責成我獨負其責。

我謄寫這些三合會章程是隨寫隨發的，乳源大致分爲上山和下山，下山是接近縣城，是通韶關的大道，而上山則接近湖南，過境便是宜章。我們到了沒有兩個月，上山加入三合會的已很普遍了。但光是擴張三合會有什麼用？父親當時也想出宣傳和訓練兩種辦法，當時所謂宣傳，就是在三合會開會時間，備述自甲午以來中國對外的失敗，而結論也很簡單，中國之所以打敗仗，一半原因是西太后負責，而最大原因就是中國皇帝不是中國人。往往在結論時，父親說：「祇有中國人做中國皇帝就會打勝仗了，」鄉下人也有些聰明的，問父親誰可以作皇帝呢？父親實在難以解答，祇有說到了那時自然你們所盼望的眞命天子會出現的。而訓練方法呢，三合會本來是有規則的，最重要的集合就是拜山，不過拜山是在夜間，父親以爲應該改爲白天，每次拜山聚了一大羣人，父親更說拜山要壯山容，會員有快槍的應當拿快槍，沒有快槍的，就是標槍、粉槍，甚至舊兵器的大刀，三叉也要拿出來，這樣才顯得聲勢。父親這樣主張，無非想檢查會員的武器，看看有幾枝快槍，將來可以集中應用。乳源上山每逢一鄉村拜山都請我們參加，我一面跟着父親跑，一面夜裏謄章程，的確非常費力。這樣拜山由乳源一直轉至湖南的郴州，又拜至江西的贛州，直把粵北、湘南、贛南，圈在三合會的圈子裏。

那時我感覺愉快的有一件事，而感覺困苦的又有一件事。所謂愉快的就是馬術進步，本來我在十一歲就頑皮不堪，又看到小說上馳馬試劍的故事，更躍躍欲試。父親對我騎馬是不許可的，是否「丈夫亦愛少子乎」的心事，我不知道，可是從沒有明白允許過。我祇好和馬伕商量，在大校場放草時，偷偷去試馬。放草的馬不但沒有鞍鐙，而且沒有籠頭，這樣每早在校場跑跑無鞍的馬四五遍才上學，心裏沒有一次痛快過。現在好了，無論在粵、在湘、在贛，代步的除了轎子就是馬，這時我可以公然的騎馬，跑馬，非常得意，馬術一天一天的進步，並且可以騎着馬躍過七八尺的溪澗。有一次跳過了溪澗，忽然想起三國演義上的「劉皇叔躍馬過檀溪」，心內不由得心花怒放，在馬上顧盼自如，彷彿自己就是劉備。然而最感困苦的，是語言問題，在北江一帶大概十分之八九是講客話，湖南和江西全講所謂官話，有時父親無暇見許多賓客，要我代表，一時要講客話，一時又要講官話，我感覺非常困苦。語言教師是沒有的，祇好留心私自練習，言詞既然不能達意，而年歲又輕，當時侷促之態，自己也感覺奇窘，所以父親叫我每次見客，我都感到頭痛。

不知道是什麼緣故，那時我雖然是十五歲，頭內已充滿了社會問題，第一個問題最使我感覺興趣的，是廣東和湖南交界的徑口，那個地方祇離我住的龍王廟四十里，時常騎着馬去遊玩。湘粵交界祇隔一條小河，那邊說的是客話，這邊說的是官話，不獨語言不同，而且婦女的服裝也大異。廣東婦女把髻盤於頭頂，而湖南婦女把髻拖於腦後。廣東婦女衣長過膝，而湖南婦女則衣短齊腰。如果這條河是很寬廣的，還可以說因爲老死不相往來，偏是那條河窄得祇有兩三丈寬，不祇居民時相往來，每早兩岸的婦女還夾着河洗滌衣服。他們爲什麼不同化呢？這是一個問題。因此我懷疑到中國的民族是雜居的民族，除了皮膚頭髮顏色相同之外，並不是歷史所傳說的，中國民族都是黃帝的一脈子孫。

第二個問題是：廣州婦女的貞操觀念特別強固，這是大家所知道的，而廣東北部的婦女，對於這個觀念却沒有幾個人注意，婦女離婚和再婚社會上直認爲一件最普通的事。尤其使我感覺奇怪的，要娶一位小姐，當時聘金的時價是八十元，若要娶一位再婚的婦人，倒要一百二十元，我問他們的理由，他們答覆倒很乾脆，因爲小姐不懂事，娶回去後還要經過長期的教導才會下厨煮飯和上山砍柴，若再婚的婦人，娶回去祗有兩天便可以下田工作，而且這兩天停工僅是一種禮節，並不是呆板的習慣，因此我又想到婦女的貞操大概是從男人的要求來的，而男人的要求多半拿經濟觀念來決定他的條件。由這一點推想，後來種下了我研究經濟學的原因，更植下我的「除責任以外無道德，除經濟以外無政治」的結論。

第三個問題，是在江西發見的，客家的語言，說他是廣州話不像，說他是官話也不像，而在江西南部全都操着一半粵音，一半官話的方言，因此我懷疑客家是另外一個民族分布於廣東福建江西，而不是普通考據所說是由中州遷粵的。這個問題，後來在民國二十六年在南京的「朝報」打過一場十多天的筆墨官司，直至今日，我還堅持我的成見。現在可惜這篇文章的稿子遺失了，不然倒可以作研究中國民族的參考資料。

各事稍定。我們專等香港的快槍了，父親也曾來過一次大檢閱，集合會黨在石子嶺觀兵，那天是八月初旬，天氣晴朗，清風和煦，這一次與會的黨徒，我忘記有多少人，祇見得從石子嶺頂排起，一直排下過滃水，眞是刀槍耀目，旌旗蔽空，父親在山上，坐着一張行軍椅，而我則跟着旁邊，少年好事，在這種熱鬧的場面，自然興高彩烈。可是父親絕對沒有露出半點得意的顏色，反而一似重有憂者。夜裏父親在草場乘涼，我在旁邊看微月，父親問我今天的情形感覺怎樣，我白天看見父親的態度，簡直不敢回答。父親嘆口氣，低聲說：「如果香港再沒有軍械運來，這個局面是要失敗的。」他更說：「看今天人數雖多，我看快槍還不到十枝，韶州的巡防營全都換了快槍，這可以斷定很難成功的。」

我們又等了許久，不特香港的槍枝杳無消息，連給養都發生問題了。父親派人回廣州，把在佛山鎮所開的兩家綢緞莊都頂給了人，在廣州的屋子也賣了兩座，但是所得有限，不一會也完了，聚集了許多亡命之徒，得不到給養，大有人自爲政就地籌餉之勢。傅先生派人來說，因爲香港款也有限，以運輸之便，新式槍枝先運東江，看來香港的人們已有側重東江，而輕視北江的傾向。我們眞是急極了。據父親的判斷，不外兩途，一則香港實在沒有槍枝，所以拿先運槍枝到東江來搪塞，二則或者眞是以以交通方便之故，先運槍枝至東江。但是無論如何，我們已有箭在弦上，不得不發之勢，目前所最憂者爲財政問題，香港不祇沒有槍運來，連答應所籌的款也分文不滙。韶關本來有一個交通站的，父親催得急的時候，索性溜回香港，這麼一來，我們很像上了俗語的半天吊。

北江因爲聚了許多人，平日大約打家刼舍慣的，而且根本不知道什麼是紀律。三合會的會規祇是會內的約束，似乎對於會員對外是取放任主義，我們所得報告，到處我們的人已發現抽收殷富捐和田畝捐的事了。父親也曾因此大發雷霆，革除了許多頭目，但人要吃飯是事實，我們沒有錢給他們也是事實，嚴懲祇管嚴懲，而騷擾也在騷擾。久而久之，剷除貪官汚吏的口號也普遍了，本來這個口號是預備起事時用的，因爲反對皇帝是鄉下人所不能了解的，正是山高皇帝遠，皇帝的好壞，他們不知，而官吏的良否倒是他們切膚之痛。可是預備起事時的口號，提前應用，而且在實行了，在不遠的礦山，沒有官而祇有兵，結果我們的人把兩名礦兵殺了，乳源派來的委員調查，也綑起來了。在前清末年，雖然是朝政不綱，一件人命案子社會上視爲很嚴重一件事，何況殺的是兵，而綑的又是委員，乳源縣長那時是一個姓程的，於是飛呈向省裏告急，兩廣總督張人駿遂電告清廷，以父親「嘯聚莠民，圖謀不軌」革去頭品頂戴，題奏提督，褫去黃馬褂，清廷覆准，電達南韶連總兵雷鎮穀派統領朱福全帶新兵四營，向乳源進勦。我們在廣州和韶州是有坐探的，至時傅先生派人趕來乳源，報告這些消息，至於乳源的情形，父親陸續有報告到香港，然而香港方面到了那時倒一無主見，傳來的命令，要父親自行選擇兩途，一是立卽解散，以謀後圖，一是馬上舉兵，以失敗爲宣傳，父親那時知道要靠香港應援是沒有希望了，他一面派人到英德調人進攻韶州，以牽制剿乳之師，一面派了兩三百人堵住坪石和官埠，以防朱福全水陸並進。

這樣又過了五六天，香港沒有消息，而英德和清遠也沒有消息，湖南郴州方面的三合會是和廣東的三合會不大合作的，說起兵一時來不及，最好父親放棄乳源上山退湖南。父親一夜在大沙坪召集底下的幹部，開會決定攻守或解散之策。我記得那夜月色是迷濛不明，坪上點了無數火炬，還殺了一條牛五六隻猪，幾百人圍在地下喝酒和計議。人聲相當的鼎沸，全村的狗吠起來，鄰村的狗也聞聲相應。幹部的人物有退伍的軍官，有會黨的頭目，有村內教書的學究，有教拳脚的教頭，聚議結果，有一半主張撤退往湖南，有一半主守以待東江響應。主張最激烈的要算一個教拳脚的諢名喚做拗頭羊，他的頸項是歪的，而面孔有點像羊，所以名喚拗頭羊，他大聲疾呼，說他懂得神打，所謂神打，就是刀槍不能傷害身體，他願意領他手下幾十個徒弟，去迎擊官軍。這一場會議，算是沒有結果，因爲父親祇是聽取他們的意見，並不是採取決議的方式。及至會散時候，已是零露滿天，嗚鷄四野，父親帶我回到龍王廟，對我很嚴肅的說：「我看這次又要失敗了，香港既沒有辦法，東江又無消息，我還是喚鄧錫英先送你回廣州罷。」我說：「這樣我們就走了嗎，但父親不走，我是決不願獨去的。」「你眞是儍子，我要走是隨時隨地都可以走的，但帶了你，兩個人都不方便，我要你到香港找着傅先生告訴他們一切情形，俟你走後我卽往湘南，湘南隨時都可以作後圖，祇要把這個嚴重時期捱過了，以後都可以起義。」父親那時不容我置詞，馬上喚老鄧備了一匹馬，說要走就在此時，我應立刻要準備。

我抱着疑慮和憂鬱的心情，天才微明，便乘了馬往官埠出發，我對父親一半是信任，一半是憂慮，父親平常對我說話從沒有騙過我，並且沒有騙過人，他說要往湖南，我絕對相信的。但既然往湖南，何以不讓我同去，而且父親身邊眞缺乏一個親信人，我和老鄧走了，更有什麼人服侍他呢？我把包裹打好之後，更死心不息說：「父親能不能讓我一同到湖南，我恐怕父親身邊沒有人照料。」那時父親倏然露出怫然之色，那是我平日很少見到的，說：「你還是小孩子，不懂事，難道我看的事比你還差嗎？立刻動身，不必多說。」父親既是那樣決定，我還那裏可以開口，祇得快快上了馬，和老鄧出發到官埠。自此我沒法更得父親的消息，直至我到了香港，然後才知道以後一段父親壯烈的故事。

我和老鄧起程是在天還未明，馬蹄踏着山石，從亂草雜樹中向官埠出發，行程不過四十里，中飯前早抵河邊了。我們還是走來時的路，官埠的小船也有十幾條，都是我們常川僱定的，我和老鄧坐了一條船，而將那匹馬另外載在一條船，官埠本來有我們的人二三百人，他們祇知我們到樂昌，至於父親怎樣計劃還未知道。由樂昌上水要兩天才到官埠，而下水不到一天便抵樂昌城外了，我們不敢堂而皇之僱船下韶州，還是騎了那匹馬沿着江邊走，這是老鄧的獻議，並且說父親是那樣吩咐的，由樂昌至韶州，道路比較平坦，祇走兩天便到了，誰知剛要過河到韶州，我們忽然被汎兵截留，還有一個姓陳的千總說我們是會黨，將我們的行李全行搜檢，自然所謂違禁品是搜查不出的，因爲我們什麼都沒有帶，那位千總末後把馬留下，算是他的戰利品，猶幸老鄧身上還有二十元現洋，我們草草找一家小旅館宿了一夜，翌日便起陸到英德。

由英德至廣州還有一段很遠的路，還是老鄧出的主意，我們可以附木排。提起這個木排，恐怕我們的朋友都沒有試過。英德本來出產木材，商人爲節省運費起見，把杉木用纜編捆成排，順流而下，木排上安放幾塊板，在板上搭上兩三塊竹蓬，這是駛排人安宿之所。我們附了這個木排，每人祇花六元錢，食宿船費都由船家包辦。他們駛排的方法也很簡單，祇在排前排後，安上一條木，可以當槳，可以當舵，我上了這個木排，又似另換一番新的世界。木排夜裏有時趁着月亮也行駛的，但多數在夜間停泊在江邊的荒村，趁着空閒，沽些酒食。一夜木排已抵清遠峽，夜裏無法成寐，心懸着念父親，更掛念着老母，看了一彎斜月，幾點疏星，心內感着無窮的悲憤，默默的成了一首詩：

「西馬渡韶水，寒風吹峽門。疏星點浮石，殘月照孤村。奔命窮投止，餘生恥苟存。十年須記取，橫劍躍中原。」

這一首詩，自然是寄一腔之孤憤，但後來我想這是少年誇大之言，所以我沒有將它收入「我的詩」。

廣州畢竟抵達了，我懷着滿腹憂疑，如何把這一段事報告母親，但抵家之後感覺很奇怪，母親倒反而安慰我，因爲父親在我走後，更派了一個名喚打虎將寶雲的追蹤到廣州，他喚爲打虎將，因爲他和一羣獵戶打過虎，左臉和右肩都曾受虎爪所傷。他是從官埠附船至樂昌，在樂昌換船至韶州，又由韶州附船至三水，再換火車至廣州，他雖然後我一日而行，但比我先到廣州兩日，母親已經知道大概了，並且還示我父親一封信，最沉痛的有兩句，說：「與其駢死斬嗣，毋寧倖存再圖。」但寶雲也不知道父親到底是到湖南，抑或率領子弟抵抗，不過他帶來父親的口訊，要我送母親到香港暫住幾時，我想那也是必要的，翌日便奉母親到香港，留下老鄧和寶雲在廣州等消息。

我雖然生長在廣州，對於香港我祇去過兩三次，母親雖然有些親戚在香港，在這個時候誰也不敢來親近，而我們更不願意急時抱佛脚低首下心去求人。母親脾氣是很剛直的，寧可吃苦，不願乞憐，我們且住在小旅館，聽候廣州的通訊。過了兩天，老鄧趕到香港，報告我們一個出人意料之外的消息，原來父親並沒有到湖南，專在石子嶺的龍王廟等候朱福全的隊伍。在官軍未到之前一夜，父親把官埠的兩三百人遣散往湘南，把方塘幾百人分別送回本鄉，在朱福全到時，父親還嚴正衣冠坐在龍王廟，朱福全還很客氣，稱呼父親為陳軍門，唯有那個程知縣非常可惡，像審問的詰問許多話。他問父親為什麼圖謀不軌，為什麼指揮着人殺傷官兵。父親笑說：「知縣是不配問我的，是否圖謀不軌，到廣州再說，至於殺傷官兵，是他自己動手，也無所謂指揮着人。」正在那時，四鄉忽然鳴起鑼來，大約還有散不盡的會黨，圖謀刼奪父親。父親頓時大怒，說他們不守紀律，並對朱福全提出條件，他這時束身就縛，是準備犧牲的，但告訴朱福全決不能再有什麼清剿名目，來苦老百姓。在這個緊張局面之下，朱福全也答應了，父親還寫了一張手諭，傳布四鄉，就此隨同官軍算是押解上道，一直解至廣州，經過韶州時還送雷鎮穀一封信，請他不要荼毒無辜的人民，如果當他是首犯，那麼首要已獲，也可對張人駿交代了。

父親到了廣州，張人駿也曾組織一個三司會審，那三個司，一個是藩司胡春霖，一個是臬司王秉恩，一個是督糧道，他的名字，我已忘記了。父親始終沒有供詞，並且對三司說：「我不準備死，我不會輕易自行來省，我是沒有供詞的，凡問官所要問的，都是眞的，祗有聽你們判決罷了。」這樣經過兩次會審，張人駿遂據實奏清廷，並擬了一個「斬監候」罪名，所謂斬監候就是定了斬首，等秋天處決。

事是再沒有希望了，而香港的人們以爲父親的生命還應該設法保存，所以主張不在報紙發表，而寥寥登幾段含糊的新聞便算事。萬分之一的希望還是不能放棄的，我在香港發電和發信到北京，凡是想得到的父親同僚，我都去過信，尤其一位父執華承澐先生是父親的知交，他在廣東做候補道時，和父親是一個道義相尙的朋友，那時他在北京，我就請求他設法。無罪釋放是預料辦不到的，若減爲充軍，已是慶幸了。事也有出乎意料之外的，當時清廷已改了制度，六部也擴充成十部，鐵良做了陸軍部大臣，鐵先生是滿洲人，在一個時候，他在上海和父親有杯酒之雅，他不大相信父親有圖謀不軌的行動，但因爲證據太確鑿了，所以把斬監候改爲永遠監禁的罪名。這個大案是決定了。算是沒有罪及家屬，算是沒有清鄉，父親就這樣永遠居於南海縣的監獄。在西太后和光緒死時，宣統登位，清廷也曾大赦天下，我自然又設法向總督衙門呈請大赦，但是圖謀不軌是不在大赦之列的，我父親一次曾在監獄內對我說，以後再死幾個皇帝，也不要上呈文，我是預備在此以終餘年的。

自父親入獄以後，我的生活已敍於「少年時代的回憶」一文中，不再贅述了。這樣父親困在監獄一直至到辛亥的舊曆九月十九日，廣州已響應武漢獨立，父親大踏步出了獄門，傅先生又以革命黨的姿勢，重復活躍，最先他主張組織南韶連都督府，勸何克夫辭職而擁父親為南韶連都督，父親一笑謝絕，並對我說，我入獄四年，百念俱燼，現在事有人為，我不願和少年爭長短。父親所謂少年，自然是有所指，當日各路民軍麕集廣州，最初劉永福擁民軍總司令之名，大權旁落，所謂劉永福就是越南戰役和法國打仗的黑旗劉義，也是父親所認識的。那時民軍據着廣州，摽掠刼奪，無所不為，父親有些灰心了，一次父親去看都督胡漢民先生，痛陳民軍之害，非設法整頓不可。胡先生想父親接劉義的任務，父親說，你看我的年紀還能夠負這種重任嗎？況且在監獄經過一次大病，體力都完了，我是上條陳的，不是求官的，後來劉義幹不下去，換了香港益世報的總編輯黃世頌，治安更壞，而紀律更蕩然，每天民軍四出，以捉保皇黨為名，殺了人還不算，還要剖腹挖心臟去袞食，每天民軍先生們提着人心四處跑是常見的事，廣州可謂重復入於黑暗世界了。父親生長軍間，而對革命又抱有無窮希望，至此可以說更是心灰意懶，他當時不讓我當參謀，而命令我當大兵，固然對我屬望太深，恐怕另外更有一重心事，是有激而發罷。

父親當時祇就了一個都督府軍事顧問，兼任了省議會的議員，但父親有他的革命思想，同時也有他的頑固見解，他最看不慣的是一班軍官如鍾鼎基蘇愼初輩的氣焰，更看不慣一班女子北伐軍和女子炸彈隊。一天他在都督府和鍾鼎基等討論軍事，所謂軍事自然是後方的，因為廣東北伐軍已由姚雨平組織並且出發了，父親回家很像有點生氣，在夜飯時還是非常不快，母親問他什麼事，他說沒有什麼，還不是爲了這班小孩子嗎？他們以後能夠不變，才稱得上男子呢！

民國元年二月，南北統一，北伐軍是旋師，而我參加的學生軍也解散了，我當時打算入伍南京，父親倏然不贊成，他不願說明理由，祇說他做軍官做夠了，希望我轉入文的學校。那個時候廣東的學校都停頓了，我祇好先回母校育才書社當教師，以待學校招考。我是在五月回母校，而父親在三月得了中風症，後來身體似乎痊癒，而精神則一天一天衰退了。

父親入獄後兩年，本來是經過一場大病的，醫藥均缺，元氣始終未曾恢復，他對於辛亥成功，也鼓不起興致，未始不因身心衰弱的關係。可是他雖然消沉，對於時局却是樂觀，他所仰望的革命是實現了，他所恨的西太后也早死了，雖然入過獄，但已出乎他意料之外，最初他以爲必死，及致判決永遠監禁，他也無動於中，因爲永遠監禁就等於坐以待斃。我每次入獄見他時，他必問我的學業，除此之外，對於他的身體，隻字不提，對於他個人的苦悶，更隻字不提。

廣州慢慢已由混亂而歸於安定，所謂民軍，有些是改編，有些是解散了，父親對於政局也表示滿意，在飯後時時掀髯微笑，說一治一亂是歷史的成例，現在已是亂極而治，治世是無機可乘的，少年人還是好好求學問罷。焉知父親逝世至今又三十三年，中國愈來愈亂，這是出乎他老人家意外的罷！

中秋以後，父親又病了，母親和我非常焦急，而他倒不在乎，他反安慰我們，說他的年齡已過了八十，世態的酸甜苦辣已嘗夠了，個人的安樂艱險也經盡了，他不相信就此可以死，就是死罷，也無所怨懟和留戀。他並且說他死後也沒有遺囑，他是沒有財產的，他的志願算已終了，兒子已經知道做人，他更無話可說了。

舊曆八月二十五的下午，我從育才書社下課歸來，父親已經不能說話了，母親還問他有無話說，父親終於痛苦中掙扎出微笑，勉強說：「我大概不中用了。」自此父親更無話說，延至五時便逝世了。

母親和我葬父親於白雲之麓，三台嶺之陽，樹立一方青石碑，文曰：「陳公志美之墓」，父親一生的抱負和事業也都附棺埋葬於這一塊地，祇餘下這一頁最後的丁未小史了。

民國三十三年未刊稿

〔乙篇〕

我的詩

我寫完這個題目「我的詩」以後，我自己覺得有些大膽。既然名爲我的詩，應該自己問一問，我的詩究竟好不好？就是好，而我的詩究竟有幾首？

說也慚愧，我姑且不談我的詩好不好，算至現在，我平生作詩大概僅僅一百首左右，在南京一炬，可憐焦土時，僅存一百首的詩稿也燬盡了，現在所能記憶的最多尚不及半數。詩既少得可憐，怎麼敢談我的詩。

不過，這個窮禍也是我自己闖出來的，因爲朋友們許多要我寫字——自然他們不是爲我寫的好，說好聽一點，祗是留紀念——而我偏偏喜歡寫自己的詩，於是朋友們便時時問起我的詩來，要我錄幾首給他們「欣賞」。好罷，反正朋友們已知道了好幾首，我又何妨多寫幾首給他們看看，這是我爲什麼寫「我的詩」的理由。

老實說，我開始記憶來抄謄時，心裏還在猶疑不決，因爲我的詩旣是那麼少，而又那麼的不好，所謂獻醜不如藏拙，還以不寫爲妙。有些好事的朋友看見我在遲疑，又來煽動我，說：「詩無所謂好不好，我們祇要讀你的詩，說到好罷，定義頗難。就是我國的詩宗三百篇，「關關雎鳩，在河之洲，窈窕淑女，君子好逑」，如果不是孔夫子刪定，而是我們作的，恐怕人家看都不肯看，更談不到拿來引經據典。李白的「牀前明月光，疑是地上霜，舉頭望明月，低頭思故鄉」，杜甫的「夜投石壕邨，有吏夜捉人，老翁踰墻走，老婦出門迎」，如果不是李杜寫的，而是我們吟的，恐怕人家不屑一顧，要譏爲引車賣漿者語。我們不要看好詩，祇要看你的詩」。他們這串大道理，眞可使頑夫廉，儒夫有立志，不由得使我大膽起來，這又是我爲什麼寫「我的詩」的理由。

我的詩實在太少了，與其光是抄詩，不如先寫些我作詩的經過。我記得有一次在酒酣耳熱時候，汪先生曾對我說：「公博，你的詩天資很高，爲什麼不多作？」我聽了非常惶悚，祇是笑而不言，我之不言，固不敢言，亦不便言，現在旣寫我的詩的經過，就是等於個人自己的詩話，前之所不敢言與不便言者，不妨坦率言之。

說也奇怪，白話體對於我的文章影響很深，自從民國九年，我便很少作文言文，但是對於我的詩，那就影響很微，甚至乎不發生影響，因爲我從來沒有作過白話詩，並且也不喜歡讀白話詩。這或者因爲我既不願蓄意做詩人，所以不去注意。既無意作舊詩的革命，又無意作新詩的詞宗，因此還一半的抱殘守缺，作白話之文，謅舊體之詩了。

我之不多作詩，實具有無數理由。我想作詩單靠天資高是不夠的，必得有相當的工力，我自問對於詩，並沒有下過苦工。從前九歲開學，教書先生便教我做小詩。他有一句名言：「讀熟唐詩三百首，不會吟時也會偷」，這句名言，我至今還當作座右銘。然而可憐，我偷的時候便不多，而偷的本領也有限，因爲學校的學科太多了，日夜預備，還苦時間不夠。那能騰出時間去偷詩。以此，卽使空有天資，其如絕無實學，對於詩未嘗下過水磨工夫，實在不敢多作。

對於詩既沒有下過苦工，自然詩韻不會熟，何況我是一個廣東人，有時謅了一首詩，自己以爲音韻鏗鏘，可是一查詩韻，不由慚愧到面紅耳熱。能不能拿詩韻當隨身法寶，寸步不離呢？我實在沒有這種時間，也沒有這種耐性。有一次二十一年春天某一夜，在南京我在羅文幹家裏正在商討所謂大計，忽聞獅子山邊炮聲大作，其時國民政府正遷都洛陽，我們步出中庭，不勝感慨低徊之至。我謅了一首詩：「徹夜鼙聲薄古城，萬家燈暗賸繁星，洛陽宮觀淪榛莽，風雨淒其憶秣陵」。自己以爲很慷慨蒼凉，及至天明回家一看詩韻，誰知城、星、陵、都各有其韻，換一句話，就是全出了韻。我祇有自己原諒，因爲我是廣東人，並不是我出了詩韻，實在詩韻出了我。因此從此我便覺有重編「今詩韻」之必要，這一段容後再說，這部「今詩韻」沒有編成以前，我想還以少作爲妙。

要多作詩，必須對於「卽事」之外，多作些「卽景」——那就是詠景和詠物詩。人生雖然數十寒暑，但實際說來，更事亦未必多，尤其值得吟詠的事更不見得多。說到詠景和詠物，最不引起我的興趣。我也曾遊過一些名山大川，也曾興之所至做過些長詩短句，但後來一讀前人所作，眞是令人氣短。原來我所說的，前人都說過了，並且還比我說的佳妙而高明，這樣白費工夫，我殊覺太不值得。因此我決定每逢遊山玩水之時，先買一本關於那個地方的游記或詩集，如此可以舒舒服服的游目騁懷，不至於辛辛苦苦的攢眉苦臉。

作詩有時太自苦，我不多作詩，不祇是躲懶，而且是避苦。前人有句話：「吟成一個字，撚斷幾條髭」。我的經驗，爲了一個字，何止撚斷幾條髭，有時十年之中，心中還不大自在。十九年我在北平寫了一首詩，到了今日，心還在那裏忐忑。那時擴大會議失敗，退入太原，一班朋友——尤其覃振先生力勸我去天津，但我決心要隨汪先生入娘子關同甘苦。當我離開北平那一夜，我寫了一首小詩：「險阻艱辛不肯辭，輕生重諾寸心知，拼將肝膽酧朋友，珍重東城判袂時」。一首詩出了兩個「重」字，頭一個「重諾」的「重」是不可以換的，後一個「珍重」的「重」後來怎樣改法都不妥。改得太豪放，失了兒女之情，改得太淒凉，短了英雄之氣，還都那年，請敎龍榆生先生代我筆削筆削。龍先生是詩人，拿去了兩天還拿回來，說還是照原稿罷，實在不易改好。我也何嘗不能原諒自己，古詩常有重字，今人何妨稍爲隨和。但是要知道，這首詩是七絕，統統不過二十八字，二十八個字便重了兩個，工力不足，可想而知，天才所限，何能多作。一個字而至心懸十年，眞徒自苦耳！人生本短，何必自戕？

恐怕是一個通則，或則是一個尺度罷，詩句最好是淡，最壞是火，我的詩既未工，字又不煉，因此去爐火純青還是很遠很遠，眞是「一句還未成，三味發眞火」，衡以我的性格，可謂詩如其人。以前年少氣盛時候不用說，就是現在罷，偶成一詩，自己唸起來，很像孫行者陷入火燄山，十萬根毫毛都帶着火燄。朋友們在嚴多時候讀了我的詩，或者可以增點暖氣，若在酷暑時候讀了我的詩，有拖累朋友中暑之虞，心既不忍，詩便少作。

我最奇怪，或者因爲工力不足的原故罷，作詩好走偏鋒，那就是專做七絕。這個理由並不難於解釋，七古和五古，我確沒有下過工夫，並且也沒有時間。五律和七律，我又怕翻典故，難排比。我固然不願鬧「舍弟江南沒，家兄塞北亡」那麼悲慘的笑話，就是「紅豆啄餘鸚鵡粒，碧梧棲老鳳凰枝」，我也認爲過於堆砌和做作，五絕罷，字數過少，運用不靈，所以祗有因利乘便，專以七絕爲我藏拙之道，因此也不能多寫了。

還有，我最怕做詩人，因爲做了詩人，便不免有詩友，一有詩友，便未免囿於結習，牽於情誼，要結成詩社。從前我觀光過一兩個詩社，使我坐立不安，心想，世界上的集會結社再有比參加詩社難受的嗎？後來我在上海到過票房，倒不期而遇的找到同樣難受的例子，票房是由愛好舊劇的票友組織而成，一班票友無事便在那裏哼，唱得漂亮的，同社票友固然忍不住要叫好。就是唱得糟糕的的，走了板和咬錯字，同社票友也爲着面子，要勉強叫一聲好。我是不懂詩和不懂唱的，猶引至詩社和票房爲苦，若眞眞詩作得好，而要和詩友結詩社，那眞未免自尋煩惱了。所以要不參加詩社，最好不作詩人，以此我對詩並不刻意求工，恐怕又是原因之一罷。

我還有點對於文人學士們的貢獻，舊日字典因檢查不便，許多人在那裏重編，在前有王雲五字典，最近有薛典曾字典，我想一定還有人未能引爲滿意，正在匠心獨運，努力改良，獨至音韻一書，音早不同，而韻則天不變，地不變，韻亦不變，實在不可思議。我不是基於廣東人便利的偏見，要求重編，而是基於普遍的願望，希望來一個「今詩韻」出版。其實拿聲韻來說，廣東人對於「聲」最熟不過，平上去入，小孩子也天然懂得，但是談到「韻」，那就沒有辦法，一東和二冬，六魚和七虞，固然分不清，就是七陽和十四寒。八庚九青和十蒸，也極容易混而爲一。我更感覺奇怪的，廣東音對於十二侵，十三覃，十四鹽，十五咸，有獨到的辨別，但爲什麼「凡」和「帆」倒收入十五咸，這又是廣東人所不能理解，而我懷疑到古人有極大的錯誤的。但古人有錯誤也罷，沒有錯誤也罷，音是變定了，古今有許多音不同也成爲定案了，韻由音生，我力主非重編不可。我盼望一班文人學士，主持風雅，重編今詩韻，將詩內的「時本通什麼韻」，「古通什麼韻」，就目前的發音，一氣貫通，這樣或者不祇是一種風雅，而且對於像我這樣人是一種慈悲之事啊！

自己的詩話既已說過，以後便就記憶所及錄出我的幾首詩。二十歲以前劍呀血呀的舊作我全忘了，二十歲以後花呀月呀的舊作我也刪了。無已，就民國十四年回國後偶一爲之的詩，依着年份，略抄幾首。同時我想聲明的，我因爲不是詩人，除了偶然出韻之外，在心境愉快，祇是豪談使酒，除非心境苦悶，方胡亂寫些詩，因此我的詩正合着「不無悱惻之詞，惟以悲哀爲主」這兩句話。自然倜儻的詩不是絕無，然而無端之詞也有所託。寫到此地，我又想到中國寫作藝術了，我們知道喜劇不易寫，而悲劇最易作，藝術低下，悲劇爲多，看了近年來的小說和戲劇，恐怕我也不能例外罷。

*　　*　　*

十四年至十五年，由國民政府在廣州成立以至北伐，是國民革命勃發時期，除了一兩件事使我非常不痛快之外，心情還沒有大不了的苦悶，所作的詩，都在軍中爲多，水氣雖重，哀惻還少。

△與譚組安朱益之登白雲高峯，風雨倏至。

三月風掀渤海濤，天低雲黯將星高，春雷挾雨隨潮起，捲入深巖萬木號。

△軍次樂昌，宿營城外沙洲。廿年前余曾啣先君命捨軍先行，匹馬偷濟峽門，依稀尚憶

舊日渡頭也。

獵獵悲風掠莽原，疏星連樹認前村，當年單騎窮投止，月黑衡寒渡峽門。

△酷陽苦人，軍行三日，始遇禺關。

三伏行軍越萬山，六師今日遇禺關，驕陽着體不知熱，心在幽燕汴洛間。

△舟遇衡陽，遠望南嶽，往返三次，終以軍書栗六，不得一登。

三過衡山不許登，汨羅前敵未休兵，層巒挾雨破空至，倒影湘江入鬢青。

△賀勝橋破，屍塞涸川，勒馬前進，馬似厭血腥，人立長鳴，不肯前進，感而賦此。

百里橫屍斷涸川，戰雲冪地遍狼煙，朝陽入眼赤於血，征馬長嘶却不前。

△圍攻武昌匝月，每夜宿南湖。夜深挑鐙草軍書，頓覺有寒意，知秋暮霜降矣。

捲地風雲撼武昌，枕戈橫筆草飛章，深宵劍氣侵肌冷，始覺征袍盡着霜。

* * *

十六年武漢大定，調贛主省政，那時的情緒，比較愉快，蓋以不參軍事，遂有閒情。

△卜居百花洲畔。

寂寞樓台對小橋，昨宵寒盡又春朝，曉來試馬花洲畔，梅蕚微開雪半消。

△門外春柳含芽，綠入窗中，情不自已。

嫩柳含芽未解情，輭風吹綠入窗櫺，重簾半捲還留住，春意由他自在生。

△楊柳拂地，暮春將去，隱然有歸思。

幾樹垂楊拂地春，倚風愁煞探春人，不如歸去珠江住，笑對梅花證夙因。

* * *

是年三月，三中全會召開於武漢，寧漢漸分立，邇後哀愁時多，歡樂時少。

△登黃鶴樓值大風雨。

幾度憑欄幾度愁，大江風雨撼孤樓，蒼穹沉醉人無語，獨立峯頭看亂流。
千年古木空餘骨，百戰功人盡沐猴，大地晦冥天變色，不知何處是神州。

△長沙馬夜事變，奉命往撫輯，至岳州，阻不能前，早起偕周鰲山小憇岳陽樓。

淡蕩湖光映早暉，君山輕似片帆微，危樓絹盡煙波意，欲破浮雲天外飛。

* * *

十七年在滬辦革命評論，那時雖然不如意事常八九，但以終日執筆爲文，無暇作詩，一年之中，祗得兩首。

△大風雨陳樹人自金陵回，即赴杭州，作此送之。

一夜罡風烏亂啼，彤雲着地大江低，錢塘景物都凋落，萬樹柔枝盡向西。

楚尾吳頭意興闌，不堪描是破河山，金陵荒落西湖頰，憐煞詩人着筆難。

* * *

十八年春赴歐洲，比夏返，終年預戰役，十九年復至北平，參加擴大會議，這時的詩，多感喟之作。

△宿娘子關。

息兵軍令未曾頒，十萬征騎帶甲還，昨夜月明歸夢遠，雄心飛越秣陵關。

△自北平退太原。

險阻艱辛不肯辭，輕生重諾寸心知，拼將肝膽酧朋友，珍重東城判袂時。

△游晉祠撫唐貞觀碑。

虎步龍行天日姿，中原爭霸盡凡兒，斜陽古柏殘碑在，碧水青山弔晉祠。

△兩次深夜渡黃河。

人語沙中盡楚歌，兩番深夜渡黃河，雄心漸似秋心淡，欲與閑鷗逐逝波。

△過雁門關。

九月涼秋塞草黃，雁門關外已飛霜，馬歸閑廐征袍解，來弔秦時古戰場。

△自大同微服過北平赴津，適值重陽，早車始發，大雪倏降。

破曉寒鷄四野鳴，漫天風雪過燕京，輪聲似慰亡人苦，碌碌長嘶訴不平。

* * *

二十年秋自歐回國，舟過哥崙堡而事變發，在海上寫詩兩首。

△離愁。

抑抑離情淺淺愁，海風吹浪上襟頭，憂深轉覺不經意，斜倚危舷看白鷗。

△海上。

海上淒清百感生，頻年擾攘未休兵，獨留肝膽對明月，老去方知厭黨爭。

* * *

廿一年以寧粵合作至南京，荏苒五年餘，願有所爲，苦無成就。當時心境，較十七年在上，十九年在北平，尤爲惡劣，患生在外，疑生於內，我知道不久當有大變。就拿一己事業來說除了紙上計劃，想做一件小事也不可能。我當日曾對南京同志說過，「你們從前對某某人不滿輕則開除黨籍，重則通緝，實在還不算高明，最好還是找他到南京做大官，同時使他不能辦一，這種懲罰比開除黨籍和通緝都厲害。」我這段話，就可以表顯我心裏的苦悶了。在這個時期詠景和詠物詩倒有幾首，因爲所做的事，都不足形諸吟咏的。

△廿一年元旦，至京初預國府新年典禮。

髀肉重生戰馬疲，征袍脫去換朝衣，酒杯澆盡牢愁在，也自隨班習禮儀。

△閑檢舊笥，見十年前佩刀，銹生矣，感而寫此。

豪氣銷沉計亦窮，十年遲我愧無功，鋒鋩未盡因時晦，半歛殘書破篋中。

△以開國難會議之洛陽，便道游龍門。

怒濤無際日黃昏，極目中原隱淚痕，駐馬危崖獨惆悵，冷風吹雪入龍門。

△揚子渡頭。

數點微雪秋冷衣，風輕天際遠帆歸，荻花白上詞人髮，寥落江南一雁飛。

△登燕子磯。

燕子磯頭葉半霜，危城夕照兩蒼茫，大江無語向東去，如此河山未忍看。

△暮秋遊棲霞山。

最惜秋殘葉未紅，棲霞猶戢綠陰中，夕陽欲語亂山外，遠處微聞孤寺鐘。

△春日游揚州。

二分明月憶江都，曲水輕煙柳幾株，春色漸凋詩漸淡，好將身比瘦西湖。

△每日車過流徽榭，新春忽至，垂柳漸長。

暮暮朝朝此水濱，百無聊賴又新春，三年似爲嗟來食，垂柳迎風欲笑人。

△遊西湖入九溪遇雨。

寒雲着水隱山影，春冷樓台啼鷓鴣，一抹淡煙輕棹急，初從雨裏認西湖。

踏遍南山入九溪，杜鵑花裏杜鵑啼，嫩茶綠上村娃鬢，行盡長林帶雨蹊。

△題西湖酒家。

收拾豪情付酒杯，胸懷塊磊借相摧，已憐醒後賓朋散，更惜雄心未盡灰。

△廿二年春，北上勞軍，車過黃河橋，有感。

去年海上角聲哀，今又貔貅動地來，還羨江南風景好，梅花依舊及時開。

危坐終宵寐不成，每逢危難此間行，黃河渡口冰猶結，關外遙知正屢兵。

＊　　＊　　＊

我有幾首詠史詩，總覺得沒有多大意思，而且也似乎太儇薄，現在擇錄一二。

△詠史一

王侯甲第望連雲，雨露春風盡主恩，朝罷玉階香未散，公卿爭拜虢夫人。

△詠史二

司寇花驄出禁城，侍中欵段入神京，當年玉尺齊膺選，今爲憐才避尹邢。

△詠史三

半壁山河夕照殘，少年豪俊盡高官，朝臣懷表當墀立，仗馬庭前仔細看。

＊　＊　＊

無題詩，我也寫過好幾首，所謂無題，自然不能有題，我也知道人家必定說我不能無所指，但我也決不認必有所指，我不願解釋，所以僅僅謄出四首。

△無題一

記得當時認小名，初從琴譜學新聲，十年前事心頭影，春滿江南花滿城。

△無題二

別緒依稀憶往年，落花如雨夢如煙，夕陽紅似離人淚，宣武城頭春可憐。

△無題三

起舞華鐙未敢前，胭脂紅上紫金鈿，離愁濃似春雲重，都鎖深顰淺黛邊。

△無題四

無語人前意絕佳，樂聲波動翠雲釵，會心別在深宵後，明月婷婷入夢懷。

＊　＊　＊

至於弔朋友的詩，我僅寫過兩首，一首是廿一年至京弔組安先生墓，一首是十六年冬弔管青。前一首是七絕，後一首是七律。我是最不喜歡寫七律的，獨是這一首，我怎樣也不忍棄去，詞雖近俚，語殊紀實，我想同情於逝者的人，不會譏我爲儇薄罷！

△弔譚組安墓。

彥博一生唯豁度，謝安臨事故從容，百年循吏良臣傳，一字師承在執中。

△過永勝寺。

十六年冬，共亂平後，軍書正栗六，迺莊來見，謂其姐管青已逝世，臨終囑以珠簪相貽，藉留紀念，惻然久之。翌日古君郵我一巨函，中有管青筆記一册，字以鉛書，中述其對余思慕之懷。古君於函中媵以一牋，謂管青彌留時，坦白述其婚前所念，並囑古君於其逝後，至母家往日居室藏笥，搜其筆記寄余，至管青之棺則暫厝於東門外永勝寺云。得書泫然，夜間把玩遺珠，摩挲筆記，終宵不能成寐。詰旦趨永勝寺，則棺於前一時移去葬白雲山深處，餘香殘燭，無限淒涼，細雨斜風，愈增忉怛，雖欲撫棺一慟，不可得矣。徘徊至暮，寺僧來逐客閉門，始黯然歸去。余識管青七年，初不知其意有所託，當其臨命之頃，正不必以所懷語古君，而卒語之，古君在悲逝之際，正不必以所知語余，而卒語之，此世之所謂眞性情者耶，嗚呼痛矣！

荒寺衰楊不見人，玉簪羅襪倏成塵。遺珠光隱淒涼色，絕筆鉛留慘淡痕。未燼餘煙魂宛在，已灰殘燭淚猶新。不堪惆悵黃昏後，細雨斜風閉院門。

我的詩能夠記得的就是這幾十首了，至於打油詩也有好幾首，贈人的也有好幾首，我不想再錄，省得人家作無謂的考據。或者在我身後，等朋友中好事者再代我搜集罷。還都之後，作詩不多，記憶所及，也鈔在下面。

*　　*　　*

△臨池偶感。

刼後江山異昔時，六朝煙水夢依稀，佯狂未掩心頭淚，漫把柔情託酒巵。

無復豪情擫管絃，故將雄語傲人前，最難夜靜佳賓散，楊柳初長月正圓。

△中秋夕倏大風雨。

風雨猶留戰鬭聲，山川草木半凋零，願將憂國傷時淚，洒入銀河洗甲兵。

△三十一年上海日本畫師舉行畫會，請余購白蓮一幅，索價三千。

畫竹多於買竹錢（用板橋句），祗纔半丈價三千，窮官已苦炊無米，也破慳囊購白蓮。

△時感苦悶，隱然有山林之思，欲繪一水雲深處，聊以自娛，然不作畫三十餘年，一木一石，皆不成筆，意境難描，歸去更成幻夢矣。

縹渺仙山夢不通，試描意境也難工，幾時身有雙飛翼，嘯傲天台第一峯。

△奉命東渡，歸期已定，忽爲雨阻，長夜雨聲沁入心脾，不能成寐。

春深三月遍櫻花，長夜無端細雨斜，遙憶天涯初七月，不知今夕照誰家。

瀛海棲遲纔五日，歸思悶損似三年，平添苦雨撩清夢，滴滴穿幃碎枕邊。

* * *

我不是說不愛作五古七古嗎？就因爲工力不足的原故。最近想寫幾個字補壁，也曾寫過一首五古，雖然是游戲之作，也鈔在下面。

△長夜偶感。

斜月漸西墜，夜闌苦不寐。茶煙發幽香，愈感寂寥意。萬籟皆絕響，一燈靜相對。淸興倏颷舉，各數少年事，我旣歷艱辛，君復傷身世。人生多憂患，太息亦無謂。交誼在心坎，俗議非所計，性命何足論，肝膽始可貴。哀愁易白髮，歡樂聊自慰，翛然起看竹，且暫覓佳趣。

民國三十二年稿

偏見

人總是有多少偏見的，如果一個人沒有偏見，或者就夠不上喚做人。

小而至於一種無關重要的嗜好，也是一種偏見，大而至於一種政治主張，也是一種偏見。我從來沒有見過沒有嗜好的人——自然我所謂嗜好，不是壞的解釋——最老實的人也有他的嗜好。同時我從來也沒有見過沒有主張的人——自然我所謂主張，不是專指了不起的主張——最愚笨的人也有他的主張。因此我的結論，如果一個人沒有偏見，或者夠不上喚做人，就是這個道理。

偏見的養成，至爲複雜。有些是由於職業養成的。例如中醫絕不相信西醫的科學方法。有些由於習慣養成的，例如看慣直寫的文字，你若把文章橫寫，任你寫得最好，他不願而且不屑去看。有些是由於經驗養成的，例如一個初到上海的人，被黃包車夫敲過竹槓，他便永遠認定上海黃包車夫都是壞人，甚而上海所有的人也是壞人。有些是由於自私養成的，例如天下人都以爲自己文章寫得最好，就是沒有人欣賞贊嘆，他還是非常珍惜，預備藏之名山，傳諸其人。此外養成偏見的原因，還有許多，因於性格，因於年齡，因於地位，因於環境，因於其他數不清的關係，都可以養成一種偏見。

可是偏見之爲物，其怪不可思議，有時自己可以解釋，有時自己也莫名其妙，無論其爲可以解釋，或者其爲莫名其妙，總是不容易改變。眞可謂「自知其短，末如之何。」並且有時偏見之養成，以不能解釋爲其最圓滿的解釋。我時時見一般青年男女在初戀時期，一方最普遍的發問是：「你眞愛我嗎？」另一方天然而且不容猶疑的答覆當然是：「我眞愛你。」「你愛我那一點？」「我也不知道。」「你既然不知道，爲什麼愛我？」「如果我能夠說出，那也不算眞愛了。」這樣以不解釋和難於解釋爲最圓滿和最高的解釋，初戀的男女青年們認爲最理想，最寶貴，會心而微笑，得意而不再言。偏見的實質和內容，總帶些這類糊糊塗塗的典範。

同時偏見之爲物，其害亦不可思議。我喜歡一個人，他什麼都是好的，我憎惡一個人，他什麼都是壞的。婆婆討厭起童養媳，家裏死了一隻鷄，是她的罪惡。隔壁失了一隻貓，也是她的罪惡。天上不下雨，而致成爲旱災，也是她的罪惡。乃至世界大戰，而致物質缺乏，都是她的罪惡。總以爲這位少奶奶進了門，天下之水火刀兵皆從而生焉。

然而我想偏見總是一種短處罷，因此我常常自己檢討，所謂有則改之，無則加勉。有而可以自己說明理由，並且自己認爲無害的，且自由它。有而自己不能說明理由，並且自己認爲有害的，不得不試行修正。我檢討的結果，我的偏見實在比一般人爲多，自然有許多可以說出一番大道理來掩其不善。然而有許多無論怎樣自辯，也無法可以解嘲。我且先說一段沒有道理的偏見，然後再說許多自以爲是的偏見。

我不懂什麼理由，我那雙脚專製造我的偏見。從前我絕對不肯穿絲襪，以爲絲是一種奢侈品，脚是走路的，襪是容易破的，如何可以浪費來用絲織物？因此皮鞋倒願意出高價去買，襪則決不用絲。至到美國留學時，差不多美國留學生沒有一個穿紗線襪，我還維持我的主張。在美國無處可買紗線襪，我寫信回到中國，從郵局寄來，要花郵費，要納關稅，我還是堅持這種偏見。不幸這種偏見終於民國十七年被打破了，當時我在上海辦革命評論，上海織紗線襪的工廠都改了織絲襪，要買紗線襪，祇好買洋貨。然而洋貨的紗線襪要比國貨的絲襪貴到兩三倍，所以當時祇好問廉不廉，而不問絲不絲，但是這個決心，還經過許多朋友的說明，又經過許多時間的考慮，方才毅然決然的改變。

奇怪的很，二十多年不穿絲襪的偏見剛剛打破，而不穿羊毛襪的偏見又來。在冬天時候，一直到現在，我都不肯穿毛織襪。我的見解，以爲一個人的身體是要鍛鍊的，艱難的日子還遠遠在後頭。說不定我將來要到更冷的地方，也說不定將來還要過更苦的日子。倘若把身體養得太嬌貴，將來怎樣捱苦？羊毛襪似乎有兩雙，不知是朋友送的，還是家裏買的，我已記不淸。但是每逢冬天，總是我的脚在外邊冷，而羊毛襪則在箱子裏冷，各冷其冷，了不相關。現在我還在鍛鍊我的脚，至於羊毛襪是否在箱內自行鍛鍊，那我祇好知之爲知之，不知爲不知。

其實我的偏見太奇怪了，如果絲襪是浪費的話，由中國用包裹將紗線襪寄到美國，郵費便已可觀，而況美國的稅率又奇重，自己還要花車費親身到郵政總局去拿。把種種費用加上去，其價値實在比在美國買絲襪還要倍蓰。我爲什麼還是這樣硬幹，自己也不知所以然，冬天不穿羊毛襪，鍛鍊身體的理由似乎正大堂皇，可是每逢冬天，我都容易傷風，證以寒由脚起的醫理，醫藥之費，恐怕還較買兩三雙毛襪爲大。並且我到冷不可當之時，在鞋上加上一雙呢套，呢套可加而毛襪不可穿，到底是什麼理由，我自己實在不能解答，可是到現在的冬天，好似宣誓過，仍然不穿毛襪。

人的偏見眞是怪不可解的，已經說過一段沒有道理的偏見，現在且說說自以爲是——即是以爲很有道理的偏見。

㈠我有一種偏見，自己的思想和行動專以男子作出發點——假使我是女子的話，也許不會有這種偏見——換一句話，就是拿自己作出發點，我拿男子作出發點，自己相信並沒有自大的態度，也並沒有自驕的心理，總以爲我旣是男子，應當冒人家——連男女都在內——所不願冒的險，應當吃人家所不能吃的苦。

我構成這種偏見，遠在兒童八九歲時候，現在已經忘記在那一本小說上見過一句話「不要辱沒了男子漢大丈夫」。以後這句話便深深印在腦裏。總以爲我是男子，應當要比女子更爭氣，男子而又自待是大丈夫，應當要比別的男子更爭氣。自然這種思想充滿了中國英雄和歐洲騎士的氣息，對與不對又是別一個問題，但這種偏見的構成已經四十多年，自己也不想去改正。

我絕不作欺人之談，說我一生不知有危險，不知有困難，其實我的膽子並不大，而性格又最怕麻煩，所以不怕危險不怕困難，原因都基於「我是男子」一個觀念。有了這個觀念久而久之遂把危險和困難另外變成一種特別興趣。我以爲天下最危險的終局不過是死，如果一個人冒着險，跳得過去，固然是一種興趣，倘若跳不過去，最大不了也不過是死。好好一個人，無緣無故，無疾無病，而突然會死，天下有比這樣更興趣的事麼！至於困難，我總覺得天下事沒有什麼困難。我雖然沒有像拿破崙那樣，說法國字典無「難」字。可是我有一個原則，以爲無論什麼事，把自己的利害得失擱進去，最簡單的問題也變了複雜。把自己的利害得失剔出來，最複雜的問題也變了簡單。我已經盡了我的力，解決了一個困難問題固然趣味無窮，不能解決，我的責任已盡，對於良心也沒有愧怍。因此人家當爲危險困難的，我都覺得沒有什麼特別。

㈡我有一種偏見，除了文章上以用字和行文的便利，偶然談談「犧牲」，我在心上實在沒有什麼叫犧牲。我總覺得一件事只有應該做不應該做，並沒有犧牲不犧牲。如果那件事應該做的，就是性命吃了虧，也不能叫做犧牲。如果那件事不應該做的，性命吃了虧，根本上也不能叫做犧牲●退一步不談一件事應做和不應做罷，你既是願意做，吃了虧，也是所謂「求仁而得仁，又何怨」，也談不到犧牲。換一句粗獷的說話：「身得身當，命得命抵」，實在不必事後抱怨。

我總覺得一談犧牲，便隱然心內等着要代價。以前的革命運動，我沒有要求過代價，今日的和平運動，我也沒有要求過代價，我爲什麼不要求代價，因爲我對於事祇有應該做不應該做的觀念，沒有犧牲一個觀念。我既不談犧牲，遂構成一種偏見，最討厭人家說犧牲，一聽人家說，「我爲這事犧牲很大」，心裏自然而然的起了一個反感，那個反感就是立刻懷疑這位談犧牲的朋友，不是故意睛吹，就是希望代價，最少也是以義始而以利終。我這個思想，不是高調，而是最低的想法。

㈢我有一種偏見，我生平絕不信倖運，祇有信本領。什麼是本領，精幹固是一種本領，老實也是一種本領，有許多人瞧不起人，常說「你看某人，笨到那樣，也會得意，他眞是倖運。」殊不知「笨」就是一種本領，他因爲笨，所以不會欺負人，他因爲笨，所以不會詐騙人。笨到出名，人便相信。小事託了他，老實幹去，大事託了他，也老實幹去，這樣事業便成功了。

我們要知道，社會是人組織的，事業是多數人成就的，一個人沒有多數人的信任，他的事業絕不會成功，經過數十年的經驗，我更養成一種偏見，最愚笨的人能夠扒得起，他必定有一種本領，最聰明的人一下跌下去，他必定有一種毛病，我們不知道以爲有幸有不幸，祇是我們沒有發現他的本領或毛病罷了。

㈣我有一種偏見，對公家絕對的節儉，對自己非常的浪費。但我聲明，我這種行爲是由少年流浪生活所養成，絕對不可爲訓，然而既有這種偏見，不能因爲它不好而不自白。我對於公家眞可以說不浪費一文，可是我對於自己，那就大謬不然。我根本沒有儲蓄性，抱着半通不通的理解，「天生我才必有用，千金散盡還復來。」不過因爲沒有儲蓄性，反一方面也有好處，同時也沒有投機性，我一生固然沒有靠過政治來投機，也鼓不起興趣來囤積。無論聽見那一位朋友碰着機會撈了幾十萬或幾百萬，我心裏絕沒有半點動搖，自己想來一下嘗試。

我這種偏見，大概也有點遺傳，我父親就是一個揮金如土的人，我總覺得沒有錢時是人用錢，有了錢時就變了錢用人，有了錢總得要替錢想辦法，把它存在銀行哪，把它用在生產哪，這樣打算盤，用心計，可以使你失眠，可以使你大病，一個人心裏一面要從事政治，一面要安頓金錢，我自問確是能力不夠，時間不許，倒索性不去想它，比較舒服。

至於私人的浪費，自己就覺得太過。我的脾氣，無論什麼，總有些奇書古畫不論價，到店裏買東西，價錢是不講究的，貨物是不選擇的，祇求心愛，不論價錢。不過話又說回來，我的浪費，只以我分內的能力爲限，我從未求分外的金錢，求自己的享樂。這個偏見終是不好的，如果國民個個都像我沒有儲蓄性，國家一樣會窮乏的。

㈤我有一種偏見，我一生心內沒有私人的敵人。我以為要成為我的敵人，必定要是我的對手，例如下圍棋罷，必得兩方工力悉敵，才是對手；又例如角力罷，必得兩方旗鼓相當，才算是對手。或者在政治或者在其他方面，人家自認是我之敵，我決不承認他是我之敵，這種偏見或者是阿Q的心理，然而成了一種偏見，我沒有方法可以改正。

我以為認定對方是一個敵人，至少要分量相稱，譬如拳鬪，也要分開體重和體輕的對手。我也曾碰過造謠言中傷我的，也曾碰過用陰謀來誣陷我的，我不獨不認為敵，並且很覺得無聊。我以為要做我的敵人，先要指出我的理論不當，或者我的行為不對，然後以堂堂之陣正正之旗來攻擊，那才配得上是一個敵人。如果用謠言，用陰謀，那不過是暗算，實在算不得好漢，他既非好漢矣，而我硬認他是敵人，這不是辱沒了自己麼？

㈥我有一種偏見，以為我自己的個人和自己的事業是分離的，我時時發出一種奇感，坐在辦公室的我和出了辦公室的我是兩個人，這種奇感，也有一種好處，也有一種壞處。所謂好處就是公私分明，就是對於僚屬罷，我除了萬不得已的事，不曾命令僚屬過了辦公時間才退班，更不曾命令僚屬辦我私人無涉於公家的事件。所謂壞處就是充滿了浪漫氣息，我從來不注意我自己的風度，也不注意我自己的威儀。以前我會一個人去看電影，會一個人去食小館子，會一個人在馬路上散步，會一個人駛汽車，在實業部每逢下班時候，把辦公室的門順手一掩，心裏想：「部長陳公博先生且請在裏面，我自己的陳公博先生是出去了，再會罷！」

幾十年來，每當我退食自公，我待遇自己還是當我是一個窮學生，我從來沒有想過要食好的東西，要住好的房子，要穿好的衣服。深切的朋友都替我着急，尤其替我身體着急，而我呢，倒行若無事，處之泰然。這種偏見，我想對於國家似乎有點害處，但成了偏見，無從補救。

㈦我有一種偏見——以下要涉到政治問題了——我絕不相信天下間有被人包圍的事。我固然不相信會有人可以包圍我，我也不相信有人可以包圍人。我時時聽到不少人對於政治上的批評，說某某人受了某某人的包圍，並且也時時聽見我受了某某人的包圍，我都一笑置之。據我的經驗和觀察，天下最愚笨的人也有他的主張，如果一個人會受他人的包圍，實在並非他受了他人的包圍，而是他受了自己的包圍。古書有句話：「同聲相應，同氣相求」，眞是一個顚撲不破的道理。如果一個人受了他人的包圍，必定那個人和所謂他人的性格相同，思想相同，或者是利害相同，乃至等而下之嗜好相同，這個人才可以受他人的包圍，否則絕不會一個人會受別人的包圍。我們且不必談政治，也不必談成人，且說家庭中的小孩子罷，家庭的環境是單純的，小孩子是沒有意見的，父母是絕對有權威的，然而小孩子也有時不聽父母的敎訓，如果說一個人可以包圍一個人的話，小孩子絕對不會有主張了。小孩子也不會受包圍，而我們偏說一件政治大事而可受包圍，豈非天下之奇談！而且包圍兩個字的意義，最少不是一件事，而且絕不是短時期，一個人一切的事，而且是長期中受人包圍，我可以判斷那就是他的一種主張而不是受包圍，我們整天替所謂被包圍的人躭心，眞是滑天下之大稽。

(八)我有一種偏見，我以爲天下沒有蠢人，如果你以爲天下有蠢人，那你就是最蠢的一個。我唯其不相信天下有蠢人，我也不願意做蠢人，因此我絕不肯拿說話或行爲去騙人，我們且不談政治，說說買賣罷，如果一個人眞是貨眞價實，不管他生意壞到怎樣，自然而然的會發展，倘若他偷工減料，縱使他的買賣得意，遠則一年，近則半載，也祇有關門。

人祇會給你騙一時，不會給你騙永遠，做買賣是這樣，治政更是不待言。政治是國家的事，不是私人的事，從事政治尤其是大多數人的事，不是一個人的事。一個人任你有天大本領，倘若你的主張不對，國人不會擁護。倘若你的言行不符，就是所謂自己人也會破裂和分離。每個人對於本身利害都是聰明的，對於國家利害也是聰明的，如果你以爲可以騙人，首先便騙了自己。因此我的偏見，對於政治最重要是誠實，我們不要計個人的成敗，最要緊是不要對人家作欺騙。

(九)我有一個偏見，但我未曾表示之前，先向婦女們三鞠躬致敬，我的偏見就是以爲婦女實在不宜於政治。我並不是說婦女們的見解不及男子，她們有縝密的頭腦，見解有時超越於男子。我也不是說婦女們的知識不及男子，她們有同等的教育，知識有時超越於男子。我不贊成婦女參預政治，實在有幾個重大的理由。第一、政治有時很高潔，有時眞是很骯髒，就拿每天來見你的人說罷，有幾個人眞是說老實話。有些人要你動聽，有些人要搖惑你的觀聽，有些人更要轉移你的觀聽。以我們每天接見無慮十數人乃至數十人，以我們經驗少至十數年乃至數十年，還有時上當，並且時時上當，何況婦女們在家時多，在外時少，安能一一去判別？第二、政治上最不能用感情，婦女們最大的長處就是感情，假使婦女沒有感情，家庭便不能維持，兒女也不能撫育，人類也不能繼續。然而婦女天然之所長，就是政治之所短。我也有一種毛病就是太富於感情，因此我常常慨嘆我「入錯了行」。婦女們因爲富於感情，於是接近的都是好人，不接近的雖不全是壞人，也不見得是好人，於是很容易變了與我好者爲好人，與我惡者爲惡人。政治一偏感情，結局必成惡果。第三、婦女們是純潔的，而政治有時眞是齷齪的，拿上海市長來說，上而至於政治和經濟固然要知道，下而至於所謂娛樂場的賭窟，和所謂風化區站在街頭可憐人的情況，也得要知道。婦女們爲什麼把這些不堪的事混在頭腦呢，又誰願意把這些不堪的事告訴婦女呢？第四、政治上的輿論不全在報紙的批評，有時街談巷議還比報紙爲重要。婦女們終爲環境所限，難於週知。耳目偶有所蔽，行動必少顧忌。政治上固然顧忌太多，不能有作爲，然而顧忌毫無，也必至無所不爲。

還有政治上的問題，常常影響家庭的生活，家庭是什麼？我承認至少是一個人的避難所。一個從事政治的人，每天在外受盡了無窮寃氣，聽了許多不入耳之言，心裏總想回到家裏可以休息，更希望暫時忘記了一切，來恢復他的精神和健康。然而回到家裏反而因爲政治見解的異同，或爭論行政上用人的當否，兩夫婦有時辯論到大家鼓起腮兒不食飯，甚至於半夜三更在床上吵起來，正襟危坐以待天明，這眞是難乎其爲家庭，更難乎其爲政治了。

我一氣寫了我許多偏見，還有不願寫的許多無關宏旨的偏見。我開頭不是說過：「人總是有多少偏見的。如果一個人沒有偏見，或者就夠不上喚做人。」不過我的偏見太多了，有這麼多不成理由和偏於成見的偏見，或者也夠不上喚做一個好人和完人罷。偏見偏見，自知其短，末如之何！

民國三十二年稿

了解

人生本來是難於了解的，個人的性格尤其是難於了解。公生活的性格似乎比較容易了解，而私生活的性格就不容易了解。單純性的性格似乎比較容易了解，而複雜性的性格就不容易了解。

所謂公生活的性格，例如一個人很誠實，相反的很虛浮，這容易了解了。可是這個人的私生活，誠實的人也會浪漫，虛浮的人也會嚴肅，這都可以使你不能相信。所謂單純性的性格，例如一個人很躁暴，相反的很溫和，這容易了解了，可是這個人的私生活，躁暴的人也會遷就，溫和的人也會強硬，這也可以使你不能相信。

我時時都在想，個人的性格的確是難於了解，因爲一個人不是單由父親生出來，或是單由母親生出來，是合體構成而產生的。我們除去一切父母的特殊性格而外，又除去隔代遺傳的性格而外，一個人至少包含男女的兩種性格，祗是看他或她所受的遺傳，男性多或是女性多，或者就是男性少而表露時多，或者就是女性少而表露時多，來決定他或她的性格罷了。

因此我想公生活和私生活的性格，往往不同，或者就基於這個原因。而單純性的性格，我斷定祇是一個名詞，誰的性格也相當的複雜。如果他能夠比較中和的便容易了解，不能中和的便難於了解。

我們時時看見在人家廳堂所掛的名人字畫，有一副很普通的對聯，而又爲名人所喜歡寫的，「將相經綸儒學問，聖賢肝膽佛心腸。」這副對聯自然是一種最理想的人生，可是我們想一想，一個人有將相的經綸，有儒的學問；有聖賢的肝膽，又有佛的心腸，他的性格如何的複雜。固然世間決沒有這種人，如果有這種人，他一定每天都在矛盾中，不獨人家不容易了解他，就是他也難得了解自己。不獨他自己覺得痛苦，恐怕他的最親切的家人和最親愛的朋友更感覺痛苦。

我平常時時自負可以了解人，到了今天，覺得有些行年五十而知四十九年之非，我深深感覺，我不祇不能了解人，並且往往不能了解自己。我現在不敢相信去了解人，我且試試了解自己罷。

我的公生活性格是最容易了解的，我在「四年從政錄」內，曾下過一句「自己的批評」，我說「開宗明義，我很想先對於自己下一個批評，我的爲人可以用兩句話作定論，就是「長於決斷，短於精密，勇於負責，過於信人」，我自問我批評自己的評語比較確切，而一般朋友也認爲我自己的評語很是確切。

至於我私生活的性格就難於了解了，我對於自己私生活的性格，至今不能下斷語。我有一位朋友曾說過：「你的性格，可以做聖賢，可以做英雄，但聖賢和英雄是矛盾的，你要做聖賢，就不能做英雄，要做英雄就不能做聖賢，兩樣人物不能合一，你得要下決心去選擇。」他的說話姑且不去說他對不對，但最少他看出我在私生活有矛盾的性格。我又有一位朋友曾經取笑我說：「你是君子中的浪漫者，浪漫者中的君子。」我笑笑說「那不是相消了嗎？」他說絕對不能相消，兩種人物同時在我身上存在。他這句話自然是開頑笑的，但最少他也看出我在私生活有矛盾的性格。

這樣對於我的私生活性格批評太多了，祇有一個朋友說：「你的性格，是豪放之中不失溫文，瀟灑之中而帶嚴肅。」我自己也承認這句話比較切當。然而不錯，話是切當了，那就十足表示我具有不能中和的幾種性格，難怪人家不容易了解自己，自己有時也不容易了解自己。

有了這些矛盾而不能中和的性格，因此所交的朋友，自然跟着性格而有種種的不同，所以我有跌宕的朋友，有文雅的朋友，有風趣的朋友，也有蘊藉的朋友。雖然說不上情投意合，但總是我的朋友，而又是我喜歡的朋友。一般朋友的性格雖然互相矛盾，但我四種性格之中總有一種符合，因此有點「冠蓋滿天下，知交有幾人」之感。我相信我對於朋友的了解，也祇是合乎我的某一種性格的了解，而朋友對我的了解，也祇是合乎他的某一種性格的了解，如果彼此全部了解，恐怕也是困難罷。

我時時想，我能不能碰到一個朋友，他也是豪放不失溫文，瀟灑而帶嚴肅；不過我再想想，這種人是可遇而不可求，就可求罷，也不見得眞能做朋友。因爲四種性格並不是中和的，各自帶些矛盾性的，而這些矛盾性不是繼續存在的，而是時現時隱的。有時我豪放，而他溫文，有時他瀟灑，而我嚴肅，豈不是自己常在矛盾中，而自己和他也常在矛盾中嗎？豈不是彼此更難於了解嗎？人生了解之難，眞可慨嘆！

性格有一部份是先天來的，也有一部份是後天來的，換一句話是修養來的。我檢討自己的先天性格已如上述，我再試試檢討我的後天性格。後天性格，換一句名詞，就是氣質，再淺白點說，就是脾氣。我的修養，我保持兩個原則，其一是我所難能，弗出之口，其二是己所不欲，勿施諸人，我略略說明第一個原則，然後再說明第二個原則。

我常常批評我是中國的第二流人，怎麼說？第一流和第二流是難得定標準的，我的標準是我自己選定的。我以爲一個人能夠做到知行合一，是第一流，其次能夠做到言行合一是第二流。我知道喝酒不好，可是時常醉倒，我知抽煙不好，而煙捲常在手中，知之而爲之，知行合一之謂何？我自己選定第一流人的標準，我是沒有資格去做了。但言行合一我一定非做到不可，因此我估量我能做的才說，我不能做的就不說，同時我估量我能做的，才叫人做，我不能做的也不叫人做，不但如此，我估量我能做的，才批評人不應不做，我不能做的，也不批評人不願去做。我這種修養，我自問有點把握，同時深覺於己於人，都是有益。

至於第二個原則，也自問有點把握，可是於人有益，而於己則受苦無窮。這個理由說出來也太簡單，己所不欲，勿施於人是對的，但反過來說，己所不欲，也望人勿施於己。但是人家對於自己是不易了解的，人家的修養原則不見得和你一樣的，人家的欲與不欲並不是和自己相同的。我現在說說我的不欲，附帶說說我的苦處。

一、我最「不欲」解釋　我自小就不喜歡解釋，無論何事，祇求心之所安。我認對人解釋是一種可恥的行爲，我平生也曾被人誤會了好幾次，但我總不願意解釋，也被人中傷過好幾次，我也總不願意解釋。不過我雖不對人解釋，而朋友們却時時對我解釋，或者託我向別人解釋，我自己已怕解釋。且怕聽人解釋，何況要代人解釋，這是一種苦處。

二、我最「不欲」表功　我生平最不喜歡丑表功。因爲凡事我覺得應該做的才做，不應該做的就不做。既應該做矣，又有何功可言？既無功矣，又從何表起。不過我不向人表功，而人家却喜歡向我表功，而其表功也不止一次，昨日見面已聽見過他自陳功績，今日見面又聽他一遍自陳功績，明日見面又陳述一次自己功績，若拒而不聽，又恐予人以難堪，這是一種苦處。

三、我最「不欲」算賬　我最不喜歡算舊賬，「成事不說，既往不咎」，我在小孩子念四書時便認爲很有道現，我不獨對朋友不算舊賬，連底下人都不算舊賬。因此我不大發脾氣和駡人，譬如一個底下人打破一隻茶碗也發一頓脾氣駡一次，似乎大可以不必。那隻茶碗破了，並不會因你發一下脾氣，駡一下人，那茶碗便可以立刻自己會金甌復元的。算舊賬祇有多加一重彼此的刺戟，於事無補，於情有傷。不過你不向人算舊賬，人家偏向你算舊賬。一個人最難過的，你不向人算賬，而自己又正在後悔，人家一定要算舊賬，更且天天要算舊賬，這是一種苦處。

四、我最「不欲」囉唆　我最不喜歡囉唆，無論何事，斬釘截鐵，三言兩語決定了，行就行，不行就不行，何等痛快！一個人有過失罷，明明白白說幾句，使他知道自省便完。偏偏有種囉唆的朋友，昨天囉唆一大頓，今天也囉唆一大場，拖泥帶水的胡言，牽絲板籐的亂語。我寧願給人一刀斬了，痛快異常，最怕是蒼蠅般嗡嗡，蚊蟲般嗞嗞，你雖不願意，而人却喜歡玩這種脾氣，這是一種苦處。

五、我最「不欲」尖刻　我最不喜歡尖刻，而我在少年時却頂會尖刻的，因爲我知道尖刻的刻毒，我發誓再不肯尖刻。時常我說話時，先審量這句話會不會使人難受，然後再出口，我以爲駡人還不失爲磊落，我不高興便駡，駡人雖不好，但駡是要人改過。尖刻便不同，尖刻也許是要人改過，不過他不存心一定要你改過，而存心先要使你難受。我不願人難受，人家却偏要你難受，甚或以你的難受，作他的滿足，這是一種苦處。

我的「不欲」太多了，一時也數不清。祇是己所不欲，勿施於人的原則，我是守住了，而人家也是己所不欲，勿施於人，或者人家對這個原則也會守住的。然而彼之所不欲，或非我之所不欲，彼之所欲，更非我之所欲，因之天下多故，而朋友之際男女之間遂從此多事了。

己所不欲勿施於人是孔子教訓我們的，原則是絕對好而沒有疑問的，然而其苦如此，可見天下事眞有時不可思議了。我以爲上述種種我之不欲是一種優點，有些朋友却認定是我的弱點，且有些乘其弱點，便其所私。我常常聽見，也深深知道，外間流行一句話：「那位先生最怕囉唆的，不會使人難受的，他不答應的事，你囉唆多幾次便成功了。」嗚呼修養！其苦至於此耶，而其害又至於此耶！

我開端曾說過，人生本來是難於了解的，個人的性格尤其是難於了解。我希望一般人們都對我了解是困難的，我希望少數朋友能夠對我了解便很快樂了。現在我知道要少數朋友對我了解也是困難的，祇希望有一個人對我了解便很快樂了。

我最理想至少有一個人能夠澈底了解我，無論何事彼此不解釋，彼此不表功，彼此更不算賬，不囉唆，尤其彼此諒解和尊重，彼此相知而不明言，一切相喻於無言。可是天下有這個人沒有呢？

其實我自己有時且不能了解自己，何必希望再有了解我的人。我相信世界不會有了解我的人，就有，恐怕也在天之涯海之角罷！就有，恐怕也在咫尺而蓬山罷？就有，恐怕也……罷！

民國三十二年稿

貧賤交與富貴交

自從後漢宋宏對光武說過：「糟糠之妻不下堂，貧賤之交不可忘」以後，這兩句話遂成爲世上的名言，或者這兩句話不是宋宏所創造，而是當時的一般傳說，但自經宋宏說過，載之史乘，於是人人的心中都有了深刻的印象。我今天祗是論友，不是論妻，單談貧賤之交，並且順便帶論富貴之友。

貧賤之交不可忘，是表示一個人的道德，猶言身雖富貴，不忘故交，這是何等高義薄雲，深情如海，但不忘朋友是一件事，在不忘之下而和朋友疏遠起來又是一件事。我是被認爲富於感情的一個人，而朋友呢我是不會忘記，可是在一個時期似乎總有一個時期的朋友。我祗管不忘記，有時自然而然的會和朋友疏遠。我祗管不忘記，有時朋友也會自然而然的對我疏遠。我覺得非常詫異，也覺得非常惋惜，而且我更感覺貧賤之交固然會疏遠，富貴之交更容易會疏遠。這是什麼緣故呢？那不能不檢討了，那不能不自省了，誰知一檢討，一自省，倒找出許多平日不經意和不便說的材料來。我想這也是社會問題之一罷，我何妨像一個大學教授把研究所得，作成論文，公開誦讀。

朋友是中國五倫之一，但朋友兩個字至爲籠統，按古書解釋：「同門曰朋，同志曰友」，這樣，無疑的有些朋友是由於感情結合的，有些朋友是由於理智結合的。感情是比較單純，而理智却包羅萬象，主張的變化可以影響友誼，事業的變化可以影響友誼，地位的變化可以影響友誼，更有在感情理智以外的，興趣的變化可以影響友誼，體質的變化可以影響友誼，尤其家庭的變化更可以影響友誼。到了一種變化，祇管維繫住感情，而朋友則不期然而然的疏遠了。我這種分析，或者似乎過於科學，不過我要表示心得，每一分類，都想舉一個小例，否則語焉不詳，反使人讀之不解。

人的主張變化是可以影響友誼的。我所謂主張，并不是專指政治主張那麼大的題目，可是政治主張確可以特別影響友誼。美國從前有兩夫婦，當大總統選舉時，丈夫是贊成共和黨的人，而太太倒贊成民主黨的人，兩夫婦日夜吵鬧，卒至離了婚才算了事；夫婦如此，朋友可知。我時常看見兩個不同的黨人固然絕不相容，就是一個黨內的小組織也是像有不共戴天之仇，互相攻擊，甚至互相殘殺，因此我感覺兩個朋友中，一個有了主張變化，縱不成仇，也會疏遠。

事業的變化也可以影響友誼。我想古書所謂「不同道，不相爲謀」，所謂道固然是一種主張，而事業也可算一種道罷。凡一個人事業的變化，他的注意力也隨之變化，做官的人改了行經商，對於高談政治，除非見獵心喜，未免覺得無聊，而做買賣的人，一行作吏，免不了大談其滿腹經綸，對於一般行市，自然減少興味。這樣，兩個事業不同的朋友，就是杯酒言歡，聯床夜話，除了談家常，數往事，彼此都感覺話不投機，索然寡歡。

地位的變化也可以影響友誼。同一朋友而地位變化，最可以妨害交誼，傾蓋之交，總角之好，因於地位的變化，常常可以疏遠。大者不必談，即小節也發生極大的影響。平時朋友登堂入室，有客也可闖座，入門不必傳呼，但是地位變了，彼一朋友未必是此一朋友的熟人，入門縱使不必傳呼，而有客卻不能闖座了。心眼稍窄的朋友，以爲你人一搖身，便眼高於頂，這種負義之友，何必再交。而你則以爲這位仁兄，不通人情，不諳世故，縱然冷淡，也無憾焉，於是兩人之交慢慢疏，更由慢慢疏而慢慢絕了。還有自命骨格嶙峋的人，以「天子不得而爲臣，諸侯不得而爲友」自況，你的地位稍高，他的形跡自遠，你還不忘貧賤之交，他先謝絕富貴之友，這也是世間不少的例子哦！

興趣的變化也可以影響友誼。興趣之爲物，有時隨着年齡變遷，有時隨着體力變遷，更有時隨着環境變遷，所由之道不同，而其變遷則一。我以爲朋友相交能最密切者，莫過於興趣相同。政治問題，大者最多討論數日，便可以決定方針，小者則三言兩語便可以獲得結果。談時正襟危坐，別時肅袂踽行，若要兩個人不斷流連，互傾肝膽，恐怕除非興趣嗜好相同，不會有這樣密契罷。但人的興趣是會變化的，年齡日長，世事看穿了，體力減退，心有餘而力不足了，環境變易，非不爲也，是不能也，以此而與平昔興高彩烈的朋友聚在一起，人家視爲多餘的人，而自己也感到爲無聊的事。足跡既罕到盛會，而友誼也從此疏遠了。

體質的變化也可以影響友誼。說到體質的變化，或者因年齡衰老而變化，或者因疾病侵襲而變化，有些是自己感覺到的，而有些自己未必感覺到的。體質變化，自己便難於控制感情，若神經受了刺激，更失卻尋常的理智，朋友雖然一部分由理智交來，但維持友誼卻以感情爲主。身體衰弱，脾氣容易發了，世間朋友有幾個願意做人的洩氣袋，祇好敬而遠之。神經刺激，行爲突然變了，朋友們就是對你敬罷，然而不能無所畏，也祇好愛之於心，而疏之於跡了。

家庭的變化也可以影響友誼，這一個例，我想最是普遍而人人可以深味的。人未嘗沒有堅持獨身主義的，但在中國是少數中之少數。人既是有太太，則人在太太與朋友之間，有時實有說不出許多的困難。我爲什麼要交上一個朋友呢？因爲我的兩隻眼睛看見那位朋友是值得交朋友，我一個腦袋感覺那位朋友是值得交朋友。但有了太太則不然，搖身一變，兩隻眼睛變爲四隻眼睛，一個腦袋變爲兩個腦袋了。你以爲那位朋友值得交朋友，你的太太不一定以爲那位朋友值得交朋友。談到政治主張的不同，個人見解之互異，那是太大了。姑且談瑣碎無足重輕的事情罷，太太以爲那位朋友太粗豪了，或者以爲那位朋友太隨便了，更事小之又小者，太太以爲那位朋友愛吐痰，以爲那位朋友不喜歡洗澡，更以爲那位朋友不大愛換襪子，在在都可以使她向你提出異議，甚至拒絕朋友的光臨。太太不喜歡的朋友，而你偏歡迎他到家裏來，懂得大體的太太可以等朋友走了，在無人時向你埋怨，稍爲率直的太太便忍無可忍，其沉着還可以鼓瑟而歌，使之聞之，若衝動的簡直戟指而詈，鬧得彼此不歡而散。自然你會對太太不滿意，但經過若干次的考慮，何苦爲了一個朋友終日和太太吵鬧呢？終不成爲了交一個朋友和太太離婚嗎？又終不成爲着太太的不滿而和朋友絕交嗎？祇好背後打恭作揖，向朋友道歉，請朋友原諒，不過祇管道歉，祇管求諒，而其中有不能不互相了解者，就是以後少來往，以維感情而省麻煩。

我以上所說的還不過專指一方，倘若朋友也有太太，那麼兩隻眼睛便變了八隻眼睛，一個腦袋便變了四個腦袋，世界上對於一個人的鑑別，要八隻眼睛都同一樣的觀察，四個腦袋都同一樣的感覺，那眞是千難萬難了。爲着家庭的問題而疏遠朋友，我想有時倒不是斷絕了友誼，反而維繫了友誼，這又是朋友疏遠中別開生面的看法。若因太太不喜歡一位朋友，而你也不喜歡那位朋友，甚至有時情急，初則謾罵，繼則掄拳，世間也有不少這種好漢，但我終以爲不可爲訓，而置諸不議不論之列。

談至此地，我似乎可以論論富貴之交了。據我經驗，貧賤之交似不易忘，而富貴之交倒似易忘，何祇易忘，並且易於交惡，我有長期的經驗，聽我簡單道來。

凡是從事於革命的朋友們，在革命失敗時候，大家孵在一個逃亡地方，朝夕見面，甚至時刻相對，彼此無話不說，無事不知，就是有些意見，彼此說過也算了，甚至面紅耳熱罵過也算了。可是大家上了台就大不相同，各有各的職權範圍，各有各的方針政策，尤其難的各有各的部下。彼此不滿意，很難坦白進言，尤其不能像失敗時早上破臉，晚上握手，因爲大之可以影響政局，小之也不成體統。因此祇好閉在口裏，悶在心頭。這種悶，明知是不妥當的，是要悶出事的，然而不悶又有何法可想？於是彼此門戶便分了，意見也有了，朋友也就疏遠了。

還有，似乎是一種定律，官越大的，他的脾氣也跟着擴大，對於這一個莫名其妙的「似定律」，我常常自諒，也常常諒人。一個繁忙的人在一天辦公時候，要見許多不願見的人，要聽許多不願聽的話，已使你難於忍受，假若身體不適，天氣變遷，肝火更易上升。不過對部下發發脾氣也許不成問題，對朋友稍發脾氣，那就是發生意見。因爲那位朋友也是脾氣跟着官階擴大的，他的忍受也和你了無異致的。他的脾氣已無地可發，碰着你的脾氣又迎面而來，就等於兩隻轟炸機相碰，非爆不可。政治的原則是相忍爲國，原則一動，根本成爲問題，好像政治的朋友們，一紅了面，便難恢復原狀，這不僅是交疏，簡直易於交惡了。

而且在革命時期，除同志以外是無兄弟親戚和知交的，那時眞是六親斷絕，朋友分離，但上台以後，親戚和知交都來擁護了，他們不止要來，並且還要攬大權，管機要，這麼一來，所謂同志者便物議沸騰，怨聲載道。如果那個人眞喜歡用親戚和私人的還不算寃，倘若那個人本來不喜歡用親戚和私人，受了同志們的怨懟和惡評，脾氣好的還知道忍耐和自省，若脾氣壞的索性把心一橫，而和勸他的朋友作對也事所常有。

其次，一個人既然上了台，少不免有許多部下，人事複雜，是非自多，有些自己部下做了壞事，朋友們會懷疑到與自己有關，有些人家的部下做了壞事，故意牽上他的上司頭上。那時做朋友的，問也不是，不問也不好。要朋友好的自然表示不滿意，不滿意便是有意見，不要朋友好的不免背後批評，評批起來意見更是惡化了。並且世界上不少一班興風作浪惟恐天下無事的朋友們，有些是要你與某人不和，他才可以表功，才可以取利，就不表功不取利罷，他可以圖一時之快，洩一己之私。於是無事化爲小事，小事化爲大事，朋友固疏遠，而天下也從此多故矣。

貧賤之交如此，富貴之交又如彼，朋友，朋友，亦難乎其爲朋友也乎！

民國三十二年未刋稿

不可爲的官

官，在中國人的心目中，一方面是最可貴的，而一方面是最可鄙的。爲什麼最可貴？除了官的權力可以左右法律，生人殺人——照一般的想像——還可以發財。爲什麼最可鄙？也在於他的權力可以左右法律，生人殺人——尤其在於容易發財。

財是人人想發的，不過發財在尋常人要出本錢，要賣力氣，最少還要碰運氣，而在官呢，照一般人的想像，一做了官便不必出本錢，不必賣力氣，不必碰運氣，自然財源如「不盡長江滾滾來」，很像「無事家中坐，財從天外來！」

的確，舊日的中國社會不知從那裏想起，專以金錢和女人來鼓勵人讀書，由讀書而做官，最普遍的如社會的傳說，「書中自有黃金屋」，「書中自有顏如玉」，照這樣說，做官一定能發財，而陞官自然也跟着發財，這是一個毫無疑義的定律。就是算命的命書罷，每一紙命都有「妻、財、子、祿」的分格，至於本人是否做官，是另一問題，而命宮却非有一個祿的分格不可。若有祿而不能做官，祇好牽強加以別的解釋，很顯然的非一般人所願聞，而祇好嘆一聲「是有命焉。」

的確，在很遠的中國歷史記載，似乎做官發財也是普遍的事實，我們在小孩子時候，開始念左傳，便讀到「國家之敗，由官邪也，官之失德，寵賂彰也」，可見官的不好，是自古已烈，於今亦然。而且無論在那一個朝代，都看見「整頓吏治」，和「澄清仕途」的名臣奏議，因此我常在想，「人心不古」是我們所引爲長太息而甚至流涕的，但什麼時代才算古呢？恐怕唐虞之世，假定有詳細的歷史記載，亦復如之。興念至此，連思古之幽情，也不敢發了。

然而有了國家，自然有政府，有了政府，自然有官，廉吏可爲而不可爲，貪吏不可爲而可爲，這兩句話又擾亂一般人的神思了。據我二十多年的觀察和經驗，凡是想做官的人，和初做官的人，無論誰都是抱負非常之大，理想非常之高，除非他蓄意發財，未有不廉潔自矢，迨至後來隨俗俯仰，與世浮沉，就因爲他的週圍有不斷的威脅和誘惑。舉凡社會，朋友，親戚，乃至底下的老媽，厨子，對於每一個官的威脅和誘惑都非常嚴重，目前的非常的生活壓迫還在不議不論之列。科里耶會說過「人是環境的產品」，一個人要想超乎寰外，游乎寰中，不見得能優游而容易罷！

我先說說社會的威脅，一般的社會，在外表上對於官的廉潔是恭維的，贊嘆的，對於官的貪汚是批評的，詈罵的，不過反一方面在實質上，不止以貪汚待官，更以貪汚自待。平常在茶餘酒後之際，興高彩烈之時，發乎良心，止乎至理，他們的議論，以爲做官必須發財，不發財何必做官，做官而不發財，那是世界無匹一個大傻子。主持正言讜論的也有一面攻擊貪汚，一面向官要求津貼。其他學校之籌措基金哪，慈善事業之臨時募款哪，紅的喜事，白的喪事送帖哪，開頭一砲無不向官下手。揣一般社會的心理，總以為官當然有錢，出錢是必要的，錢從何處來是懶得問的。置之不理嗎，似乎失了官的地位，更於面子攸關。如果事必應酬嗎，那你非做貪官汚吏毫無辦法。否則固然一掬微俸，不足開銷，就連辦公費，特別辦公費，甚至最近發明的機密費，一古腦掏出來，猶有博施濟衆，堯舜其猶病諸之憾。

我次說社會的誘惑了，社會的工商事業，有些可以不倚仗官力的，有些却須倚仗官力的。其不倚仗官力的事業不必說，獨占事業的鐵道，一市內的電力、電車，固要靠官，就是開設一家公司罷，立案哪、登記哪，也要靠官。做官的人往往會想，經他一舉手，一動筆，商人便可以發財，既然商人的財由我而發，然則我為什麼不可稍為分潤。而商人呢，他們的誘惑力也太聰明，官縱不言，他已設想，他們為免現在的麻煩，又想到預免將來的麻煩，送股票、送代金。他們更想你會嚴詞拒絕，或不好意思接受，在致送之時，有一番預定的堂皇理論，使你覺得於國無損，却之不恭。這是社會上的威脅和誘惑，我言之恐怕還不及十分之一。

我再說朋友的威脅，朋友自然不會拿武力去脅迫你做貪官，但無形的神經威脅比有形的武力威脅更大。例如一般的朋友，他們的房子比你華貴，他們的服御比你奢侈，他們的用度比你龐大，他們的起居比你舒服，其初或者你不感覺，或者你故意不感覺，然而久而久之，你不感覺，你的其他朋友感覺了，尤其你的家庭更感覺了，這樣，一個人的心理自然會動搖。然而，或者你畏清議，或者你畏國法，但久而久之，清議無聲，國法不及，這樣一個人的心理會更動搖。這時內心眞正神明昏淆，天人交戰，而且心理更形成一種極端的交錯矛盾，一部分是妒忌，一部分是厭惡，一部分是羡慕，一部分是動盪，最後結果，皤然決定，以爲你既如此，我也何妨一來，我想一個官之不能終其晚節，以這種威脅爲最大罷。

最末，我要說朋友的誘惑了，無論一個人，你做官與否，總有朋友，而且更有些好朋友。到了一個人上台做官，你自已不打算，自然有朋友熱心代你打算。他們上條陳，獻奇計，以爲官是做政治的，今日上台，明日可以下台。既然官場如戲場，應該趁在台上之時，設法籌些政治基金，以便將來下台之後，作捲土重來之計。假使你是淡泊明志的人罷，就算下台之後不幹政治，但下台之後總是要生活的，最低限度，在台上時候預準些生活費，不止無傷大雅，也是勢所必要。朋友們是熱誠，是好意的，然而做官的却難乎其難了。政治基金是一個概括名詞，究竟多少才能算一個足數，生活費也是一個概括名詞，要多少才可以終餘年。談到基金，談到養老，自然是愈多愈妙了。不過，政府是有概算的，最小的機關也是有概算的，項目有時都難於移動，這種特別支出當然無從籌措。除非做官的人不想籌政治基金和生活費，若要籌的話，那怕數目是少之又少，大概要在政費以外想辦法罷！這又是朋友的威脅和誘惑，我言之也不及十分之一。

我想以上兩個例不是中國獨擅勝場，就是外國也視爲常事，不過中國還有一種情形，我祇好名之爲「特殊化」，那就是親戚問題。一個人有了親屬和戚屬，而又做了官，那種威脅和誘惑，比之社會和朋友更嚴重了，更緊迫了，這些情形，我也不必細談，凡是做過官的人，都可深味此中苦況。因此不止廉吏可爲而不可爲，貪吏可爲而不可爲，是值得一般人的考慮，就是赤裸裸而不問廉貪，祇是一個官是否可爲，也值得考慮。

一個官，除非他毫無感覺，除非他甘趨下流，否則他一天到夜，甚至乎上了床睡覺，無一刻不和社會，朋友，親戚，在那裏苦鬪和掙扎。就算站得住還時時有搖搖欲撲之慮，那站不住的祇有做了社會，朋友，親戚的利用品，到末了更做了他們的犧牲品。

對於這個問題，有沒有辦法來改革呢，那又關乎國家的制度，社會的改造，個人的修養種種問題，已非本文的範圍，非擺出嚴肅的面目不能另行執筆了。

民國三十二年未刊稿

上海的市長

如果有人問我，社會上有沒有別一種職業，或別一種人物像上海市長的呢，我毫不猶疑的，而且我曾經說過：「有、那就是大旅館的經理，更說淺白一點就是 number one boy。」

大旅館的「首席侍者」——我非常尊敬的譯作這個名稱——在火車和輪船將近到埠的時候，必須要打聽班期，派人去接旅客。接到之後，必須帶旅客去看房間。旅客看好房間之後，又必須替他預備點心和茶飯。而且夜間更須在旅客未就寢之前，照顧他們的被褥，在日間還須報告他們市內各名勝，僱車預備他們出遊。

那還不算，旅客們在客廳上滿不在乎的隨地吐痰，高興時候把吸未完的煙頭扔在地毯，燒成沒有圖案的黑洞，更因利乘便在床上懶得起身的時候，把被頭揩鼻涕。他偶一心血來潮，還找到首席侍者，大罵旅館衞生不良，設備不週，禮貌不講，招呼不到，做首席侍者的，祗好笑着臉低着頭，說了無數的道歉話，才鞠躬退下。

我想這就是上海市長，或者就是世界各大都市市長的一般苦處罷。以上幾行簡單的寃詞，祗是一個楔子，我今天想提出幾個做上海特別市市長的條件，以備以後選賢任能的標準，不過，我得預先聲明，我對於我提的條件，我非常慚愧的祗具備了一個。

現在的上海市，有從前等於七個縣治的地方，有將近五百萬的人口，從面積說比任何世界大都市都大，從人口說比著名的世界大都市也不算少。祗是有一件事是特別的，世界大都市的罪惡上海全有，而世界大都市的好處上海却不見得具備。此外我最感覺煩悶的，有外在和內在兩方面難以立刻糾正的特別現狀。

我所謂外在的，就是，世界都市的行政權是統一的，而上海市的行政權是殘缺的。上海有市政府，有公共租界、有法租界，所謂大上海市從前祗大到南市，閘北、江灣和浦東，現在則大到南滙、奉賢、北橋、嘉定、川沙、寶山、崇明，而橫在心胸的兩特區，始終像一個胃癌，內科不能治，外科不能割。因此上海有幾個不同獨立經營的電力自來水公司，有掛着幾個不同國籍車照的車輛，在一張報紙上可以見到三國語言的公告文字，在一個馬路口常見站着幾個不同制服的警察，而且更可以在一個馬路口，找出同一階級同一職務而俸給大相懸殊的三種或四種警察。

我所謂內在的，我也曾說過上海的特別，就在經濟和文化不合一，而正義和法律不合一。爲什麼？本來生活應該和文化相關，經濟也就應該和文化相關，可是在上海是分離的。在上海我們找不到東洋的眞正文化，也找不到西洋的眞正文化。上海所注重的如何可以囤積，如何可以投機，中國文化人絕無插足之地，就是有也祇可做一般豪門的清客，替他們鑑別假古董，和做一兩篇行狀和壽文。至於西洋先生們，帶來的不是什麼康德、柏格森，或洛克的哲學，所帶來的是掮客的本領，賣貨的宣傳，進一步則是套外滙，買地皮、若更問他們所長，他們可以告訴你，在中國店裏買東西，你千萬要講價錢，不要上當，黃包車夫都是敲竹槓，一用脚踢，他們自然會公平，他們每天讀報紙，先注意的是外滙行情，能夠夜裏在俱樂部內把日間報紙所載時事談一兩句已是了不得了。因此上海在貿易上是極繁榮的市場，而在思想上倒是極慘淡的沙漠。

說到正義和法律不合一，那是上海人人都知道的公開秘密，上海除了法官和律師之外，還有擁有無數金錢的投機商人，還有擁有無限潛力的高低流氓，這班人專包辦正義與法律矛盾的事業。我暫不批評現在，以前許多法官和律師都有這班英雄來全面支持，來經濟合作，有些是到年終拆帳，有些是零件出賣。如果你公正無私，公館內的英雄可以使你重則撤職，輕則調任，馬路上的英雄可以重則請你吃生活，輕則也找你講斤頭，談到此地，眞可以慨嘆一聲，「天下之無道也久矣」！

我說了一大套的特殊情形，我的市長條件還沒有提出，大概也爲着骨梗在喉，不吐不快，所說的話未免太過於嚴肅了。人家聽了這段話，一定會說「治亂國，用重典」，你是現任市長，光是訴說是不夠的，你應當拿出辦法。實在說，我對於這種詞嚴義正的責備，自然接收，不過目前也祇能用一個對付新聞記者問話的老調，「未到發表時期，不便詳告。」我還是說說市長的條件罷。

上海市長最好要有語言的天才　我所謂天才，不祇要通幾國文字，更要通南北和江浙的語言。上海眞是華洋雜處，人文薈萃的地方，每人有每人的鄉音和方言，而來客來見市長的，又不能以「祇談國語」爲限。我對於蘇州、上海、寧波話都無法分別，更無論乎無錫與常州，語言既無法可通，市長應視爲失職。

上海市長最好要有健全的腸胃　上海市長應酬特別多，外交界要應酬，地方紳士要應酬，偶來視察的中央大員，到中國觀光的外國官紳要應酬，甚而一間新開的戲院要請飯，一家開幕的時裝公司要請飯，你就不厭麻煩，也須極好胃口，我本來有些「食少事煩」的毛病，到了上海眞有些望而生畏了。

上海市長最好要有無限的經費　上海禮儀，我想是邁於中國，不論生張熟李，都週到無倫。父母拜壽和逝世，也有通知市長的，甥姪結婚和生子，也有通知市長的。尤其男女三十便拜大壽，父母逝世已歷無數的春秋，還送帖子來做百年的冥慶。做市長的就是秀才人情紙半張罷，這半張紙就與統制物資有關。所以往往接到全紅和栗色的信封，未看內容，先有「不知如何是好」

之勢，至於常常對學校，對團體，對醫院的捐款，更是可觀之至了。

上海市長最好有換衣的習慣　　上海市長有時每日不忙於別事，而忙於換衣服，早上穿便服，午間便要換禮服，夜間有時還要穿絲墨襟，今年更規定祭孔一定要穿藍袍黑褂。這種的忙碌，有時想起也眞可憐。尤其換衣服的時間到了，有個朋友賴着不走，硬說還有些事要詳談，有件公事非批不可，而那件公文其長無比，非看完無從下筆，這種狼狽情形，眞非筆墨可以形容於萬一。

上海市長最好要有忍耐的性格　　上海市長，不論你如何「臣心似水」，終不能不「臣門如市」，有外賓來討論世界問題，有朋友來研究社會現狀，有僚屬來請示辦法，有人民來申訴寃情，更有同志來詳談　國父當日和他共同革命的情形，個人奮鬪的歷史。如果一日有這樣三個貴賓光臨，那麼那天的公事祇好留中不辦。何況一天來的不止這樣三位貴賓，而下一天的情形還是繼續有效。在秋高氣爽時候，精神還可支持，若在夏天氣壓太低，胸頭均脹，貴賓未行，而市長已筋疲力盡。我是一個未能矜平躁息的人，對於這種情形，祇有敢怒而不敢言，咽一口氣下肚子來忍受。

上海市長最好要有不同的臉孔　　一個上海市長在公共場所露面的時間太多了，而所見的人物的種類也太廣了。你願意不願意由你，見了總要說幾句客套話，否則人家要說市長太驕傲，或者是太乖僻。一位頭腦頑固的老人家，你必得和他說說他舊學湛深，道德高尚。一位窮兇極惡的大英雄，你也必得和他說說急公好義，俠骨豪情。你想在這個場合之下，市長不可爲而可爲，抑可爲而不可爲呢？

上海市長最好要有廣泛的常識　我時時想上海市長應該要天文地理無所不通，諸子百家無所不讀。來賓來見市長，有些談政治，有些談科學，更有時你還要懂一些工程，最好的你更要知道一些農業。那還不算，倏然來一女賓要和你談婦女問題，美術家來賣畫的更要和你談些畫學原理。你若不懂，他們會批評你失儀，你若裝作懂的，他更高興談下去，你就不能再見別位來賓和批辦公事。因此我更想上海市長不但要有廣泛的常識，最好能夠像西遊記的孫悟空有拔一撮毫毛變了千萬化身才可應付。

條件我想還有許多，不過在一篇短文是說不清的，而且也不好說得太清的，若是說得太清，這篇遊戲的短文，變了後任的嚴重警告。此外身體方面，恐怕還要具備些少條件，就是上海市長要有十分強壯的心臟，帶些痲木的神經，眼睛要半閉，耳朵要半聾。我敢坦白承認我在所提條件之中，有一個天然的具備條件，就是我的耳朵眞是半聾的。我一次曾去就教李岡醫生，問他我將來會不會變聾子。據他檢查結果說，耳神經還沒有壞，大可不必治療。不過我的耳病是早在小孩子時候，自己好取耳朵爲樂弄壞的，那裏知道今天倒爲我做市長條件之一，可見「雖不信命，自有前因」，天下事得毋眞有前定之事歟！可怪也已。

民國三十一年稿

海異

海異兩個字有點像聊齋誌異中記載神仙狐鬼的題目，是的，我所謂海異，縱然不是記載神仙狐鬼，也是記載我所認爲近於一種魑魅罔兩的怪異。

諺云見怪不怪其怪自敗，如果一個人是信鬼的，他見着風吹草動，也認爲是一種鬼神，如果一個人是不信鬼的，那怕怪異當前，也視若無睹。不過，你不怪是可以的，那怪會自敗也可能的，但它是一種怪，而那怪又儼然給你看到，那你總不能根本否認它的存在罷。

我是一個廣東人，居留上海那麼久，所見的怪事眞太多了，而且怪事又會日新月異，層出不窮。當然我以爲怪的，上海人或者不以爲怪。我不以爲怪的，上海人或者才認爲眞怪。自然有人會說，你是一個廣東人，廣東僻處嶺南，孤懸海澨，廣東人到了上海，等於紅樓夢的劉姥姥進大觀園，因於習俗之不同，人情之互異，帶了一身的土氣，驟然高登大雅之堂，見了大觀園的西洋鏡也是怪，見了賈府門口的石獅子也是怪了。這一點我也承認的，不過我遊過的地方也不少了，見過的事物也算多了，上海的怪事，不但廣東人視爲神奇，就是東西南北之人無不認爲特出，此而不記，則以前許多筆記的紀異可以不作了。

現在題目取一個「海」字似乎不能代表上海，平常我們喚上海簡稱之爲「滬」，雅一點稱爲「申」，但近年似乎已經習慣了，人們往往拿一個「海」字就代表上海，我現在命名海異兩個字，還是胎於海派兩個字而來。要是我不錯的話，海派兩字的來源，好像是上海唱戲的大別於北京來的所謂京朝派而說。上海平劇自然傳自北京的戲劇，不過它的腔調，它的功架，到了上海，就似乎應該加以修正。在京朝派的眼中，以爲海派是太不合規矩了，離乎正宗而近乎左道了，可是上海倒不因爲不合規矩而沒有人去看去聽，反因不合規矩而特別賣座和客滿。京朝派如果是一個識時務的俊傑，祇好也從而修正，學些上海作風，若緊守繩墨自命皓首窮戲的老伶工，祇可在無可奈何之中，長嘆一聲呼爲海派。自從海派兩個字成立，上海無論何事凡與衆不同的都名爲海派，而且含有一些神秘性了。我不知海派兩字是不是有挖苦之嫌，抑含有標新之意，我既難於找一個簡單題目，就順手取這海異兩個字。

在我一個廣東人看來，上海的異點的確太多了，可是異點也就是特點，一個地方，或者一個人，有了特點，你贊成也罷，你反對也罷，它是巍然存在，不容諱言，也不必諱言的。我時常在想，假使上海有十八層的話，我居留上海四年，最多祇能摸到第十層。又假使上海原是十八層的話，七年以來，上海至少又增加了十八層。其實，我自命摸到第十層，恐怕還是大言不慚，我所感覺的不過是上海一個浮雕，若果眞把這十層的地下生活摸淸楚，至少可以寫一百萬言的「上海人物風俗誌」。我這篇海異是與國計民生無關的，我得聲明祇是一種聊供記憶的速寫。

我居留上海不久，最初使我驚異的是上海人的慶壽熱，廣東和其他地方的人，在五十歲以前絕沒有聽過拜大壽，因爲壽是年齡的積算，人旣未老，壽從何解。可是上海倒不然，好像每個人都自算是短命的，三十不拜壽，便沒有做壽的機會。我尤其驚異的，是上海人替父母做百年冥壽，一班親友像煞有介事大捧其場，諺云富貴不歸故鄉，如衣錦夜行，上海則似富貴不替已死父母做一下冥壽，面子不足。死與生是相反的，死而言壽，則不必樂生哀死，不必求神拜佛妄冀延壽了。

我更驚異的，不知從何朝代開始，上海更有大收乾女狂，聽社會的傳聞，看小報的記載，差不多上海的名人每日都在那裏做過房爺。我也知道，中國人有討人便宜的惡風，不是以老子自居，便罵到人的祖宗三代。不過自稱老子也祇在口頭說說，聊且快意一時，而上海則不然，倒不是一種口頭便宜，而是時髦風尙。又難得許多小姐們樂得「謂他人父」，恬不爲奇。年紀一大把的人做人家的寄父和乾爹，還可以說十年以長，可以父事，但流風所煽，連二三十歲的毛頭小子也居然爭着做過房爺了。

上海號稱五百萬人口的都市，人多事亂，理所必然，小開多自然癟三多，白相人多自然閒人多，有閑的人多自然票房多，跳舞場多，咖啡室多。有錢的人多自然賭場多，堂子多，又自然而然女人多。不過據我細心觀察，上海人還是「山人自有道理」，不至於像一般人所想，毫無尺寸與規矩的。例如三十可以做大慶似乎可異了，我從沒見過二十歲的人拜大壽，可見二十和三十之間似乎是有界限的。替父母做百年冥壽是可異了，但替始祖慶千年冥壽的倒史無所書，可見送帖子的人是有過打算的。廣收過房小姐是可異了，但所收的畢竟以做戲和唱書的女藝人爲限，有時舞女也可破格錄用，而沒有一個人破格光顧到孤兒院的女孩們，可見乾女兒也有一個被默認的資格的。而且就是大出喪罷，前導的要僱一個騎馬印度巡捕是不可少的，因爲這是用以壯聲勢。外國樂隊和中國樂隊，只管不大調和，也是必要的，因爲這是擺排場。僧，道，尼，夾雜着沿途擊鼓敲鐃，誦經念佛，也是必要的，因爲這是裝門面。但究竟沒有人敢於去發明儒釋道三教同源的至理，請一班教書先生雜於僧道之羣，沿途大念其大學中庸，以補亡者平日讀書之不多，及在生前見理之未到。照這樣看來，上海畢竟皮內還有陽秋，而心中自有繩墨的。

這樣，左又不以爲異，右又不以爲異，然則所謂海異又在那裏呢？

我認以爲異的，是上海獨有而全國所無的所謂閒人，所謂大亨。閒人是上海的特產，這兩個字也是上海所發明。要下閒人兩字的定義，極其困難，似乎大家都默喻於心而難釋諸口。我非常佩服上海能夠發明這兩個字，這個發明人一定是具有非常的天才，眞可謂發地鬼之藏，洩天人之秘的。聞人在社會上似乎有他不明白的地位，可是具有實在的權威，往時在租界時代，外可以勾洋人，內可以通官府，巡捕房有大幫的兄弟，而馬路上有一羣的門徒。他的決定，可以使輿論無聲，可以使法律失效。報館記者敢於駡政府，却不敢批評當地的聞人。現在似乎是時移勢易了，不過聞人餘威，還是隱然存在。舊的聞人未老，而新的聞人又生。這樣生生不已，代代無窮，我默念將來，上海要成一個聞人世界，可以無政府，無法律，無是非，百姓可以無納糧之廳煩，而有安居之舒服。上海一旦化爲這個世外桃源，自然會有一個陶淵明先生來作一篇新桃花源記。

我認以爲異的，上海這一塊地雖不大，却似另一個世界，另一個洪爐。最愚笨的人到了上海不久，可以變爲聰明，最忠厚的人到了上海不久，可以變爲狡猾，最古板的人到了上海不久，可以變爲漂亮。拖着鼻涕的小姑娘，一小時便可以變爲鬈髮美人，單眼弦和扁鼻的女人，幾天之內便可以變爲儀態萬方的太太。從前我發過一個奇論，要一個子弟由愚魯而化聰明，最好使他到報館工作，因爲報館是消息的總滙，社會的神經，一個青年進了報館，耳濡目染，知識是多面了，經驗不單純了，就是一個白癡的人，恐怕也白癡得出類拔萃。現在我可變了議論了，要一個子弟由愚魯而化聰明，最好使他住在上海，最少他可以知道社會的黑暗裏面，而不會白着眼睛上人家的當。如果父母任其自由，不加管束，保證他在最短期間，懂得穿西裝，懂得跳舞，懂得愛女人，更懂得花錢。上海的神奇，就神奇在此，我們那能不引以爲異而驚嘆呢！

我認以爲異的，或者上海眞是給英美痲醉了罷，我所謂痲醉，並不是每個人都迷信英美，却每個人都崇拜外國人。祇管他調門唱得很高，對於外國人無不低首膜拜。中國人是著名泱泱大度的，對外國人什麼都可以讓步，什麼都可以服從。我也見過許多人，天子不得而爲臣，諸侯不得而爲友，而對一個階級最低，地位最下的外國人，則心甘情願爲廝僕而不辭。他們的內心也很簡單，以爲外國是註定壓迫中國的，所以被壓迫是絕無異詞，而中國政府則是自己人，一不合乎脾胃，立刻要提異議。這個理由，我以爲應該原諒的，不過對於中國政府的有理命令不服從，而對於外國流氓無理要求倒退讓，似乎多少總應該訾議的罷。其甚者竟假外國人的勢力來壓中國人，來壓中國官吏，這似乎更應訾議的罷。呵，人是要生活的，而生活的慾望照經濟原理解說是無限的，於是，爲着生活，爲着慾望，借外國人的勢力來壓中國人也是應該原諒的呵！

我認以爲異的，上海是中國一片土，而這片土倒當另一個星球，有不同的氣氛，有特殊的環境，一個人到了上海，思想也變了，行爲也變了，好像氣質不變，則不能適者生存，等於一種微菌，要改變他們的習慣性，適於一定的溫度，才可以生存一樣。上海對於法律的觀念很是淡薄的，對於道德觀念也很是淡薄的，乃至於對中國的夙昔信條也很淡薄的，一個人在別的地方不受嗟來之食，而到了上海反可以痛飲盜泉，以爲上海是另一世界，風骨一說是不能成立的。一個人在別的地方反對官僚和軍閥，而到了上海倒樂於為豪門清客和厮養之徒，以為上海是另一個世界，清高一事，暫可置而不論。這種往例和現例也太多了，為什麼不可思議到這樣？我祇有一個解釋，那就是因為上海是上海！

如此這般的異事，眞是數不清，說不盡，如果有一個有心人肯埋頭研究，倒可以找出無數有價值的材料，對於社會學有新的發明。誠然，凡是到上海的人，誰不希望淘些金，誰更懷着有心世道之旨來奉揚仁風，布育文化。然而上海是一條滾滾流不盡的黃浦江，淘得着金的，便捧着這塊金，醉生夢死，載沉載浮。淘不着金的，便越淘越深，一旦風起潮來，隨波而逝。

上海原來是一角荒灘，不過百年，便聚了許多衆生，造成這麼一個奇異世界。有人說，上海本來沒有異事，有儉樸的老太太，有謹愿的鄉下人，所以有異事，就因為四方八面的英雄豪傑都聞風而來，集異事之大成，更變本而加厲。我想這個解釋，或者有相當理由，姑且就認這個理由為對罷，但同時我又想，倘我們要上海復為一片乾淨土，是不是要來一次陸沉，或者來一次大掃除。

民國三十二年未刊稿

跋

寒風集算是由搜集，編排，而至出版了。這一本散文集雖然是薄薄的一本，但也費了許多時間和精神，第一，搜集就是一件麻煩的事，因爲我向來有不留稿的脾氣，過去的文稿有些出版在十年以前，而刋出的雜誌又不止一家，在今日搜集起來，不獨沒有自己的存稿，並且難於尋覓以往的雜誌。第二，編排也是一種困難的工作，文集比不得論文，過於審美，流於纖巧，過於粗率，又失了文藝的氣息。一編一排，殊耗精神。第三，校勘更是一件繁重的事情，校書如掃落葉，其麻煩可知，何況紀事之文前後互見，當日隨意寫來而今日刻意校勘，眞非兩三回可以告竣。這次寒風集的出版，由搜集，編排，而至校勘，都由國康始終其事，而且她對於寒風集的出版，特別感覺興趣，沒有她的始終不懈，恐怕這本文集的出版還要待若干時。就是這幾年間的文存，由二十九年，三十和三十一年，乃至正在編輯中的三十二年文存，都是她慘淡編刋，於此是應該一記的。

本集分爲甲乙兩篇的原因，原爲着甲篇是紀述事實的，乙篇是抒寫感懷的。對於甲篇的文章我想以後不再寫了，再寫便牽到政治的實際問題，那是在散文集以外的性質，原有許多寫作都庋在橱裏沒有付刋，就是再寫也不想編印了。至於乙篇，是不是還有續稿呢？我自己也不敢斷定，腹稿雖然不少，但下筆便有許多困難，發刋更加有許多困難。這些困難是不是可以說？事雖微細，却有難言之處，例如這本集內乙篇中就有好幾篇文章是寫好了而沒有應朋友的要求刋的。寫文章是我所愛好的，可是環境似乎不許我那樣直率去做！

要幹不能痛快的幹已是苦事，連寫都不能痛快的寫更是苦事，有些人是薄文人而不爲，我獨羨慕文人而不能爲，安得有日擺脫盡那些勞什子，痛痛快快的寫盡我要想寫的事和說盡我要說的話呢！

民國三十三年十月公博跋於上海

讀歷史43　史地傳記類　PC0367

寒風集
——陳公博回憶錄

原　　著／陳公博
主　　編／蔡登山
責任編輯／陳佳怡
圖文排版／楊家齊
封面設計／秦禎翊

發 行 人／宋政坤
法律顧問／毛國樑　律師
出版發行／秀威資訊科技股份有限公司
114台北市內湖區瑞光路76巷65號1樓
電話：+886-2-2796-3638　傳真：+886-2-2796-1377
http://www.showwe.com.tw
劃撥帳號／19563868　戶名：秀威資訊科技股份有限公司
讀者服務信箱：service@showwe.com.tw
展售門市／國家書店（松江門市）
104台北市中山區松江路209號1樓
電話：+886-2-2518-0207　傳真：+886-2-2518-0778
網路訂購／秀威網路書店：http://www.bodbooks.com.tw
國家網路書店：http://www.govbooks.com.tw

2013年12月　BOD一版
定價：430元

國家圖書館出版品預行編目

寒風集：陳公博回憶錄 / 陳公博原著；蔡登山
主編. -- 一版. -- 臺北市：秀威資訊科技,
2013.12
面；　公分
BOD版
ISBN 978-986-326-189-6(平裝)

1.陳公博 2.回憶錄

782.886　　　　102018554

讀者回函卡

感謝您購買本書，為提升服務品質，請填妥以下資料，將讀者回函卡直接寄回或傳真本公司，收到您的寶貴意見後，我們會收藏記錄及檢討，謝謝！如您需要了解本公司最新出版書目、購書優惠或企劃活動，歡迎您上網查詢或下載相關資料：http:// www.showwe.com.tw

您購買的書名：________________________________

出生日期：________年________月________日

學歷：□高中（含）以下　□大專　□研究所（含）以上

職業：□製造業　□金融業　□資訊業　□軍警　□傳播業　□自由業

　　　□服務業　□公務員　□教職　□學生　□家管　□其它____

購書地點：□網路書店　□實體書店　□書展　□郵購　□贈閱　□其他

您從何得知本書的消息？

□網路書店　□實體書店　□網路搜尋　□電子報　□書訊　□雜誌

□傳播媒體　□親友推薦　□網站推薦　□部落格　□其他________

您對本書的評價：（請填代號　1.非常滿意　2.滿意　3.尚可　4.再改進）

封面設計____　版面編排____　內容____　文／譯筆____　價格____

讀完書後您覺得：

□很有收穫　□有收穫　□收穫不多　□沒收穫

對我們的建議：________________________________

____

____

____

請貼
郵票

11466
台北市內湖區瑞光路 76 巷 65 號 1 樓
秀威資訊科技股份有限公司 收
BOD 數位出版事業部

(請沿線對折寄回，謝謝！)

姓　名：________________ 年齡：________ 性別：□女 □男

郵遞區號：□□□□□

地　址：________________________________

聯絡電話：(日)________________ (夜)________________

E-mail：________________________________